"中观经济学"系列教材

陈云贤 主编

JINGZHENG YOUSHI LILUN

竞争优势理论

徐 雷 编著

中山大学出版社
·广州·

版权所有　翻印必究

图书在版编目（CIP）数据

竞争优势理论/徐雷编著. —广州：中山大学出版社，2022.7

"中观经济学"系列教材/陈云贤主编

ISBN 978-7-306-07587-1

Ⅰ. ①竞…　Ⅱ. ①徐…　Ⅲ. ①中观经济学—经济竞争—教材　Ⅳ. ①F015

中国版本图书馆 CIP 数据核字（2022）第 115542 号

出 版 人：	王天琪
策划编辑：	嵇春霞
责任编辑：	姜星宇
封面设计：	曾　斌
责任校对：	靳晓虹
责任技编：	靳晓虹
出版发行：	中山大学出版社
电　　话：	编辑部 020-84110283，84113349，84111997，84110779，84110776
	发行部 020-84111998，84111981，84111160
地　　址：	广州市新港西路 135 号
邮　　编：	510275　　传　真：020-84036565
网　　址：	http://www.zsup.com.cn　E-mail：zdcbs@mail.sysu.edu.cn
印 刷 者：	佛山市浩文彩色印刷有限公司
规　　格：	787mm×1092mm　1/16　20.25 印张　345 千字
版次印次：	2022 年 7 月第 1 版　2022 年 7 月第 1 次印刷
定　　价：	78.00 元

如发现本书因印装质量影响阅读，请与出版社发行部联系调换

"中观经济学"系列教材
编委会

主　编　陈云贤

副主编　李善民　徐现祥　鲁晓东

编　委　（按姓氏笔画排序）

　　　　才国伟　王贤彬　王顺龙　刘　楼

　　　　李建平　李粤麟　陈思含　顾文静

　　　　顾浩东　徐　雷　徐现祥　黄秋诗

"中观经济学"系列教材

总 序

1955年,威廉·阿瑟·刘易斯(William Arthur Lewis)面对世界各国的经济发展情况,指出了一个矛盾的现象,即著名的"刘易斯悖论"——"政府的失败既可能是由于它们做得太少,也可能是由于它们做得太多"①。如今,面对中国经济改革开放的成功,新制度经济学者运用产权理论、交易费用理论、制度变迁理论和县际竞争理论等进行了解释;新古典经济学者做出了政府有针对性地选择新古典的"药方",并采取渐进的实施方式等的解释;发展经济学者做出了对外开放论、后发优势论、"二元经济"发展论和经济发展阶段论等的解释;转轨经济学者做出了由易到难推进、通过利益补偿化解改革阻力、通过"价格双轨制"演绎市场关系、通过分权转移改革成本和由局部制度创新带动全局制度创新等的解释。② 笔者认为,关于政府与市场的关系,或政府在中国经济改革开放进程中的作用,经济学同人做出了积极的探讨和贡献,但不管是刘易斯还是各主流经济学者,他们的研究仍然存在碎片化和外在性问题。③ 纵观经济学说发展的历程,不难发现以下三点:第一,19世纪及以前的经济学基本上把市场作为配置资源的唯一力量,认为政府只是维护市场自由竞争的政府,是在经济生活中无所作为的政府;第二,20世纪以来的经济学对市场配置资源的唯一性提出了质疑,并开始探讨政府在市场失灵时的相关作用,以及应当采取的措施和策略;第三,在世界各国经济得到发展尤其

---

① Lewis W A. "Reflections on Unlimited Labour". in Marco L E (ed.). *International Economics and Development*. New York: Academic Press, 1972, p. 75.
② 黄剑辉:《主要经济学流派如何阐释中国改革开放》,载《中国经济时报》2018年6月14日第A05版。
③ 陈云贤:《市场竞争双重主体论——兼谈中观经济学的创立与发展》,北京大学出版社2020年版,第16~31页。

是在中国经济改革开放取得显著成效的今天,经济学理论的研究仍然远远滞后于或外在于经济实践的发展。现实经济运行中反馈出来的多种问题,并没有完全表明"市场失灵"或"政府失灵",而是更多地反映了传统经济学体系或传统市场理论的缺陷。当然,也可以这样认为,深化探讨政府与市场的关系,将开启现代经济学体系的构建或拓展现代市场理论的空间。中观经济学学科也由此产生。

中国经济改革开放的全过程,始终贯穿着如何处理好政府与市场的关系问题。20世纪50年代,中国实施高度集中的计划经济体制,把政府作为配置资源的唯一主体。1978年开始,中国实施从农村到城市的经济体制改革:一方面,扩大企业自主权,承接发达国家和新兴工业化国家及地区的产业转移,开展"三来一补"外资企业投资,等等;另一方面,开始建立股份制企业和现代企业制度,它既厘清了政府与(国有)企业的产权关系,又界定了政府与企业在资源调配中各自的作用。中国经济在继20世纪80年代劳动密集型轻纺工业迅速发展,以及90年代资本密集型的原材料、能源等基础工业和交通、市政、水利等基础设施建设迅速发展之后,21世纪开始,中国东部地区地方政府作为市场竞争主体的现象屡屡出现。战略性新兴产业在前10年也得以起步腾飞。中国经济改革开放的实践进程存在四个方面的现象。第一,其焦点集聚在使市场在资源配置中起决定性作用和更好地发挥政府作用的问题上。第二,中国经济的发展,企业是市场竞争主体,但区域政府作为市场竞争主体的现象也屡见不鲜。第三,区域政府在经济领域发挥着扶植产业发展、参与城市建设、保障社会民生的重要作用。第四,区域政府承担了三大经济角色:一是通过掌控资本,以国有企业的股东方式参与项目和市场竞争;二是通过财政政策、货币政策和法律等政策手段,调控产业发展、城市建设和社会民生;三是监督管理市场,维护市场秩序。因此,中国在实践中逐渐成长的市场经济呈现出有为政府与有效市场相融合的效果。作为有为政府,其不仅在有效保障社会民生方面促成了社会稳定、优化了经济发展环境,而且在引领、扶持和监管产业发展方面推进了市场"三公"(公开、公平、公正)原则的落实、提高了社会整体生产效率,还通过直接参与城市建设推动了经济社会的全面可持续发展。有为政府结合有效市场体现出的市场充分竞争、法制监管有序、社会信用健全的客观要求,表现出中国政府在尊重市场规律、维护经济秩序、参与市场竞争的进程中,正逐步沿着中国特色社会主义市场经济方向演进。因此,深化认识现代市场理论、破解政府与市场关系的难题以及探讨经济学体系改革，应该更加注重对系统性和内在性问题的研究。

一、现代市场经济具有纵横之分

（一）现代市场经济横向体系

传统的市场理论主要聚焦于产业经济。亚当·斯密（Adam Smith）在批判了重商主义和重农学派之后，其《国富论》[①]重点着笔于产业经济来研究商品、价格、供求、竞争与市场。约翰·梅纳德·凯恩斯（John Maynard Keynes），试图通过政府撬动城市基础设施投资建设来解决工人失业和有效需求的问题，但又囿于用产业经济的市场理论去解释城市化进程中的政府行为作用而难以自圆其说。[②] 对此，有关理论提出，应重视对生成性资源领域的研究。在世界各国城镇化进程中，城市经济的形成与发展就是一个例子。它可以解释作为公共物品提供者的政府为什么既是市场规则的维护者，又可以成为城市基础设施投资的参与者和项目的竞争者；也可以解释作为城市基础设施的公共物品，为什么有一部分能够转化为市场体系中的可经营性项目而不断地助推区域经济发展等一系列问题。[③]

生成性资源领域不仅涉及城市经济资源，而且涉及国际经济资源（如深海资源、太空资源、极地资源和深地资源等）的投资开发事宜。在这个高投资可能带来高回报率的领域，大国之间已经展开竞争。针对这种情况，"航天经济学"应该如何立意？如何发展？预估成效几何？可以说，在城镇化进程中以基础设施为主体的城市经济投资开发，以及深海经济、太空经济、极地经济和深地经济等的投资开发，同样面临此类问题。生成性资源具有动态性、经济性、生产性和高风险性四大特征，其投资开发受到前期投资额大、建设周期长、成本高、市场窄小以及可能面临失败或遭遇突发性事件等的影响。因此，在投资开发生成性资源的过程中，一方面需要不断地拓展市场领域，另一方面亟须有与产业经济不同的投资主体和

[①] ［英］亚当·斯密：《国富论》，郭大力、王亚南译，商务印书馆1972年版。
[②] ［英］凯恩斯：《就业、利息和货币通论：倡导减税、扩大政府财政支出》，房树人、黄海明编译，北京出版社2008年版。
[③] 陈云贤：《市场竞争双重主体论——兼谈中观经济学的创立与发展》，北京大学出版社2020年版，第211～229页。

游戏规则用以解读。在现代市场经济横向体系（包括产业经济、城市经济、国际经济）中，不仅有产业经济中的市场主体——企业，而且有城市经济中的市场主体——区域政府，还有在国际经济中提供准公共物品的市场主体、在太空资源和深海资源等领域的投资开发者——政府或企业。这就是说，第一，市场不仅仅存在于产业经济中，而且存在于其他经济形态中；第二，在现代市场经济横向体系中，存在企业和区域政府双重竞争主体；第三，企业作为竞争主体，主要集中在产业经济领域，区域政府作为竞争主体主要集中在城市经济等领域；第四，产业经济是市场经济中的基础性领域，城市经济和国际经济等是市场经济中的生成性领域，二者既相互独立又相互联系，分属于现代市场经济中不同区间的竞争体系。由此可见，多区间的市场竞争体系构成了现代市场经济横向体系的内在性。

（二）现代市场经济纵向体系

与传统市场体系相比，现代市场经济纵向体系强调市场功能结构的系统性，其至少包括六个方面的内容。第一，市场要素体系。它既由各类市场（包括商品市场、要素市场和金融市场等）构成，又由各类市场的最基本元素，即价格、供求和竞争等构成。第二，市场组织体系。它由市场要素与市场活动的主体或管理机构构成，包括各种类型的市场主体、各类市场中介机构和市场管理组织。第三，市场法制体系。规范市场价值导向、交易行为、契约行为和产权行为等法律法规的整体构成了市场法制体系，它包括与市场相关的立法、执法、司法和法制教育等。第四，市场监管体系。它是建立在市场法制体系基础上的、符合市场经济需要的政策执行体系，包括对机构、业务、市场、政策法规执行等的监管。第五，市场环境体系。它主要包括实体经济基础、现代产权制度和社会信用体系三大方面。对这一体系而言，最重要的是建立健全市场信用体系和以完善市场信用保障机制为目标的社会信用治理机制。第六，市场基础设施。它是包含各类软硬件的完整的市场设施系统。其中，市场服务网络、配套设备及技术、各类市场支付清算体系、科技信息系统等都是成熟市场经济必备的基础设施。

现代市场经济纵向体系及其六个子体系具有五大特点。其一，现代市场经济纵向体系的形成是一个渐进的历史过程。其二，现代市场经济纵向体系的六个子体系是有机统一的。其三，现代市场经济纵向体系的六个子体系是有序的。其四，现代市场经济纵向体系的六个子体系的功能是脆弱的。其原因在于:首先是认识上的不完整,其次是政策上的不及时,最后是经济全球化的冲击。其五,现代市场经济纵向体系六个子体系的功能将全面作用于现代市场横向体系的各个领域。这就是说,在历史进程中逐渐完整的现代市场体系,不仅会在世界各国的产业经济中发挥作用,而且伴随着各类生成性资源的开发和利用也会逐渐在城市经济、国际经济(包括深海经济和太空经济等)中发挥作用。区域政府作为城市经济的参与主体,在资源生成领域的投资、开发、建设中首先成为第一投资主体,同企业作为产业经济的参与主体一样,必须同时受到现代市场经济纵向体系六个子体系功能的约束,并在现代市场经济不断提升与完善的过程中逐渐发挥作用。

二、成熟的有为政府需要超前引领

成熟的有为政府应该做好超前引领,即企业做企业该做的事,政府则做企业做不了、做不好的事。二者都不能缺位、虚位。政府的超前引领,就是遵循市场规则,依靠市场力量,做好产业经济的引导、调节、预警工作,做好城市经济的调配、参与、维序和民生经济的保障、托底、提升工作。这需要政府运用规划、投资、消费、价格、税收、利率、汇率、法律等政策手段,进行理念、制度、组织、技术等创新,有效推动供给侧或需求侧结构性改革,形成经济增长的领先优势,推动企业科学可持续发展。

在理论上,政府超前引领与凯恩斯主义的政府干预有着本质性区别:一是行为节点不同,二是调节侧重点和政策手段不同,三是政府的职能角色不同,四是运行模式不同,等等。

现实中,世界各国多数区域正处于经济转轨、社会转型或探索跨越"中等收入陷阱"的关键时期,中国政府通过超前引领促进产业转型、城市升级,已为世界各国区域发展探索出一条成功的路径。

每个国家或区域都存在非经营性、可经营性、准经营性三类资源,而如何配置这三类资源则界定了有为政府的类型。对于非经营性资源(民生经济),政府的配套政策应遵循"公平公正、基本托底、有效提升"原则;对于可经营性资源(产业经济),政府的配套政策应体现"规划、引导、扶持、调节、监督、管理"原则;对于准经营性资源(城市经济乃至太空经济、深海经济等),政府的配套政策应遵循"既是竞争参与者,又是调配、监督者"的原则。也就是说,国家或区域政府在配置上述三类资源的过程中,应根据各类资源的不同特点,配制与之相匹配的政策,以促进社会经济的均衡、高质量发展，而这类政策即政府行为就是有为政府的应有之义。中国改革开放40多年来，围绕着区域三类资源的有效配置，促进区域经济增添活力、环境优化、科学可持续发展，区域政府之间竞争与合作、超前引领、有所作为的事例比比皆是。

首先，它表现为区域政府之间开展项目竞争、产业链配套竞争和进出口竞争。这直接决定区域经济的发展水平。

第一，区域政府之间开展项目竞争。这主要包括三类：一是国家重大项目，包括国家科技重大专项、国家科技支撑计划重大项目、国家重大科技基础设施建设项目、国家财政资助的重大工程项目和产业化项目；二是社会投资项目，比如高技术产业、新兴产业、装备制造业、原材料产业以及金融、物流等服务业；三是外资引进项目，比如智能制造、云计算与大数据、物联网、智能城市建设等。区域政府之间展开项目的竞争，一则可以直接引进资金、人才和产业；二则可以凭借项目政策的合法性、公共服务的合理性来有效解决区域内筹资、融资和征地等问题；三则可以通过项目落地，引导开发区域土地、建设城市设施、扩大招商引资、带动产业发展、优化资源配置、提升政策能力，最终促进区域社会经济的可持续发展。因此，项目竞争成为我国区域政府的竞争重点和发展导向，项目意识、发展意识、效率意识、优势意识、条件意识、政策意识和风险意识成为我国区域政府竞争市场化的必然要求。

第二，区域政府之间开展产业链配套竞争。一般来说，每个区域都有自己的产业基础和特色——多数取决于本区域内的自然资源禀赋。如何保持和优化区域内的资源禀赋并汇聚区域外的高端资源，产业结构优化、产业链有效配置是其关键，向产业高端发展、形成产业集聚、引领产业集群是其突破点。我国区域政府的产业链配套竞争主要从两个方面展开：一是在生产要素方面。低端或初级生产要素无法形成稳定持久的竞争力，只有引进并投资于高端生产要素，如工业技术、现代信息技术、网络资源、交通设施、专业人才、研发智库等，才能建立起强大且具有竞争优势的产业。二是在产业集群、产业配套方面。区域竞争力理论告诉我们，以辖区内现有产业基础为主导的产业有效配套，能减少企业交易成本、提高企业盈利水平。产业微笑曲线告诉我们，价值最丰厚的地方集中在产业价值链的两端——研发和市场。培植优势产业，构建配套完整的产业链条，按照产业结构有的放矢地招商引资，是我国各区域可持续发展的重要路径。

第三,区域政府之间开展进出口竞争。在开放型的国际经济体系中,一个国家的区域进出口竞争成为影响各区域竞争力的重要环节之一。这主要体现在四个层面:一是在加工贸易与一般贸易的发展中,各个区域政府力图减少加工贸易占比、提高一般贸易比重,以增强区域商品和服务贸易的原动力;二是在对外投资上,各个区域政府力图推动企业布局海外,竞争海外项目,以促使本区域的利益布局和市场价值链条延伸至海外;三是在资本输出上,各个区域政府力图推进资本项目可兑换,即在国际经常项目投资便利化的情况下,采取各项措施以促进货币资本流通、货币自由兑换便利化等;四是在进口方面,尤其是对高科技产品、项目、产业的引进,各个区域政府全面采取优惠政策措施,予以吸引、扶持,甚至不惜重金辅助对其投入、布点和生产。进出口竞争的成效成为影响我国各个区域经济增长的重要因素之一。

其次,它表现为区域政府之间开展基础设施建设竞争,如人才、科技竞争和财政、金融竞争等。这由区域政府推动的经济政策措施决定。

第一,区域政府之间开展基础设施建设竞争。它包括城市基础设施的软硬件乃至现代化智能城市的开发运用等一系列项目建设。硬件基础设施包括高速公路、铁路、港口、航空等交通设施,电力、天然气等能源设施,光缆、网络等信息化平台设施,以及科技园区、工业园区、创业孵化园区、创意产业园区等工程性基础设施;软件基础设施包括教育、科技、医疗卫生、体育、文化、社会福利等社会性基础设施;现代化智能城市包括大数据、云计算、物联网等智能科技平台。一个区域的基础设施体系支撑着该区域社会经济的发展,其主要包括超前型、适应型和滞后型三种类型。区域基础设施的供给如能适度超前,将不仅增加区域自身的直接利益,而且会增强区域竞争力,创造优质的城市结构、设施规模、空间布局,提供优质服务,从而减少企业在市场竞争中的成本,提高其生产效益,进而促进产业发展。也就是说,我国各个区域基础设施的完善程度将直接影响该区域经济发展的现状和未来。

第二,区域政府之间开展人才、科技竞争。这一领域的竞争,最根本的是要树立人才资源是第一资源、科学技术是第一生产力的理念;最基础的是要完善本土人才培养体系,加大本土人才培养投入和科技创新投入;最关键的是要创造条件吸引人才,引进人才,培养人才,应用人才。衡量科技人才竞争力的主要指标包括该区域科技人才资源指数、每万人中从事

科技活动的人数、每万人中科学家和工程师人数、每万人中普通高校在校学生人数、科技活动经营支出总额、科技经费支出占区域生产总值比重、人均科研经费、科技拨款占地方财政支出百分比、人均财政性教育经费支出、地方财政性教育支出总额、高校专任教师人数等。我国各个区域政府通过努力改善、提升相关指标来提高本土的人才和科技竞争力。

第三，区域政府之间开展财政、金融竞争。区域政府之间的财政竞争包括财政收入竞争和财政支出竞争。区域政府财政收入的增长主要依靠经济增长、税收和收费收入等的增加。财政支出是竞争的关键，包括社会消费性支出、转移性支出和投资性支出。其中，财政投资性支出是经济增长的重要驱动力。财政支出竞争发生在投资性支出领域，包括区域政府的基础设施投资、科技研发投资、政策性金融投资（支持亟须发展的产业）等。在财政收支总体规模有限的条件下，我国各个区域政府积极搭建各类投融资平台，最大限度地动员和吸引区域、国内乃至国际各类金融机构的资金、人才、信息等金融资源，为本区域的产业发展、城市建设、社会民生服务。各个区域政府在各种优惠政策上也积极开展竞争，如财政支出的侧重、吸纳资金的金融手段等。

最后，它表现为区域政府之间开展政策体系竞争、环境体系竞争和管理效率竞争。这由区域政府表现出来的经济管理效率所决定。

第一，区域政府之间开展政策体系竞争。它分为两个层次：一是各个区域政府对外的政策体系；二是各个区域政府对内出台的系列政策。由于政策本身是公共物品，具有非排他性和易效仿性的特点，因此，有竞争力的政策体系一般包含五大特征：一是求实性，即符合实际的，符合经济、社会发展要求的；二是先进性，即有预见性的、超前的、创新性的；三是可操作性，即政策是清晰的、有针对性的和可实施的；四是组织性，即由专门机构和人员负责与执行的；五是效果导向性，即有检查、监督、考核、评价机制的，包括发挥第三方作用，有效实现政策的目标。我国各个区域政府政策体系的完善程度对该区域的竞争力具有极大的影响。

第二，区域政府之间开展环境体系竞争。此处的环境主要指生态环境、人文环境、政策环境和社会信用体系等。发展投资与保护生态相和谐、吸引投资与政策服务相配套、追逐财富与回报社会相契合、法制监督与社会信用相支撑等，均是各个区域政府竞争所必需、必备的发展环境。良好的环境体系建设成为各个区域政府招商引资、开发项目、促进经济持续发展的成功秘诀,这已被我国一些区域的成功经验所证明。

第三,区域政府之间开展管理效率竞争。我国各个区域政府的管理效率是其行政管理活动、速度、质量、效能的总体反映。它包括宏观效率、微观效率、组织效率、个人效率四类。就行政的合规性而言,各个区域政府在管理效率竞争中应遵循合法性标准、利益标准和质量标准;就行政的效率性而言,各个区域政府应符合数量标准、时间标准、速度标准和预算标准。各个区域政府的管理效率竞争,本质上是组织制度、主体责任、服务意识、工作技能和技术平台的竞争。我国经济发达区域的政府运用"并联式""一体化"的服务模式,在实践中开创了管理效率竞争之先河。

在此,决定我国各个区域政府竞争的目标函数是各个区域的财政收入决定机制,决定我国各个区域政府竞争的指标函数是各个区域的竞争力决定机制。而影响各个区域政府竞争目标函数和指标函数的核心因素则是各个区域的经济发展水平,其包含三个要素——项目投资、产业链配套和进出口贸易;关键支持条件是各个区域的经济政策措施和经济管理效率,前者包括基础设施投资政策,人才、科技扶持政策和财政、金融支持政策,后者包括政策体系效率、环境体系效率和管理体系效率。笔者将其称为区域政府的"三类九要素竞争理论"①,如图1所示。

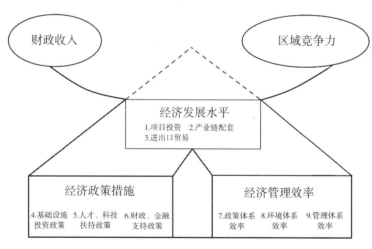

图1 各个区域政府的"三类九要素竞争理论"

---

① 陈云贤:《市场竞争双重主体论——兼谈中观经济学的创立与发展》,北京大学出版社2020年版,第108～115页。

从图1中可知，中国经济改革开放40多年的实践表明，区域政府也是现代市场经济的主体。一方面，它通过项目投资、产业链配套和进出口贸易等竞争提升区域经济发展水平，通过基础设施投资、人才科技争夺和财政金融扶持等政策措施提升区域竞争力，通过政策体系、环境体系和管理体系配套改善区域营商环境，从而推动区域的产业发展、城市建设和社会民生投入持续增长。另一方面，随着区域经济社会的发展，需要有为政府超前引领。政府超前引领是区域竞争与发展的关键。竞争需要创新，创新就是竞争力，持续的创新就是持续的竞争力，而政府超前引领则是中国乃至世界各国区域政府竞争的核心。其中，"理念超前引领"是区域经济发展处于要素驱动阶段时的重要竞争力，"管理超前引领"是区域经济发展处于投资驱动阶段时的竞争关键，"制度与技术超前引领"是区域经济发展处于创新驱动阶段时的竞争制胜点，"全面超前引领"是区域经济发展处于财富驱动阶段时的竞争必然选择。

三、市场经济存在双重主体

综上分析可知：第一，区域政府与企业都是资源调配的主体。如罗纳德·哈里·科斯（Ronald Harry Coase）所述，企业是一种可以和市场资源配置方式相互替代的资源配置机制，其对拥有的资源按照利润最大化原则进行调配。[1] 相应的，区域政府也拥有一定的公共资源，其运用规划引导、财政预算支出、组织管理和政策配套，形成区域资源调配的主体。第二，区域政府与企业都以利益最大化为初始目标。其中，区域政府作为独立的竞争主体，其主要行为目标是财政收入的最大化。区域政府通过开展理念、技术、管理和制度创新，并通过一系列政策和措施对项目投资、产业链配套和进出口贸易进行引导与调节，促使区域的投资、消费、出口等增长来发展地区生产总值和增加税收等，以达到提高区域内财政收入水平的目的。第三，区域政府竞争与企业竞争成为区域经济发展的双驱动力。企业竞争是产业经济发展的原动力，区域政府竞争则是区域经济发展的原动力。如前所述，区域政府通过项目投资、产业链配套、进出口贸易三要素的竞争来提升区域经济发展水平，通过对基础设施投资、人才科技争夺、财政金融扶持三措施的竞争来提升区域经济政策水平，通过政策、环境、

---

[1] Coase R H. "The Nature of the Firm". *Economica*, 1937, 4 (16), pp. 386 – 405.

管理三体系的配套竞争来提升区域经济管理效率，从而形成区域间"三类九要素"的竞争与合作，推动区域经济的可持续增长。第四，区域政府行为与企业行为都必须遵循市场规则。企业通过对市场规律的不断探索和对市场形势的准确判断来调配企业资源。区域政府对产业经济实施产业政策，在城市经济发展中充当投资者角色和对民生条件不断改善与提升的过程中，也要遵循市场规则，只有如此，才能促使该区域的经济社会不断发展，走在区域间的前沿。

为此，市场竞争"双重主体"的关系表现在三个方面。

（一）企业竞争主要在产业经济领域展开，区域政府竞争主要在以城市经济为主的资源生成领域展开

企业竞争在产业经济领域展开的过程中，任何政府都只能是企业竞争环境的营造者、协调者和监管者，从政策、制度和环境上维护企业开展公开、公平、公正的竞争，而没有权力对企业的微观经济事务进行直接干预。区域政府间"三类九要素"的竞争，是围绕着企业竞争生存的条件、环境、政策和效率等配套服务展开的。区域政府间的竞争以尊重企业竞争为前提，但不会将企业竞争纳入区域政府竞争层面。因此，在现代市场经济体系中，区域政府竞争源于现代市场体系的健全和完善过程中，政府对区域内重大项目落地、产业链完善、进出口便利和人才、科技、资金、政策、环境、效率等的配套所产生的功能。企业与区域政府共同构成市场经济双重竞争主体。企业竞争是基础，区域政府竞争以企业竞争为依托，并对企业竞争产生引导、促进、协调和监管作用，它们是两个不同层面既各自独立又相互联系的双环运作体系，如图2所示。

图2 市场竞争"双重主体"的关系

图2表明了区域政府竞争与企业竞争之间互不交叉，但二者相互支撑、紧密连接，是两个无缝衔接的独立竞争体系。区域政府竞争与企业竞

争的有效"边界划分",是我们处理好这两个竞争体系关系问题的关键。

(二) 企业竞争的核心是在资源稀缺条件下的资源优化配置问题,区域政府竞争的核心是在资源生成基础上的资源优化配置问题

笔者认为,企业竞争行为及其效用研究是在微观经济运行中对资源稀缺条件下的资源优化配置的研究,其研究焦点是企业竞争中的主要经济变量即价格决定和价格形成机制问题,其研究的内容及其展开形成了供给、需求、均衡价格理论,消费者选择理论,完全竞争与不完全竞争市场理论,以及一般均衡、福利经济学、博弈、市场失灵和微观经济政策论,等等。而区域政府竞争行为及其效用研究是在中观经济运行中对资源生成基础上的资源优化配置的研究,其研究焦点是影响区域政府竞争的主要经济变量即区域财政收入决定与财政支出结构机制问题,其研究的内容及其展开形成了资源生成理论、政府双重属性理论、区域政府竞争理论、竞争型经济增长理论、政府超前引领理论、经济发展新引擎理论以及市场竞争双重主体理论和成熟市场经济"双强机制"理论等。它们与宏观经济主体——国家共同构筑成现代市场体系竞争的双重主体脉络图,如图3所示。①

现代市场经济的驱动力不仅有来自微观经济领域的企业竞争,而且有来自中观经济领域的区域政府竞争。它们是现代市场经济体系中的双重竞争体系,共同构成现代市场经济发展的双驱动力,推动着区域经济或一国经济的可持续发展。

(三) 企业竞争与区域政府竞争的结果,都出现了"二八定律"现象

美国哈佛大学迈克尔·波特(Michael E. Porter)教授在其《国家竞争优势》一书中描绘了企业竞争发展的四阶段论,即要素驱动阶段、投资驱动阶段、创新驱动阶段和财富驱动阶段②;有关理论清晰地阐述了区域政府竞争的递进同样存在四阶段论,即产业经济竞争导向的增长阶段、城市经济竞争导向的增长阶段、创新经济竞争导向的增长阶段和竞争与合作经

---

① 陈云贤:《市场竞争双重主体论——兼谈中观经济学的创立与发展》,北京大学出版社2020年版,前言第Ⅳ页。

② [美]迈克尔·波特:《国家竞争优势》,李明轩、邱如美译,中信出版社2007年版,第63~68页。

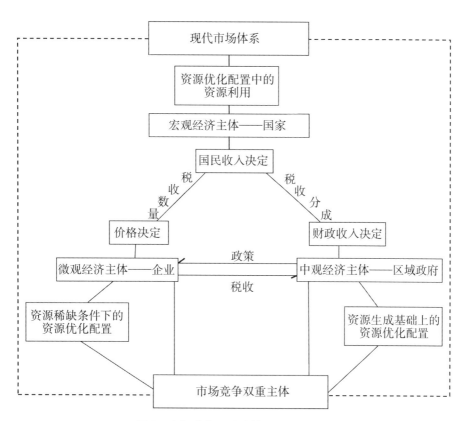

图3 市场竞争双重主体理论结构体系

济导向的增长阶段。① 从经济学理论的分析和中国乃至世界各国经济发展实践的进程看,不管是企业竞争还是区域政府竞争,其实际结果都呈现梯度推移状态,并最终表现出"二八定律"现象。即两类竞争主体在其竞争进程中围绕目标函数,只有采取各种超前引领措施,以有效地推动企业或区域在理念、技术、管理和制度创新上发展并实现可持续增长,最终才能脱颖而出,成为此行业或此区域的"领头羊",而那些滞于超前引领和改革创新的企业或区域将会处于落后状态。此时,在经济发展的梯度结构中,处于领先地位的20%的企业或区域将占有80%的市场和获得80%的盈利,而处于产业链发展中的80%的中下游企业和经济发展中的80%的

---

① 陈云贤:《市场竞争双重主体论——兼谈中观经济学的创立与发展》,北京大学出版社2020年版,第128～152页。

滞后区域将可能只占有20%的市场或获得20%的收益。"二八定律"现象会呈现在企业竞争或区域政府竞争的结果上，如图4所示。

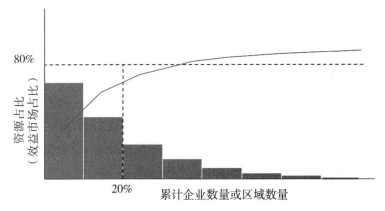

图4　"二八定律"现象

注：图中黑色方块表示资源占比份额，弯实线表示企业（区域）数量（这是一个动态的增长过程）。

当然，在现实经济发展中，随着企业竞争和区域政府竞争的双轮驱动，将在客观上历史地形成世界各国经济社会日益丰富的思想性公共产品、物质性公共产品、组织性公共产品和制度性公共产品，它们将为落后企业或区域带来更多的发展机会，并使企业或区域经济增长成果更多地体现出普惠性、共享性，即企业间发展或区域间发展都将从非均衡逐步走向均衡。但经济学理论和经济实践的发展清晰地告诉我们，此时的均衡应该是经济发展梯度结构的均衡，而非经济发展平面结构的均衡。

四、区域竞争呈现三大定律

在中国乃至世界各国，现代市场经济的双重竞争体系——企业竞争与区域政府竞争，成为一国推动产业发展、城市建设和社会民生的双驱动力。它们在实际经济运行中呈现出三大定律。

一是二八效应集聚律。二八效应集聚律是"二八定律"在区域政府竞争过程中的一个翻版。此定律表现出三大特征：第一，企业竞争与区域政府竞争同生共长。也就是说，微观经济在研究资源稀缺条件下的资源优化配置问题时企业是资源调配的主体，中观经济在研究资源生成基础上的资源优化配置问题时区域政府是资源调配的主体（宏观经济在研究资源优化配置前提下的资源利用问题时国家是资源利用的主体）；二者在现代市场经济纵横体系中，各自在产业经济和城市经济领域发挥着不同作用，在现代市场经济的竞争体系中同生共长。第二，企业竞争与区域政府竞争的发展轨迹不同。企业竞争在经济发展的要素驱动阶段、投资驱动阶段、创新驱动阶段和财富驱动阶段的运行轨迹，主要体现为企业完全竞争、垄断竞争、寡头垄断竞争和完全垄断竞争的演变与争夺过程，企业完全竞争的轨迹在区域经济发展各个阶段的递进过程中呈现出"由强渐弱"的迹象；而区域政府竞争从一开始就表现在产业经济竞争导向的增长阶段，而后逐渐进入城市经济竞争导向的增长阶段、创新经济竞争导向的增长阶段和竞争与合作经济导向的增长阶段，因此区域政府竞争的范围及其"三类九要素"竞争作用在区域经济发展各个阶段的递进过程中呈现的是"由弱渐强"的轨迹。第三，企业竞争与区域政府竞争最终形成"二八定律"现象。也就是说，在中国乃至世界各国区域经济的发展过程中，或者说在市场经济条件下，区域经济发展首先表现的是竞争型的经济增长，区域经济增长呈现出梯度发展趋势，产业链集聚、城市群集聚、民生福利提升等都主要集中在先行发展的区域中。二八效应集聚律表现为随着不同经济发展阶段的历史进程，中国和世界各国区域经济的发展在企业竞争和区域政府竞争的双轮驱动下，正逐渐出现先行发展区域或先行发达国家的产业集群、城市集群和民生福利越来越集中的现象，中国乃至世界经济发展的结果呈现出梯度格局。

二是梯度变格均衡律。此定律的作用表现在三个阶段：第一阶段，区域的资源配置领域出现资源稀缺与资源生成相配对阶段。资源稀缺是企业竞争的前提条件，资源生成是区域政府竞争的前提条件，当经济发展从企业竞争延伸到区域政府竞争、从微观经济延伸到中观经济、从产业资源延伸到城市资源，甚至逐步涉及太空资源、深海资源、极地资源的时候，世界各国区域经济均衡发展将迈出实质性的步伐。第二阶段，区域的资源生成领域出现正向性资源（原生性资源和次生性资源）与负向性资源（逆生性资源）相掣肘阶段。正向性资源领域的开发将为企业竞争和区域政府竞争提供新的平台，并助推区域经济发展和不断创造出新的区域经济增长点；而负向性资源领域的产生则给区域经济增长或人类社会的和谐带来诸多弊端。二者相互掣肘，促使区域经济均衡化发展。第三阶段，区域的经济增长目标由单一转向多元的阶段。此阶段也是实际经济运行中从要素驱动阶段、投资驱动阶段向创新驱动阶段和财富驱动阶段演进的过程。此时，经济增长的目标不仅仅是追求投资、消费和出口的均衡，而是更多地追求产业、生态、民生事业的均衡。产业发展、城市建设、社会进步的均衡和一国各区域宜居、宜业、宜游的全面均衡，对经济增长多元化目标的追求与有效配套相关政策措施的实施，将促进区域经济均衡化发展。梯度变格均衡律既表现为某一区域产业发展、城市建设和社会民生进步的均衡性趋势，又表现为区域间产业发展、城市建设和社会民生进步的均衡性趋势。区域间产业发展、城市建设和社会民生进步的均衡性趋势，在实践中表现出来的是梯度结构的均衡性，我们称之为梯度均衡，它是我们需要在经济学领域认真思考并采取有效分析方法去深化研究的课题。

　　三是竞争合作协同律。既然区域间（国家之间）经济发展的均衡性趋势呈现梯度结构的均衡状态，竞争合作协同律作为客观的必然性就将主要集中在区域间经济发展的三大协同上。第一，政策协同性。企业竞争对产业资源起调节作用；区域政府竞争对城市资源和其他生成性资源起调节作用；政府参与某一具体项目的竞争将由其载体——国有企业或国有合资企业或国有股份制企业介入其中。因此，企业竞争中的产业政策适度和竞争中性原则运用问题，区域政府竞争中的系列政策配套与措施推动问题，以及区域间（国家之间）新型工业化、新型城镇化、智能城市开发、科技项目投入、基础设施现代化和农业现代化等推进过程中的政策协同性问题，就显得特别重要。企业竞争和区域政府竞争的结果要求各竞争主体政策的协同性，是一种客观必然现象。第二，创新协同性。它表现在三个方面：一是科技重大项目的突破带来资金投入大、周期长、失败可能性高和风险大等一系列问题，需要各竞争主体的创新协同；二是科技新成果的突破需要综合运用人类智慧，需要各竞争主体的创新协同；三是跨区域、跨领域、跨国域的思想性、物质性、组织性和制度性公共产品不断出现和形成，需要各竞争主体的创新协同。在中国乃至世界各国区域经济发展模式转换和社会转型的深化阶段，区域间的创新协同性也是客观趋势所在。第三，规则协同性。区域间经济竞争规则（公平与效率）、区域间共同治理规则（合作与共赢）、区域间安全秩序规则（和平与稳定）等，也将随着区域经济发展阶段的深化而客观地出现在各竞争主体的议事日程中。竞争合作协同律，实质上就是在区域经济发展的不同阶段，各竞争主体为了共同的发展目标,依靠各种不同产业、投资、创新平台,汇聚人才、资本、信息、技术等要素,实现竞争政策的协同、创新驱动的协同和竞争规则的协同,从而突破竞争壁垒、有效合作、共同发展。该定律促进了中国和其他各国区域间的经济同生共长,发展合作共赢,并且这将成为一种客观必然趋势。

五、成熟市场经济是有为政府与有效市场相融合的经济

政府与市场的关系一直以来都是传统经济领域争论的核心问题之一,其焦点便是政府在市场经济资源配置中的作用及其对产业发展、城市建设、社会民生的影响。

当我们回到现代市场体系的市场要素、市场组织、市场法制、市场监管、市场环境、市场基础设施六大功能结构中,当我们直面当代世界各国必须要面对的可经营性资源、非经营性资源、准经营性资源的有效配置时,就会发现,政府与市场的关系并不是简单的一对一的矛盾双方的关系。"弱式有效市场""半强式有效市场"和"强式有效市场"的划分,既是可量化的范畴,更是历史的真实进程;"弱式有为政府""半强式有为政府"和"强式有为政府"的界定,既是世界各国在现实市场经济中的真实反映,又可解决迎面而来的政府与市场关系的一系列疑难杂症。有为政府与有效市场的组合在理论上至少存在九种模式,具体内容如图5所示。

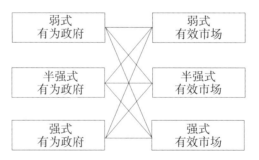

注 模式1:"弱式有为政府"与"弱式有效市场";模式2:"弱式有为政府"与"半强式有效市场";模式3:"弱式有为政府"与"强式有效市场";模式4:"半强式有为政府"与"弱式有效市场";模式5:"半强式有为政府"与"半强式有效市场";模式6:"半强式有为政府"与"强式有效市场";模式7:"强式有为政府"与"弱式有效市场";模式8:"强式有为政府"与"半强式有效市场";模式9:"强式有为政府"与"强式有效市场"。

图5 有为政府与有效市场的九种组合模式

模式 1 中，政府对经济基本没能发挥调控作用，市场发育也不完善，市场竞争机制常被隔断，法制欠缺，秩序混乱，这类主体通常为中低收入国家。模式 2 在现实经济中难以存在，因为"半强式有效市场"必定存在市场法制体系和市场监管体系，它不可能由"弱式有为政府"去推动。模式 3 纯属理论上的一种假定，现实中世界各国并没有实际案例加以支持。模式 4 表明政府在非经营性资源调配上可以较好地履行职责，提供基本公共产品；同时，政府也开始具备对可经营性资源的调配和相应扶持能力，但对市场发展趋势把握不好，市场运行中出现的问题还有待成熟的市场去解决。这种模式类似于中国改革开放的 1978—1984 年期间，属于市场经济初期的运行调控模式。模式 5 属于半成熟市场经济模式，其一方面表明政府规划、引导产业布局以及扶持、调节生产经营与"三公"监管市场运行的机制和力度在加强，另一方面表明市场监管机制、法律保障机制、环境健全机制等在推进。此状况出现在市场经济发展处于中期阶段的国家。中国在加入世界贸易组织（WTO）之前就类似这一模式。模式 6 与现在的美国很对应。美国政府依靠市场配置资源的决定性力量来获取高效市场收益，在非经营性资源的调配中发挥着重要作用，碍于制度和理念的限制，对可经营性资源的调配和准经营性资源的开发或者界定模糊，或者言行不一，或者难以突破，整体经济增长、城市提升弱于其规划，缺乏系统性与前瞻性。模式 7 在目前的现实中还难以存在。"强式有为政府"的功能作用起码也是与"半强式有效市场"相对应的。计划经济国家不属于此模式类型。模式 8 与现阶段的中国相类似，其发展方式通常被世人看作政府主导型的逐渐成熟的市场经济，其经济成就也是世界瞩目的，但又面临着市场竞争、市场秩序、市场信用以及市场基础设施进一步提升与完善的更大挑战。模式 9 是政府与市场组合的最高级模式，也是最佳模式。它是世界各国经济运行中实践探索和理论突破的目标，也是真正成熟的市场经济所应体现的目标模式。

综上可见，"政府有为"是指：①能对非经营性资源有效调配并制定配套政策，促使社会和谐稳定，提升和优化经济发展环境；②能对可经营性资源有效调配并制定配套政策，促使市场公开、公平、公正，有效提高社会整体生产效率；③能对准经营性资源有效调配并参与竞争，推动城市建设和经济社会全面可持续发展。政府有为，是对上述三类资源功能作用系统的有为，是对资源调配、政策配套、目标实现三者合一的有为。"有为政府"的标准有三个：标准一，尊重市场规律，遵循市场规则；标准二，维护经济秩序，稳定经济发展；标准三，有效调配资源，参与区域竞争。"市场有效"是指：①市场基本功能（包括市场要素体系和市场组织体系）健全；②市场基本秩序（包括市场法制体系和市场监管体系）健全；③市场环境基础（包括市场环境体系和市场基础设施）健全。市场有效，是对现代市场体系六大功能整体发挥作用的表现，是对生产竞争、市场公平、营商有序三者合一的反映。"有效市场"的标准有三个：标准一，市场充分竞争；标准二，法制监管有序；标准三，社会信用健全。

现实中，世界各国的有为政府至少需要具备三个条件：①与时俱进。这里主要强调的是政府有为亟须"跑赢"新科技。科技发展日新月异，其衍生出来的新业态、新产业、新资源、新工具将对原有的政府管理系统产生冲击。新科技带来了生产生活的新需求和高效率，同时也带来了政府治理应接不暇的问题。因此，政府如果要在产业发展、城市建设、社会民生三大职能中，或在非经营性资源、可经营性资源、准经营性资源等三类资源调配中有所作为，其理念、政策、措施应与时俱进。②全方位竞争。即有为政府需要超前引领，运用理念创新、制度创新、组织创新和技术创新等，在社会民生事业（完善优化公共产品配置，有效提升经济发展环境）、产业发展过程（引领、扶持、调节、监管市场主体，有效提升生产效率）和城市建设发展（遵循市场规则，参与项目建设）中，必须全要素、全过程、全方位、系统性地参与竞争。它以商品生产企业竞争为基础，但不仅仅局限于传统概念层面上的商品生产竞争，而是涵盖实现一国经济社会全面可持续发展的目标规划、政策措施、方法路径和最终成果的全过程。③政务公开。包括决策公开、执行公开、管理公开、服务公开、结果公开和重点事项（领域）信息公开等。政务公开透明有利于推动和发挥社会各方的知情权、参与权、表达权和监督权，优化与提升产业发展、城市建设、社会民生等重要领域的资源调配效果。透明、法制、创新、服务型和廉洁型的有为政府将有利于激发市场活力和社会创造力，造福各国，造福人类。

至此，可以说，政府和市场的关系堪称经济学上的"哥德巴赫猜想"。而有为政府和有效市场的有机结合造就了中国改革开放40多年来在产业发展、城市建设、社会民生方面的巨大成效，中国经济改革开放的成功，以及在实践中摸索出来的中国特色现代市场经济具有纵横体系、成熟有为政府需要超前引领、市场竞争存在双重主体、区域竞争呈现三大定律、成熟市场经济是有为政府与有效市场相融合的经济等有关理论，不仅为中国特色社会主义市场经济探索了方向，也为世界各国有效解决政府与市场关系的难题提供了借鉴。

自2019年以来，北京大学、复旦大学、中山大学等十多所高校先后开设了"中观经济学"课程。中山大学等高校已在理论经济学一级学科下设置"中观经济学"作为二级学科，形成相对独立的专业，划分和确定研究方向，招收硕博研究生，建设相关且独特的必修课程体系，从学科体系建设层面系统阐释和研教中观经济学原理。此外，中山大学还专门设立了中观经济学研究院。"中观经济学"系列教材的出版，必将进一步推动并完善该学科的建设和发展。

中山大学对此套教材的出版高度重视，中山大学中观经济学研究院组织编写，成立了以陈云贤为主编，李善民、徐现祥、鲁晓东为副主编的"中观经济学"系列教材编委会。本系列教材共10本。10本教材的撰写分工如下：陈云贤、王顺龙负责《资源生成理论》，陈云贤、顾浩东负责《区域三类资源》，刘楼负责《产业经济概说》，陈思含负责《城市经济概说》，顾文静负责《民生经济概说》，徐雷负责《竞争优势理论》，徐现祥、王贤彬负责《政府超前引领》，李粤麟负责《市场双重主体》，才国伟负责《有为政府与有效市场》，李建平负责《经济增长新引擎》。陈云贤负责系列教材的总体框架设计、书目定编排序、内容编纂定稿等工作。

"中观经济学"系列教材是中山大学21世纪经济学科重点教材，是中山大学文科重点建设成果之一。它作为一套面向高年级本科生和研究生的系列教科书，力求在主流经济学体系下围绕"中观经济学"的创设与发展，在研究起点——资源生成理论、研究细分——区域三类资源（产业经济概说、城市经济概说、民生经济概说）的基础上，探索区域政府竞争、政府超前引领、市场双重主体、有为政府与有效市场相融合的成熟市场经济以及经济增长新引擎等理论，以破解世界各国理论与实践中难以解答的关于"政府与市场"关系的难题。本系列教材参阅、借鉴了国内外大量专著、论文和相关资料，谨此特向有关作者表示诚挚的谢意。

祝愿"中观经济学"系列教材的出版以及"中观经济学"学科建设与理论的发展，既立足中国，又走向世界！

2022 年 3 月

目　录

序言 ·· 1

第一编　优势理论的发展演变

第一章　绝对优势、比较优势与要素禀赋 ·············· 2
　　第一节　早期的经济增长思想 ·· 2
　　第二节　亚当·斯密与绝对优势理论 ·· 5
　　第三节　大卫·李嘉图与比较优势理论 ····································· 8
　　第四节　赫克歇尔和俄林与要素禀赋理论 ································· 10
　　本章小结 ··· 13
　　思考讨论题 ·· 13

第二章　比较优势战略驱动经济增长的局限 ············ 14
　　第一节　比较优势理论面临的两大关键问题 ······························ 14
　　第二节　比较优势理论的适用范围 ··· 18
　　第三节　政府对比较优势的识别 ·· 26
　　第四节　比较优势陷阱的经验事实 ··· 31
　　本章小结 ··· 38
　　思考讨论题 ·· 39

第三章　迈克尔·波特竞争优势理论的兴起及其局限 ······ 40
　　第一节　迈克尔·波特与竞争优势理论 ····································· 40
　　第二节　竞争优势理论对比较优势理论的批评 ··························· 45
　　第三节　比较优势还是竞争优势？ ··· 48
　　第四节　波特竞争优势理论的局限 ··· 51

本章小结 ·· 53
思考讨论题 ·· 53

第二编　中观经济学竞争优势理论

第四章　中观经济学区域政府竞争理论 ································ 56
第一节　中观经济学理论的形成与发展 ································ 56
第二节　区域政府竞争理论回顾 ·· 65
第三节　中观经济学核心概念 ·· 69
第四节　区域政府双重属性 ·· 75
第五节　市场竞争双重主体论 ·· 79
本章小结 ·· 84
思考讨论题 ·· 84

第五章　区域政府竞争框架 ·· 85
第一节　区域政府竞争的特点 ·· 85
第二节　区域政府竞争的关键 ·· 90
第三节　区域政府竞争的表现形式 ·· 93
第四节　区域政府竞争力的决定机制——DRP模型 ············ 100
本章小结 ·· 110
思考讨论题 ·· 110

第三编　政府职能转变与区域政府竞争

第六章　从全能到有为：中国市场化进程中的政府职能转变 ······· 112
第一节　计划经济下政府经济管理体制的建立和发展 ········ 113
第二节　计划经济体制下的政府干预：赶超战略及其再评价 ····· 115
第三节　计划经济体制下政府经济管理职能的确立与调整 ····· 124
第四节　市场经济导向的政府经济管理体制改革 ················ 130
第五节　从"全能政府"到"有为政府" ···························· 148
本章小结 ·· 160
思考讨论题 ·· 161

第七章 区域政府竞争:"聚点"供给与经济福利 ········ 162
- 第一节 政府对经济发展的引领作用 ········ 162
- 第二节 西方经济理论中的政府职能及其可能的突破 ········ 164
- 第三节 博弈模型设计、均衡分析与数值示例 ········ 171
- 第四节 经验事实与政府有效引领的条件分析 ········ 177
- 本章小结 ········ 182
- 思考讨论题 ········ 183

第八章 区域政府竞争:政府补贴与产业空间分布 ········ 184
- 第一节 政府引领、规模经济与产业空间分布 ········ 184
- 第二节 规模经济条件下政府对产业分布的引领机制 ········ 186
- 第三节 两区域空间均衡 ········ 189
- 第四节 引入政府部门后的支撑点与突变点 ········ 193
- 本章小结 ········ 197
- 思考讨论题 ········ 198

第九章 区域政府竞争:人才引进政策与区域经济发展 ········ 199
- 第一节 人才竞争与区域经济发展 ········ 199
- 第二节 不对称信息下的信号传递模型 ········ 201
- 第三节 数值算例:对两种补贴形式的比较 ········ 208
- 第四节 模型修正与政府人才政策选择的进一步探讨 ········ 213
- 本章小结 ········ 218
- 思考讨论题 ········ 219

第四编 中观经济学竞争型经济增长理论与实践

第十章 中观经济学竞争型经济增长理论 ········ 224
- 第一节 理论概述 ········ 224
- 第二节 区域经济竞争梯度推移模型 ········ 233
- 第三节 经济发展新引擎 ········ 237
- 本章小结 ········ 242

思考讨论题……………………………………………………… 242

第十一章　深圳竞争型经济增长实践经验 ……………………… 243
　　第一节　改革开放后深圳经济增长驱动力演变 ……………… 243
　　第二节　由要素驱动的产业经济竞争主导阶段 ……………… 246
　　第三节　由基础设施投资驱动的城市经济竞争主导阶段 …… 250
　　第四节　由创新驱动的创新经济竞争主导阶段 ……………… 254
　　第五节　由共享驱动的共享经济竞争与合作主导阶段 ……… 263
　　第六节　深圳走向世界前沿的产业升级路径 ………………… 268
　　本章小结 ………………………………………………………… 271
　　思考讨论题 ……………………………………………………… 272

参考文献 …………………………………………………………… 273

后记 ………………………………………………………………… 284

序　言

　　中观经济学是一门新兴的理论学科，但中观经济却一直存在，它主要涵盖区域经济和产业经济领域。随着经济全球化的不断深入，各国在经济领域的竞争与合作不断增多，中观经济的运行机制受到越来越多的关注。在现实世界，区域间在经济领域进行竞争与合作的主要载体是产业，但现有的区域经济理论和产业经济理论却是相对割裂的，这与实践的发展并不匹配。陈云贤教授创立的新中观经济学的重大意义在于，它以区域政府竞争为主要研究对象，而区域政府间的竞争正是以区域的产业竞争为标的的，由此整合了区域经济和产业经济的研究方向，为中观经济领域的研究提供了一个新的框架，是对现有经济学理论体系的重大补充与拓展。

一、克鲁格曼：区位研究与贸易理论的融合

　　从区域经济学的发展来看，德国经济学家冯·杜能（Johann Heinrich von Thünen）于1826年出版了《孤立国同农业和国民经济的关系》（简称《孤立国》），其中分析了城市周边的农产品生产布局问题，被称为"农业区位论"。之后，韦伯（Alfred Weber）于1909年出版了《工业区位论》，指出工业企业对生产区位的选择基于生产费用最少、节约费用最多的标准。杜能和韦伯的理论为经济活动区位分析奠定了重要基础。1933年，克里斯塔勒（Walter Christaller）出版了《南德的中心地》，提出了著名的中心地理论，采用六边形图式对城镇等级和规模关系加以概括。1939年，勒施（August Lösch）出版了《经济的空间秩序》，构建了需求圆锥体理论，研究了不同等级市场圈所辖消费地数量和最大供应距离等问题，开辟了从消费地研究工业布局理论的新途径。1956年，艾萨德（Walter Isard）出版了《区位与空间经济》一书，通过一个数学优化问题研究了企业的区位选择，即厂商需要在距离成本和生产成本之间进行权衡，从而确定能够使利润最大化的区位。

在区域经济学对经济活动的空间分布进行研究的同时,贸易理论则沿着商品生产品类在国家间的决定机制展开研究。这些经典理论早已被熟知,包括亚当·斯密(Adam Smith)的绝对优势理论、大卫·李嘉图(David Ricardo)的比较优势理论,以及由赫克歇尔(Eli F. Heckscher)和俄林(Bertil Ohlin)发展起来的要素禀赋理论。然而,自李嘉图之后,贸易理论对空间差异的处理简化为比较成本的差异,这使得主流经济学不再将空间作为主要研究对象,区域经济学与贸易理论也由此分道扬镳。正如萨缪尔森(Paul A. Samuelson)于1983年在"Thünen at Two Hundred"中所指出的:"李嘉图的贸易理论传统上假设要素流动的可能性为0,而商品在国家或地区间流动的可能性为100%。冯·杜能的模型背道而驰,在一个不能移动的土地上,劳动力可以自由流动,商品的流动要花成本。对于劳动力将在哪里定位的问题贸易理论没有考虑,可是冯·杜能考虑了。"① 区位理论与贸易理论的关系由此可见一斑。

直到20世纪70年代末,区域经济学与贸易理论之间的裂痕才由克鲁格曼(Paul Krugman)加以整合。1979年,克鲁格曼发表了论文《规模报酬递增、垄断竞争和国际贸易》②,对此后的国际贸易理论产生了深远的影响。该文以迪克西特(Avinash K. Dixit)和斯蒂格利茨(Joseph Stiglitz)于1977年构建的垄断竞争模型(后被称为 D-S 模型)为基础,③ 同时将规模经济纳入模型分析,建立了一个新的贸易理论框架。模型假定消费者对产品具有不变替代弹性的效用函数,并具有差异化和多样性的偏好,因此经济中的商品种类越多,消费者的福利水平越高。但由于规模经济的存在,商品种类的增加必然导致每种商品的规模下降,从而增加成本,因此经济中的商品种类将内生决定于消费者需求与厂商成本,当最后一家企业的经济利润为0时,便不再有企业进入,商品种类数量达到均衡。④ 在这一框架下,即使是同类产品,只要产品之间具有差异性,就存在贸易的可

---

① 转引自梁琦《空间经济学:过去、现在与未来——兼评〈空间经济学:城市、区域与国际贸易〉》,载《经济学(季刊)》2005年第4卷第4期,第1067页。

② P. R. Krugman, "Increasing returns, monopolistic competition, and international trade," *Journal of International Economics* 9, no. 4 (1979): 469–479.

③ A. K. Dixit and J. E. Stiglitz, "Monopolistic Competition and Optimum Product Diversity," *American Economic Review* 67, no. 3 (1977): 297–308.

④ 模型中,每家企业生产一种差异化产品。

能。例如，同属汽车产品，但美式的大排量与日本的小型化都能得到特定消费群体的喜爱，因此，汽车贸易并没有因为两国都是汽车生产大国而在两国间停止。同时，由于规模经济的存在，两国可以专注于本国差异化产品的生产，从而扩大规模、降低成本。因此，在克鲁格曼的新贸易理论中，贸易并不是国家间的绝对优势、比较优势或要素禀赋所引起的，而是消费者对产品多样化的喜爱和规模经济所形成的。

很快，克鲁格曼发现，规模经济和消费者的差异化偏好能够用于对经济活动空间分布的解释。1991 年，克鲁格曼发表了又一篇开创性文章《报酬递增与经济地理》[①]，在 D-S 模型和规模经济所构建的新贸易理论框架下加入了地区间的运输成本，运用动态演化方法分析经济活动在地区间的分布情况，形成了中心—外围模型（core-periphery model，C-P 模型），实现了对区域经济学（城市经济学）和贸易理论的统一。

二、迈克尔·波特：产业研究与贸易理论的融合

尽管克鲁格曼对贸易理论和空间经济理论所做的卓越贡献使他获得了 2008 年的诺贝尔经济学奖，但他并没有对规模经济的发生机制进行更多的解释，但这又是必须要明确的问题，否则理论的发展就难以为现实世界提供更有意义的指导。实际上，要了解规模经济的发生机制，我们需要转移到与克鲁格曼的理论轨道平行演进却又时而交叉的另一条理论轨道上，亦即对产业集聚外部性的研究上。

马歇尔（Alfred Marshall）最早关注到产业区的集聚现象，其在 1890 年出版的《经济学原理》一书中对集聚原因的解释早已广为人知，即知识外溢、劳动力池和投入产出关联所带来的集聚外部性导致了集聚。这一观点后经 Arrow 和 Romer 修正和补充，[②] 被称为 MAR（Marshall-Arrow-Romer）外部性，即马歇尔外部性。具体地说，同一产业的集聚能够增加企业间的模仿活动、商业互动以及技术工人在企业间的流动，这带来了知识外溢，从而促进了创新，降低了成本；同时，集聚也使企业间在中间投入

[①] P. Krugman, "Increasing Returns and Economic Geography," *Journal of Political Economy* 99, no. 3 (1991): 483–499.

[②] K. J. Arrow, "The Economic Implications of Learning by Doing," *Review of Economic Studies* 29 (1962): 155–173; P. M. Romer, "Endogenous Technological Change," *The Journal of Political Economy* 98, no. 5 (1990): 71–102.

品（如工人、设备和基础设施等）上形成共享，从而产生规模经济效应。与马歇尔的观点不同，Jacobs 则认为，知识外溢的源泉在产业外部，即一个地区的不同产业之间既存在差异又具有关联性，因此，产业的多样性促进了知识外溢和创新，从而推动了经济增长。① 依据这一观点，一个地区产业结构的多样性带来了集聚外部性，这被称为 Jacobs 外部性。MAR 外部性和 Jacobs 外部性为产业集聚提供了更深度的解释，但二者的观点却截然相反，这难免导致政策实践上的无所适从。

1990 年，波特（Michael Porter）出版了他的"竞争三部曲"中的第三部著作《国家竞争优势》。在这部著作中，波特对以比较优势理论为代表的传统贸易理论进行了批判，同时也对新贸易理论提出了质疑。他提出了解释区域竞争力的"钻石架构"，把对产业发展起支撑作用的因素分为四类，即生产要素、需求条件、相关和支持性产业及企业战略、结构和同业竞争。这些要素构成了企业的竞争环境，而竞争环境的异质性才是决定企业竞争力乃至国家整体竞争力的最终力量。依据这一理论架构，波特指出，产业集群能够加强竞争、促进沟通、加速知识外溢、推动专业人才队伍的形成，从而塑造出集群内部的自我强化机制。在国际贸易中，如果一国能够以产业集群参与竞争，则其竞争优势是其他地区的单独企业无法比拟的。因此，在波特的国家竞争优势体系下，产业在区域的集聚具有提升竞争力的外部效应，这被称为波特外部性。与 MAR 外部性相类似，波特外部性也强调，在一个专业化、地理集中的产业区内，知识外溢能够促进经济增长。波特坚持认为，本地竞争（而非垄断）才是促进知识外溢与创新活动的力量。他还以意大利陶瓷和黄金珠宝行业为例——数百家公司集聚在一起，在激烈竞争中不断创新，从而促进产业不断成长。

波特对产业集聚外部性所做的深入分析揭示了企业竞争力与国家（区域）竞争力之间相互影响、相互制约的辩证关系，二者之间的纽带正是钻石架构下产业集群的发展质量，而国家竞争力的表现即为一国在国际贸易中所处的地位及所占有的价值。因此，可以这样讲，波特以对产业集群特性的分析为基础，通过对国家竞争优势的诠释，为国际贸易结构提供了极富洞见和指导意义的全新解释，从而将产业与国际贸易的研究进行了融合。

---

① J. Jacobs, *The Economy of Cities* (New York: Random House, 1969).

三、中观经济学竞争优势理论：以区域政府竞争统领区域与产业研究

对理论发展脉络进行回顾，我们可以从中明显地看出两条轨迹：一是区位研究与贸易理论的融合，发展出了新经济地理学，它将生产的区位因素纳入西方经济学研究框架之下，构建了生产活动区位分布的一般均衡分析范式，但却将一个地区产业的最初兴起简单地归因为历史的偶然。二是产业研究与贸易理论的融合，发展出了竞争优势理论，它从战略视角解释了国家竞争优势的来源，但却仍将竞争主体视为单一企业，使得竞争优势陷入一个自我累积的因果循环——"企业—区域—企业"。

尽管已有的理论体系在不断丰富和完善，但其对一些重要问题却无法给出明确答案。例如，除了历史的偶然因素外，产业的最初集聚是否还有其他诱因？为何一些区域本是产业集聚区，却最终演变为"老工业基地"，而其又如何实现再造（如德国鲁尔区、美国底特律、中国东北等）？在老牌发达国家已具备规模经济和竞争优势的前提下，新兴经济体是如何实现赶超的？显然，要为这些问题提供明确的答案，我们需要新的视角和理论工具。

陈云贤教授创立的新中观经济学为我们明确回答以上问题提供了新的理论视野。在中观经济学的理论体系中，区域政府具有双重属性，即准宏观属性和准微观属性。其中，准宏观属性是指区域政府所具有的民生保障和宏观调控职能，即区域政府是国家政府在一定区域落实宏观职能的代理人。区域政府的准微观属性则是中观经济学首创，是指区域政府对可经营性资源（产业经济）的规划、引导、扶持，以及对准经营性资源（城市经济）即城市基础设施的投资、运营与参与，这使区域政府成为市场竞争主体之一。[①] 由此，市场竞争出现企业和政府双重主体，区域竞争力不再单纯来源于企业，而是由政府和企业共同决定，尤其对于发展中国家来说，政府在区域竞争中扮演的角色更加重要。

中观经济学不仅指出区域政府间存在竞争关系，还揭示了区域政府间的竞争机制。当我们将区域政府作为市场竞争主体之一，就可以对上面提到的难题进行解释。第一，产业的最初集聚除了源自历史的偶然因素外，

---

① 关于可经营性资源、准经营性资源的概念，读者可参阅本书第四章。

政府行为往往也是主要推动力量,这一点在我国改革开放的区域经济发展实践中表现得尤为明显。如20世纪80年代的深圳、90年代的浦东,乃至当下雄安新区的发展建设,都体现着政府对区域经济发展的引领作用。第二,区域间经济实力的此消彼长更是区域政府竞争行为的体现,即使以自由市场经济著称的美国也不例外。举例来说,1825年美国伊利运河工程竣工,五大湖水运自此与纽约港连通,使当时比费城和波士顿小得多的纽约迅速发展成为美国最大的港口城市和金融中心。然而,常被忽略的是,在伊利运河的修建过程中,纽约州政府发挥了重要的引领作用。彼时,纽约州面临着附近城市修建连通西部交通基础设施的激烈竞争,如1809年,马里兰州坎伯兰至俄亥俄河的公路建设得到国会拨款,这可使港口城市巴尔的摩的经济腹地向西延伸至俄亥俄河流域;1810年,宾夕法尼亚州批准了打通萨斯奎汉纳河与伊利湖水路联系的建设项目,时任州长施耐德(Simon Snyder)确信这条运河将比纽约要修建的哈德逊河至伊利湖的运河更加优良。面对邻近城市咄咄逼人的竞争,纽约州政府积极作为,全力推动伊利运河的修建。可以预见的是,如果伊利运河没有修建乃至晚建成一段时间,那么周边城市将不会再给纽约的兴起留下机会。第三,新兴经济体对发达国家的赶超更加体现了政府作为市场竞争主体的作用。日本、韩国、新加坡等经济体在"二战"后的兴起与其政府实施的发展政策密切相关,这已得到各界的广泛认同。而在华盛顿共识影响下,拉丁美洲国家的自由市场经济发展却受阻,乃至陷入"中等收入陷阱"而无法自拔。

那么,又一个使人疑惑的问题产生了,既然区域政府具有准微观属性,是市场竞争的主体之一,在区域经济发展中发挥如此重要的作用,那为何主流西方经济学在其二百余年的发展历程中对此选择了"自觉"回避呢?笔者以为,这至少有两点原因:第一,资产阶级价值观决定了主流西方经济学界不愿承认政府的作用。在西方资本主义国家,不论是经济学家还是政府官员,都是资产阶级利益的代言人,是资产阶级价值观的"布道者",是自由资本主义制度下的既得利益者。因此,他们不愿看到政府对经济的干预,即使实践证明政府干预具有明确的合理性和必要性,他们也对将其纳入经济理论非常谨慎。第二,西方经济学的一般均衡框架决定了这套理论体系不能对政府作用进行全面分析。西方经济学以均衡结果是否实现帕累托最优来决定何时需要政府干预,因此,只有在那些市场失灵的领域,如公共物品、外部性、不对称信息和垄断等,政府的干预才是受到认可的，这已经成为西方经济理论家公认的准则。然而，相对于经济活动的迅速复杂化和政府行为的迅速多样化，这套理论方法的局限性正在不断扩大，使其无法对政府行为进行全面评判。因此，经济学家应积极发展出一般均衡框架和帕累托最优以外的新标准去研究政府行为，至少不应局限在原有框架下对政府干预作出不负责任的简单批判。

中观经济学以区域政府竞争统领区域经济和产业经济研究，实现了对主流经济学体系的重大突破，它基于对区域政府准微观属性的理论构建和市场竞争主体地位的创新阐释，全面地刻画了区域政府竞争行为，论述了政府在区域经济发展中的关键作用。当然，中观经济学的概念和体系与西方经济学存在矛盾，但这也正是中国经济学者所应致力的研究方向之所在——运用中国话语体系讲述中国故事，为全球发展提供中国智慧和中国经验，构建有中国特色的社会主义经济学体系。这是新时代赋予中国经济学人的历史使命。

四、本教材的内容安排

本教材全面讲述中观经济学竞争优势理论，共分四编：

第一编，优势理论的发展演变。该编系统回顾了从亚当·斯密绝对优势理论到迈克尔·波特竞争优势理论的发展历程，共分三章：第一章为"绝对优势、比较优势与要素禀赋"，第二章为"比较优势战略驱动经济增长的局限"，第三章为"迈克尔·波特竞争优势理论的兴起及其局限"。

第二编，中观经济学竞争优势理论。该编较为全面地介绍了中观经济学的竞争优势理论，共分两章：第四章为"中观经济学区域政府竞争理论"，第五章为"区域政府竞争框架"。

第三编，政府职能转变与区域政府竞争。该编首先对我国计划经济向市场经济转轨过程中的政府机构改革和职能转变进行回顾，继而从三个不同的方面论述区域政府竞争与区域经济发展之间的关系，共分四章：第六章为"从全能到有为：中国市场化进程中的政府职能转变"，第七章为"区域政府竞争：'聚点'供给与经济福利"，第八章为"区域政府竞争：政府补贴与产业空间分布"，第九章为"区域政府竞争：人才引进政策与区域经济发展"。

第四编，中观经济学竞争型经济增长理论与实践。该编从理论和实践两个维度阐述在区域经济动态发展演变过程中区域政府应如何作为，以在

每个发展阶段提升区域竞争力。该编包含两章：第十章为"中观经济学竞争型经济增长理论"，第十一章为"深圳竞争型经济增长实践经验"。

希望本教材能够为各界人士加深对区域政府行为的理解提供帮助和指引，希望能够吸引更多的学界同仁加入中观经济学的研究队伍。

徐 雷
2022 年 3 月 4 日

第一编

优势理论的发展演变

第一章　绝对优势、比较优势与要素禀赋

本章重点对早期的优势理论,即绝对优势理论和比较优势理论进行介绍。第一节讲述重商主义和重农学派两种早期经济增长思想,这两种思想对亚当·斯密的经济理论产生了重要影响。第二节讲述亚当·斯密的经济增长理论和绝对优势理论,阐述了劳动分工与贸易促进经济增长的思想。第三节介绍了大卫·李嘉图的比较优势理论,这是对绝对优势理论的一个重要发展。第四节介绍了赫克歇尔和俄林的要素禀赋理论,该理论将比较优势理论的单要素投入扩展到多要素投入,更好地阐释了国际贸易的运行机制。比较优势理论和要素禀赋理论为欠发达国家通过国际贸易促进本国经济增长提供了理论基础,成为指导发展中国家经济管理实践的重要理论思想。

第一节　早期的经济增长思想

一、重商主义

"所谓重商主义,是指一些较松散地结合的理论和实践体系,它们约从 1500 年也许直到 1800 年流行于西欧国家及其海外附属国。"[①] 重商主义坚称经济活动的目的是获取金银,金银即货币,是财富的唯一形态,因此重商主义者把货币的多寡视为衡量富裕程度的标准。在政策取向上,重商主义认为贱买贵卖的商业活动是获取金银的主要手段。不过,国内商业虽属必要,但不能增加国家的货币净存量,因此只有对外贸易才是国家富裕的根本途径。而在对外贸易中必须"时时谨守这一原则:在价值上,每年

[①] 乔洪武:《重商主义的经济伦理思想研究》,载《经济评论》1998 年第 2 期,第 39 页。

卖给外国人的货物，必须比我们消费他们的为多"①，即保证贸易中的顺差，使大量金银不断流入本国。②

重商主义经济伦理思想的内容之一是推崇最大限度地攫取和占有金银。1231年普鲁士国王腓特烈二世铸造了西方基督教世界的第一批金币。从1335年到1663年，英国多次制定法律，规定不许任何人"把金镑带出英吉利王国"。英国早期重商主义代表约翰·黑尔斯（John Hales）早在1581年写的《略论英国政策》一书中就指出："金钱是你想得到的任何商品的货栈，……因为它可以保存的时间最长而不致腐蚀或损坏，在往来携带进行一切交易时最为简单便捷，而且如果它是金币或银币，那就可以到处流通。"③法国最著名的重商主义实践家柯尔贝尔（Jean-Baptiste Colbert）更是坚定地认为："国家的强大完全要由它所拥有的白银来衡量。"④他制定和实施了一套完整的重商主义政策，尤其是大力发展官办手工工厂，认为这是防止金银外流，以免邻国富有的唯一办法。德国著名的重商主义者霍尼克（Philip Wilhelm von Hörnigk）在1684年提出富国裕民的九大通则，其一就是要不遗余力地发掘黄金和白银；其二是"无论是从本国的矿里开采的，还是由于工作上的努力而取自国外的黄金和白银，一旦既已存在于这个国家，那就应当尽可能地在任何情况下或为了任何目的也不让它们流出去"，"买一件东西，与其付出1元钱而使这1元钱流出国境，倒不如付出两元钱而让这两元钱留在国内"。⑤可见，在重商主义者看来，财富等同于贵金属货币，而经济增长就等同于货币量的增加。这种认识被称为重商主义的"货币幻觉"而受到批判。⑥

在这样的认知基础上，重商主义将经济增长的动因归于流通领域，至

---

① ［英］托马斯·孟：《英国得自对外贸易的财富》，袁南宁译，商务印书馆1965年版，第4页。

② 缐文：《误读与歧见之间——欧洲重商主义的历史重建》，载《社会科学战线》2010年第10期，第65页。

③ 转引自［英］伊丽莎白·拉蒙德《论英国本土的公共福利》，马清槐译，商务印书馆1991年版，第119页。

④ ［法］费尔南·布罗代尔：《15至18世纪的物质文明、经济和资本主义》第二卷《形形色色的交换》，顾良译，施康强校，三联书店1993年版，第603页。

⑤ ［美］A. E. 门罗编《早期经济思想》，蔡受百等译，商务印书馆1985年版，第195、196页。

⑥ 乔洪武：《重商主义的经济伦理思想研究》，载《经济评论》1998年第2期，第39页。

于生产活动，则认为只有在服从对外贸易、为出口提供物资的前提下，才是值得提倡的。重商主义早期力主运用行政手段禁止金银流向境外，与他国进行商品贸易时极端地强调贸易顺差，甚至只出口不进口；重商主义晚期则倾向于以扩大出口的手段积累金银。出于扩大出口的需要，晚期重商主义采取关税保护、压低工资等办法来发展本国工业。①

二、重农学派

在经济学史上，法国重农学派的理论对经济学的产生和发展具有划时代的意义。以魁奈（Francois Quesnay）为代表的重农学派反对重商主义的观点，他们把研究重心由流通转向生产领域。重农学派认为，交换是一种等价行为，流通不可能使财富增值。马克思对此曾有高度的评价，他说："真正的现代经济科学，只是当理论研究从流通过程转向生产过程的时候才开始的。"② 因为重农学派还没有劳动形成价值的概念，也不能把价值和使用价值分开，所以他们限定只有农产品才是财富，把农业生产视为增加国民财富的唯一源泉。魁奈认为，农业领域能增加物资财富是由于农业生产过程中各种自然力参加了工作，进行了创造。而其他经济部门不过是把已经形成的各种物资因素结合起来产生一种使用价值，但并没有使物资本身增加，因此也没有创造和增加财富。魁奈把农业生产过程中创造的增加部分称为"纯产品"。③

所谓"纯产品"，是生产活动所创造的财富减去生产过程中所消耗的财富之后的余额，是一种生产剩余。重农学派的"纯产品"学说主要有以下几个要点。首先，只有土地能生产"纯产品"，因此农业是财富的唯一根源。在农业中，如果没有意外，劳动者的耕作收入总是大于生产消耗和本人的消费，农业中生产出来的财富总是大于为之消耗掉的财富。其次，工商业等非农部门不创造财富。"在工业制品的生产中，并没有财富的增加。因为，在工业制品中价值的增加，不过是劳动者所消费掉的生活资料价格的增加。"④ 工业和商业的收益虽然远超农业，但"它们是获得的，

---

① 梁洪学、周伊伦：《优势学说滥觞的再认识——亚当·斯密国际贸易理论的启示》，载《江汉论坛》2021年第3期，第45页。
② 马克思、恩格斯：《马克思恩格斯全集（第25卷）》，人民出版社1974年版，第376页。
③ 梁中堂、翟胜明：《经济增长理论史研究（上）》，载《经济问题》2004年第3期，第2页。
④ ［法］魁奈：《魁奈经济著作选集》，吴斐丹、张草纫选译，商务印书馆1981年版，第85页。

而不是生产出来的",农民耕作土地创造财富,"工业则把它们加工,使之适合于人的使用。土地所有者为了享用工业品,而把它支付给工业劳动,因此土地所有者的收入转到了所有其他人的手里"①。因此,"不能产生任何收入的(工业)劳动,只能依赖收入的支付者的财富而维持它的存在"②。虽说工商业是不生产的,但并不是说这些部门是无用的,相反,人类对奢侈品和生活必需品的需求有赖于这些产业,所谓"不生产"是指不生产"纯产品"而已。最后,只有农业能生产"纯产品",而"纯产品"是一种自然的赐予。在重农学派看来,财富是由大自然所创造,并由人类所收获的。按照魁奈的说法,只有与自然力相结合的生产活动,才能创造财富和"纯产品",农业与工商业部门的区别就在于农业活动中有各种自然力参与,而别的部门活动中自然则不参与。③

第二节 亚当·斯密与绝对优势理论

一、亚当·斯密的经济增长理论

亚当·斯密(Adam Smith,1723—1790年)是英国古典时期杰出的经济学家之一,奠定亚当·斯密在政治经济学的地位和标志着经济学形成的不朽著作《国民财富的性质和原因的研究》(简称《国富论》)的主题,就是如何促进经济增长,即研究国民财富的性质和生成、发展的条件,以及找出促进或阻碍资本家阶级财富增长的原因。斯密较之前辈的进步得益于在理论上坚持劳动价值论。他不仅反对重商主义认为的交换和流通增加财富的观点,而且把重农学派认为的只有农业生产增加财富的观点推而广之到一切生产领域。斯密说:"增加一国土地和劳动的年产物的价值,只有两个方法,一为增加生产性劳动者的数目,一为增进受雇劳动者的生产力。很明显,要增加生产性劳动者的数目,必先增加资本,增加维持生产性劳动者的基金。要增加同数受雇劳动者的生产力,惟有增加便利劳动、

---

① [法]魁奈:《魁奈经济著作选集》,吴斐丹、张草纫选译,商务印书馆1981年版,第85页。
② 同上条,第84页。
③ 贾根良、张志:《重商与重农:孰是孰非——基于国家富强视角的比较》,载《经济学家》2017年第2期,第26页。

缩减劳动的机械和工具，或者把它们改良。不然，就是使工作细分更为适当。但无论怎样，都有增加资本的必要。要改良机器，少不了增加资本；要改良工作的分配，亦少不了增加资本。把工作分成许多部分，使每个工人一直专做一种工作，比由一个人兼任各种工作，定须增加不少资本。"①

斯密对于经济增长过程的理解有两点特征：一是对生产性劳动和非生产性劳动进行区别，从而确立了经济增长研究应集中于实际生产领域；二是将增长与资本和分工的概念相联系，即强调资本积累和劳动分工对增长的重要性。从《国富论》的整体逻辑主线就可以看出：斯密认为劳动分工和资本积累是一国国民财富增长的主要动力，因此可以说，斯密的经济增长理论是建立在其劳动分工理论和资本积累理论基础之上的。② 斯密的经济增长理论包括两部分：第一部分是斯密对经济增长实质的确定，在斯密以前，重商主义虽然也强调经济增长，但其并不能区分经济增长与货币财富增加的区别，而斯密则发展了重农学派的观点，正确地转向本国物质生产领域去寻找一国国民财富的源泉。第二部分是斯密对经济增长推动力的分析。他认为经济增长是一个前进的过程，以劳动分工为起点，由于劳动分工水平的提升，产出增加，从而资本利润和劳动者工资均增加，引起人均收入和消费水平提升，国民财富增加。而国民财富的增加又会进一步提高储蓄率，从而形成更多的资本积累，资本积累率的提高又会促进分工进一步深化，从而形成经济增长的循环过程。③

二、绝对优势、贸易与经济增长

斯密指出劳动分工能够有效提升劳动生产率，并进一步将这一思想拓展到国际贸易领域，形成了其贸易驱动经济增长的思想。伴随着劳动分工的发展和劳动生产率的提高，各国生产的商品相对丰裕起来，产品有了"剩余"，就有了国与国之间的贸易往来。分工范围的扩大及分工程度的加深促进了劳动生产率的提高，必然带来社会财富的增加和可交换商品的增多，也就必然会呼唤和要求市场规模的扩大。国际贸易无疑顺应并满足了这一市场的呼唤和现实需要，为克服国内市场狭小、市场分工限制等障碍

---

① 梁中堂、翟胜明：《经济增长理论史研究（上）》，载《经济问题》2004年第3期，第2页。
② 任保平等：《经济增长理论史》，科学出版社2014年版，第3页。
③ 同上条，第4页。

提供了有效途径和实现空间。各国通商贸易交往扩充了市场的广度与深度，促使劳动分工由国内向国外拓展，形成了国际分工。伴随着分工范围的扩大和分工程度的深化，贸易交往各国的劳动生产率和国民财富也不断增进。①

从国际分工的角度出发，斯密认为，如果外国商品能比本国自己生产的商品还便宜并可以贸易交换，那么，最好就充分利用本国产业生产的一部分物品与之相交换。因为"向外国购买这种商品，所费比国内来得便宜"②。如果反其道而行，把本国的劳动用来生产那些本来能够通过对外贸易购买到的，且比自己制造还便宜的商品，而不去投入"比这更有价值的商品的生产，那一定或多或少减损年产物的价值"③。斯密还举例假设：尽管苏格兰也可以通过建造玻璃房子等投资，栽种品种极好的葡萄，并酿造出可以通过对外贸易购买到的、与外国生产的一样好品质的葡萄酒，但其费用却大约是外国的 30 倍。如果为了奖励苏格兰酿造的本地葡萄酒而以法律手段禁止进口一切外国的葡萄酒，以致花费相当于外国 30 倍的成本和劳动，显然是不合理的。即使不是多 30 倍，哪怕仅多 1/30，也同样是不合理的。因此，在商品的对外贸易上，"只要甲国有此优势，乙国无此优势，乙国向甲国购买，总是比自己制造有利"④。上述理论阐述是斯密对优势原理的一个主要表达，这意在批判重商主义中诞生的优势理论，强调国际贸易格局中绝对成本的重要性，因此被称为绝对优势理论⑤，也即优势理论的 1.0 版本。

---

① 梁洪学、周伊伦：《优势学说滥觞的再认识——亚当·斯密国际贸易理论的启示》，载《江汉论坛》2021 年第 3 期，第 45 页。
② ［英］亚当·斯密：《国民财富的性质和原因的研究（下卷）》，郭大力、王亚南译，商务印书馆 1994 年版，第 29 页。
③ 同上条，第 28~29 页。
④ 同上条，第 30 页。
⑤ 同第一条。

第三节 大卫·李嘉图与比较优势理论

一、大卫·李嘉图的经济增长理论

大卫·李嘉图（David Ricardo）是英国产业革命高潮时期的资产阶级经济学家，他继承和发展了斯密经济理论中的精华，是英国资产阶级古典政治经济学的杰出代表和完成者。李嘉图的经济增长理论继承了斯密经济增长理论的传统，一是强调资本积累和生产率改进对经济增长的决定意义，二是将经济增长的理论研究集中在实际生产领域，这些思想传统成为后来经济增长理论研究所共同遵守的规则。而李嘉图对斯密增长理论的发展在于，他提出给定土地上追加劳动的边际生产力递减规律，并将其应用于经济增长理论。这是后来新古典生产函数强调的边际生产力递减规律的最初形式，并确立了后来的经济增长理论模型都使用这一规律的思想传统。然而，李嘉图增长理论的缺陷有二，一是过于强调收益递减在农业中的应用，并不切实际地假设土地只有一种用途；二是他通过边际生产力递减规律得出了经济增长最终会陷入停滞的结论，这事实上属于典型的关于经济增长问题的悲观主义，但反过来看，这种悲观主义却使后来的人们更加充分地认识到劳动生产率的提高对于经济持续增长的关键作用，从而对现代经济增长理论的发展做出了卓越贡献。[①]

从李嘉图的思想来看，在人口保持、资本比例增长和技术进步难以抵消土地收益递减的状况下，资源与利益对增长的双重制约难以打破，一国经济的发展前景必然是暗淡的。但是，当一国经济处于开放的条件下，经济增长的前途未必如此。他指出，"达到了增加资本和增加人口限度"的国家，"借助于国际贸易也可以无止境地继续增加财富和人口"。[②] 在当时拥有最强大工业生产力的英国，只要不受任何限制地进行对外贸易，那么

---

① 任保平等：《经济增长理论史》，科学出版社 2014 年版，第 6 页。
② [英] 彼罗·斯拉法主编《李嘉图著作和通信集（第四卷）》，蔡受百译，商务印书馆 1980 年版，第 165 页。

土地资源的短缺将得以缓解，国民收入的分割将发生有利于资本积累方面的变化。① 这样，李嘉图实际上把自由贸易置于"增长发动机"的地位上，其对斯密的绝对优势理论进行了重要拓展，他强调国家间在商品生产上的劳动生产率的相对差异（而非生产成本的绝对差异）才是国际贸易的决定因素。

二、比较优势、贸易与经济增长

下面，通过一个简单的例子，来说明比较优势理论如何解释贸易对经济增长的促进作用②：

假定生产的投入要素只有劳动，葡萄酒和奶酪是经济中的两种产品，并假定用单位产品劳动投入表示本国和外国的劳动生产率（见表1–1）。

表1–1 本国和外国劳动生产率

国别	奶酪	葡萄酒
本国	1小时/磅	2小时/加仑
外国	6小时/磅	3小时/加仑

从表1–1中可以看出，本国两个部门的单位产品劳动投入都比外国低，即两个部门的劳动生产率都比外国高。从绝对优势角度看，由于本国生产两种商品的成本都低于外国，因此本国无须与外国进行贸易。然而，从比较优势的角度看，两国在两种产品的生产率相对值上存在的差异，给两国通过贸易提升总产出带来了机会。

我们需要做的第一件事是确定奶酪的相对价格 P_c/P_w。虽然确切的相对价格取决于需求，但我们已知这一相对价格必定位于两国用葡萄酒衡量的奶酪的机会成本之间。在本国，用葡萄酒衡量的奶酪的机会成本是1/2；而在外国，则是3。当世界市场均衡时，奶酪的相对价格在这两个值之间。在这个例子中，我们假定均衡时的世界市场上，1磅奶酪可换1加仑葡萄

---

① 杨先明：《李嘉图的经济增长思想及意义》，载《经济问题探索》1988年第2期，第53页。
② [美]保罗·R.克鲁格曼、茅瑞斯·奥伯斯法尔德：《国际经济学：理论与政策（第八版）》，黄卫平等译，黄卫平校，中国人民大学出版社2011年版，第35～36页。

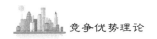

酒，因此 $P_c/P_w = 1$。

如果1磅奶酪与1加仑葡萄酒的售价相等，则两个国家都将专门生产一种产品。在本国，一个劳动者生产1磅奶酪所需的时间是生产1加仑葡萄酒所需时间的一半（1∶2），所以本国工人生产奶酪能挣得更多，于是本国将专门生产奶酪。相反，外国的一个劳动者生产1磅奶酪所需时间是生产1加仑葡萄酒所需时间的2倍（6∶3），所以外国工人生产葡萄酒能挣得更多，于是外国将专门生产葡萄酒。

让我们进一步来证实这种生产分工模式能使贸易产生利益。首先，我们要证明，本国用出口奶酪换取葡萄酒的方式"生产"葡萄酒，比本国直接生产葡萄酒的效率高。在直接生产时，1小时的本国劳动只能生产1/2加仑葡萄酒，如果用这1小时的劳动生产奶酪，则能生产1磅奶酪。1磅奶酪可以换取1加仑葡萄酒。显然，本国确实可以从贸易中获益。同样的，外国1小时的劳动只能生产1/6磅奶酪，但是，如果用这1小时生产1/3加仑葡萄酒，则通过贸易可以换得1/3磅奶酪，这比直接生产所能得到的1/6磅奶酪多1倍。在这个例子中，通过贸易，各国的劳动生产率比自己生产进口商品时提高了1倍。因此，即使对于一个在两种产品生产上都不具有绝对优势的欠发达国家而言，它也可以通过专注于自身具有比较优势的产业部门，进而通过国际贸易来提升本国的总产出水平。因此，国际贸易成为驱动经济增长的动力机制。

第四节 赫克歇尔和俄林与要素禀赋理论

一、要素禀赋理论对比较优势理论的发展

如果像李嘉图模型所假设的那样，劳动是唯一的生产要素，那么产生比较优势的唯一原因就是各国之间劳动生产率的不同。然而，在现实世界中，各国间劳动生产率的不同只能部分地解释贸易产生的原因。贸易还反映了各国之间资源的差异。用各国之间的资源差异来解释国际贸易原因的学说，是国际经济学中最具影响力的理论之一。这一理论是由瑞典经济学

家伊莱·赫克歇尔（Eli F. Heckscher）和伯尔蒂尔·俄林（Bertil Ohlin）提出的，因此通常被称为赫克歇尔－俄林理论（Heckscher－Ohlin theory，简称 H－O 理论）。由于这一理论强调了不同生产要素在不同国家的资源中所占的比例和它们在不同产品的生产投入中所占的比例二者之间的相互作用，因此又被称为要素禀赋理论（factor endowment theory）。①

二、要素禀赋、贸易与经济增长

要素禀赋理论基于一系列简单的假设前提，主要包括以下几个方面：

（1）只有两个国家——K 国和 L 国，生产两种商品——汽车和布，使用两种生产要素——劳动和资本。K 国资本要素相对丰裕，因此资本价格即利率较低；L 国劳动要素相对丰裕，因此工资较低。

（2）两国的技术水平相同，即同种产品的生产函数相同。假定生产 1 单位布需要投入 1 单位资本和 2 单位劳动，生产 1 单位汽车需要投入 3 单位资本和 1 单位劳动。显然，布是劳动密集型产品，而汽车是资本密集型产品。

（3）两国在两种产品的生产上具有不变的规模经济。即增加某商品的资本和劳动使用量，将会使该产品产量以相同比例增加，亦即单位生产成本不随生产的增减而变化，因此没有规模经济效益。

（4）假定在两国内部，生产要素是能够自由转移的，但在两国间，生产要素是不能自由转移的。这是指在一国内部，劳动和资本能够自由地从某些低收入地区、行业流向高收入地区、行业，直至各地区、各行业的同种要素报酬相同，这种流动才会停止。而在国家间，却缺乏这种流动性。所以，在没有贸易时，国家间的要素报酬差异始终存在。

（5）假定没有运输费用，没有关税或其他贸易限制。这意味着生产专业化过程可持续到两国商品相对价格相等为止。

在以上假设下，K 国和 L 国生产汽车和布的要素价格和商品成本如表 1－2 所示。

---

① ［美］保罗·R.克鲁格曼、茅瑞斯·奥伯斯法尔德：《国际经济学：理论与政策（第八版）》，黄卫平等译，黄卫平校，中国人民大学出版社 2011 年版，第 51 页。

表1-2 两国、两产品、两要素贸易结构

产品		要素投入结构（资本：劳动）	要素价格		商品成本
			资本	劳动	
L国	布	1:2	3	1	3×1+1×2=5
	汽车	3:1			3×3+1×1=10
K国	布	1:2	1	2	1×1+2×2=5
	汽车	3:1			1×3+2×1=5

由表1-2可以看出，布和汽车两种商品的成本比例在L国是1:2，在K国是1:1，因此，L国在布的生产上具有比较优势，而K国在汽车的生产上具有比较优势。运用比较优势理论可知，L国应专注于生产布，并在国际市场上出口布而进口汽车；K国应专注于生产汽车，并在国际市场上出口汽车而进口布。建立这样的国际贸易结构，能够发挥两国的比较优势，扩大总产出，提升两国福利水平。

三、贸易驱动下欠发达国家的增长机会

赫克歇尔和俄林的要素禀赋理论是在比较优势理论基础上的一大进步。李嘉图的两国贸易是物物交换，国际贸易起因于劳动生产率的差异；而H-O理论使用等量产品不同货币价格（成本）比较两国不同的商品价格比例，两国的交换是货币交换，两国的劳动生产率是相同的，用生产要素禀赋的差异寻求解释国际贸易产生的原因、国际贸易商品结构以及国际贸易对要素价格的影响，研究更深入、更全面，认识到了生产要素及其组合在各国进出口贸易中的重要地位。

但是，H-O理论也有明显局限，其结论的成立依赖于一系列假设条件，而在现实世界，如资本和技术在国家间是可以流动的，因此在发展中国家建立资本和技术密集型产业并非不可行。另外，新贸易理论、空间经济学乃至新增长理论等近期发展起来的理论都强调规模经济的重要性，对于像中国这样拥有巨大本地市场空间的国家，迅速建立起规模经济优势，是具有弥补资源禀赋劣势的可能的。对于这些问题，本书将在第二章作进一步阐述。

❋ 本章小结 ❋

亚当·斯密是古典政治经济学的主要奠基人之一,也是国际分工理论和国际贸易理论的创始者。大卫·李嘉图继承了斯密的自由主义经济思想,并对其绝对优势理论进行了重要拓展,形成了至今仍具有重要影响力的比较优势理论。瑞典著名经济学家赫克歇尔和他的学生俄林指出,在生产活动中,除了劳动起作用外,还有资本、土地、技术等生产要素,各国在要素禀赋上存在差异,导致各国产品生产成本存在不同,要素禀赋理论由此诞生。本章对这些经典理论进行了介绍,阐述了这些理论对指导发展中国家经济政策实践的重要意义,也指出了这些理论存在的局限。本章是全书的开篇,为后续章节提供了基础和铺垫。

思考讨论题

1. 请简单阐述重商主义与重农学派思想的区别与联系。
2. 亚当·斯密的绝对优势理论有什么局限?
3. 比较优势理论对绝对优势理论作了怎样的发展?
4. 要素禀赋理论有哪些重要的前提假设?
5. 要素禀赋理论的主要贡献有哪些?

第二章 比较优势战略驱动经济增长的局限

本章首先指明比较优势理论和要素禀赋理论面临的两大关键问题：一是理论适用范围存在很大局限，二是政府识别比较优势的能力存在不足。在对第一个关键问题的探讨中，本章从要素在国家间不可流动和不存在规模经济这两个比较优势理论得以成立的关键假设出发，探讨其在现实世界是否成立及其对比较优势理论解释力的影响。在对第二个关键问题的探讨中，本章介绍学界当前提出的政府识别比较优势的方法，指出该方法存在的问题以及由此延伸的对政府识别比较优势能力的探讨。而后，本章对一些国家陷入"比较优势陷阱"的经验事实进行考察。基于这些理论和经验的探讨，本章认为，比较优势战略难以驱动一国经济长期持续增长，即使比较优势战略能够发挥积极作用，其适用范围也是非常有限的。

第一节 比较优势理论面临的两大关键问题

一、比较优势理论的适用范围

如第一章所述，比较优势理论和要素禀赋理论为发展中国家实现经济增长提供了一种可能，也即实施"比较优势战略"。正如新结构经济学者所主张的：要素禀赋结构与产业结构在发展过程中不断升级，互为因果。在这一过程中，政府要做的就是为符合比较优势的产业提供完备的基础设施，以推动产业结构的高级化发展，从而促进经济增长。然而，这种观点并未得到经验证据的有力支持。以日本为例，一些坚持比较优势战略的经济学家认为日本"二战"后的经济政策体现了比较优势优先原则，但是我们发现，即使在战后初期资本要素稀缺时，日本的资本密集型产业也得到了快速发展，这并不符合比较优势战略的政策主张。

20世纪50年代中后期,日本开始了持续20年的经济高速增长。图2-1给出了1960—2005年间日本产业结构的变动情况,从图中可以看出,随着经济水平和收入水平的不断发展,日本的产业结构经历了重要的变化。农、林和渔业比例下降明显,从占国民经济比重的13.12%下降到1.5%;制造业也经历了明显的下降,其占国民经济比重从34.58%下降到20.98%;批发零售业保持相对稳定,占国民经济比重由11.62%小幅提高到13.78%;而金融保险业和服务业的比重有了明显的提高,其中金融保险业占国民经济比重由3.53%提高到7.02%,服务业占国民经济比重从7.53%提高到21.47%。

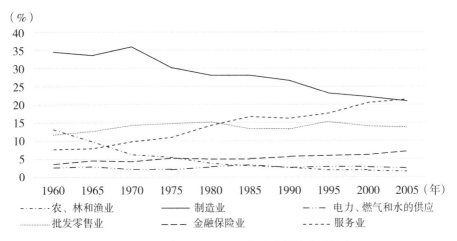

图2-1 日本1960—2005年产业结构变动情况

[数据来源:Hiroshi Yoshikawa and Shuko Miyakawa, "Changes in Industrial Structure and Economic Growth: Postwar Japanese Experiences," in Stefan Mann, *Sectors Matter: Exploring Mesoeconomics* (Berlin: Springer-Verlag, 2011), pp.167–218.]

这种产业部门间的结构变迁,即随着工业化的不断推进,第一产业的比重会不断降低,而第二和第三产业的比重会不断提高,似乎印证了比较优势战略。但是,这只是经济发展的一般规律,任何经济体的工业化进程都伴随着二、三产业比重的迅速提高,它并不能说明比较优势战略的有效性。为此,我们还需要进一步考察制造业内部的结构变动情况,即考察具有不同要素偏好的产业是否随着经济体要素禀赋结构(发展阶段)的变化而表现出差异性的增长态势,从而导致显著的结构性变化。

我们选择了日本制造业内部的食品和饮料业,纺织业,纸浆、纸及纸制品业,化学品业,石油和煤炭制品业五个制造业产业,考察其1960—2005年间的结构变动情况(如图2-2所示)。依据比较优势理论和要素禀赋理论,在经济发展初期,由于劳动力相对于资本更加充裕,因此应重点发展劳动密集型产业,而随着经济发展水平的不断提升,资本变得较为充裕时,再将发展重点转移到资本密集型产业上。在我们所考察的五个制造业产业中,食品和饮料业、纺织业属于劳动密集型产业,而化学品业、石油和煤炭制品业则属于明显的资本密集型产业。从统计数据上看,食品和饮料业占制造业比重从1960年的15.47%下降到2005年的12.34%,同期,纺织业的比重从8.26%下降到0.66%,这种趋势是符合比较优势理论的。然而,在资本密集型产业中,化学品业占制造业比重从1960年的8.53%下降到2005年的8.07%,石油和煤炭制品业的比重从1960年的5.11%提高到2005年的5.64%,并没有显著的变化。可见,就日本的资本密集型产业来讲,1960—2005年的40余年间,其在制造业中的占比并没有发生显著变化,这说明它的发展并未受到自身资源禀赋变化的影响,从这一现实情况看,比较优势理论并未在日本的经济发展进程中得到很好的印证。

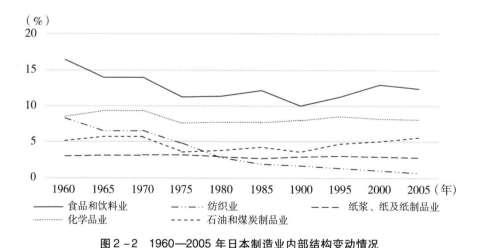

图2-2 1960—2005年日本制造业内部结构变动情况

[数据来源:Hiroshi Yoshikawa and Shuko Miyakawa, "Changes in Industrial Structure and Economic Growth: Postwar Japanese Experiences," in Stefan Mann, *Sectors Matter: Exploring Mesoeconomics* (Berlin: Springer-Verlag, 2011), pp. 167 – 218.]

另外,即使"二战"后日本劳动密集型产业比重下降符合比较优势的理论预期,但其发展趋势却很大程度上来自战后美国对日本的大力援助,而这又是与比较优势理论和要素禀赋理论的前提假设不相符合的。从1948年开始,美国为了复兴日本经济,主要采取了以下措施:一是不断修改日本战败赔偿方案,到1949年5月完全取消了赔偿要求,为日本工业的恢复和发展奠定了基础。二是给日本垄断资本以直接的经济"援助"和"贷款"。仅在1945—1951年间,美国政府即以"占领地区救济基金"和"占领地区复兴基金"的名义,向日本提供了总额为21.23亿美元的经济援助。三是向日本提供大量军事装备援助以减轻其经济负担。1950—1969年,美国向日本提供了总计16亿美元的军事装备援助,占日本全部装备总额的21.8%,这一比率在20世纪50年代为50%,其中1950—1955年甚至高达2/3。四是扩大对日军事"特需"订货。1950—1955年,美国对日的"特需"军事订货累计达35.3亿美元,使得日本出口额从1950年的8.3亿美元增加到20.1亿美元,许多大企业、大公司起死回生。可见,在美国的大力援助下,日本得以发展机械、化工、钢铁等资本和技术密集型产业,这种特殊情况是难以在其他国家的发展进程中得到复制的。

由以上分析可以看出,找到一个成功地实施了比较优势战略的国家案例仍是很困难的,为比较优势理论划定一个清晰的适用范围也有待进一步探讨。实际上,正如第一章所述,比较优势理论和要素禀赋理论是有较为严格的前提假设的,其中,要素在国家间不可流动和不存在规模经济很难在现实中得到满足,这很大程度上降低了理论的适用性,本章后面将会对此作进一步阐述。

二、政府识别比较优势的能力

如果一国要制定一个比较优势发展战略,那么它首先要确定哪些产业或产业链中哪些环节是具有比较优势的。在坚持比较优势发展战略的学者看来,"成功的发展战略就是能够动态地遵循比较优势及其演变的规律,在每一个发展的阶段上实施与发展阶段相适应的发展政策,这样就能确保经济结构的变化始终不脱离禀赋条件的变化。……即经济有什么样的产业结构,导源于要素禀赋的相对价格;而经济的增长会逐步改变要素禀赋的

相对价格,从而引起产业结构的演变"[1]。

因此,在一个经济体由其比较优势动态演变驱动的经济增长过程中,政府的角色就是发现本国的比较优势,对具有"潜在比较优势"的产业进行精准识别,从而为先进入企业提供必要的支持,这对促进"潜在比较优势"成为实际比较优势具有重要作用。按照这一逻辑,政府就应该制定一个具有"潜在比较优势"的产业清单,凡是愿意率先进入这些产业的企业,都将能够得到政府的补贴,而清单之外的则不享受这一政策。然而,"这似乎与秉持新古典经济学思想的经济学家的看法又有了巨大差异,因为对后者而言,他们不相信在那些方面政府会比市场做得更好"[2]。而这又引出了比较优势理论或者说比较优势战略的又一关键问题:政府能够准确地识别比较优势吗?或者说,政府对比较优势识别的准确性能超过市场本身吗?

以上,本节归纳了比较优势理论和要素禀赋理论中的两个关键问题,一是比较优势理论的适用范围在哪里,二是政府是否能够准确地识别比较优势所在。下面对这两个问题作进一步探讨。

第二节 比较优势理论的适用范围

如前文所述,比较优势理论能够成立是有其内在的前提要求的,如国家之间是存在特征差异的;比较利益在各国之间是静态的、不变的;规模经济是不存在的;市场是完全竞争的,自由贸易在这一市场结构下进行;生产要素不能在相互贸易的国家间进行流动;技术进步是不存在的,各个产业的生产率是不变的;等等。如果这些前提假设无法在现实世界得到满足,那么比较优势理论下的基本结论也就是不适用的。然而,非常明显的是,生产要素在国与国之间不能流动和不存在规模经济这两个假设条件并不能在现实中得到满足。下面,我们对这两个假设条件进行探讨,分析在它们无法得到满足时会产生什么后果,从而对比较优势理论的适用范围进行界定。

---

[1] 张军:《"比较优势说"的拓展与局限——读林毅夫新著〈新结构经济学〉》,载《经济学(季刊)》2013 年 12 卷第 3 期,第 1087 页。

[2] 同上条。

一、重要前提Ⅰ：要素在国家间不可流动

坚持比较优势战略的学者认为，一国的产业结构应由其要素禀赋结构决定，其中，要素禀赋结构主要体现为资本－劳动比，而资本－劳动比变化又源于从基于比较优势的国际贸易中所获取的产品剩余和资本积累。① 然而，我们能够发现，这种解释忽略了由于要素流动所导致的要素禀赋结构变化，而一旦要素在国家间可流动，比较优势理论成立的前提就将被打破。这是因为，我们以资本为例，一旦要素可流动而各个国家之间存在要素禀赋的差异，那么资本在不同国家间的边际回报就会不同，为了寻求最大收益，资本自然会流向边际回报更高的国家，这必然导致资本稀缺的国家成为资本的流入地，从而最终抹平资本－劳动相对价格在国家间的差异，也就消除了比较优势。同理，如果劳动力可以在国家间自由流动，也会消除劳动密集型产业所拥有的比较优势。而最终的结果就是在所有要素开放的国家中，资本－劳动相对价格会趋于一致。因此，只有要素无法在国家间自由流动时，比较优势理论才是可以成立的。正如萨缪尔森所言："李嘉图的贸易理论传统上假设要素流动的可能性为0，而商品在国家或地区间流动的可能性为100%。"②

以我国为例，改革开放后，我国对外国投资开放力度不断提升，外资进入规模迅速扩大，大致经历了如下三个阶段③：1978—1992年为第一阶段，此段时间内，各地尚未形成吸引外资的热潮，外商对于到中国投资也持谨慎态度，因此外资进入额并不高。截至1991年，外资流量仅为4366万美元。1992—2001年可视为第二阶段，这一阶段外商直接投资有了较快的增长。1995年，《指导外商投资方向暂行规定》由原国家计委、外经贸部以及经贸委联合颁布，同时颁布的还有《外商投资产业指导目录》。对外资企业投资的审批和管理开始按照指导目录进行，法制化、制度化程度迅速提高，促进了外资的涌入。第三阶段是2001年至今，在加入世贸组

---

① 朱富强：《如何通过比较优势的转换来实现产业升级——评林毅夫的新结构经济学》，载《学术月刊》2017年49卷第2期，第64页。

② Paul A. Samuelson, "Thünen at Two Hundred," *Journal of Economic Literature* 21, no. 4 (1983): 1468–1488.

③ 李艳、柳士昌：《全球价值链背景下外资开放与产业升级——一个基于准自然实验的经验研究》，载《中国软科学》2018年第8期，第165页。

织的驱动力作用下，我国吸引外资规模迅速扩大，但2008年金融危机的影响也非常显著。在此期间，为了更好地吸引外资、服务外商，我国于2002年修订了《外商投资产业指导目录》，放松了外资进入的限制条件。随后，我国又在2005年、2007年、2011年、2015年和2017年五次修订《外商投资产业指导目录》，不断完善对外商直接投资的开放和管理，促进外资健康有序流入。图2-3给出了1981—2017年间我国吸收外国直接投资情况。可以看出，我国吸收外国直接投资的规模呈现出总体迅速扩大的态势，尤其在2001年加入世界贸易组织之后出现了迅速的提升。但中短期受经济环境影响会产生波动，主要是在1997年亚洲金融危机和2008年全球经济危机之后，外国直接投资规模出现了较为明显的下滑。

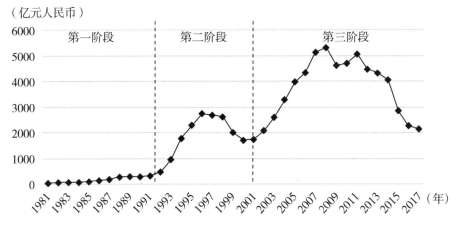

图2-3　改革开放后我国吸收外国直接投资阶段划分（1981—2017年）
（数据来源：根据《新中国60年统计资料汇编》和国家统计局网站数据整理。）

而从中国对其他国家的直接投资看（如图2-4所示），我国对外直接投资在2007年后迅速提高，到2016年已经达到1961.5亿美元。实际上，自2005年以来，我国就已成为对外投资净收益的逆差国。[①] 这表明我国的资本市场的开放程度是很高的，我国的资本回报逐步与全球市场趋同。在这种条件下，基于要素禀赋的比较优势理论是不适合我国的现实情况的。

---

① 王家强、陈静、赵雪情：《客观看待我国对外投资净收益逆差问题》，载《中国国情国力》2016年第2期，第22～25页。

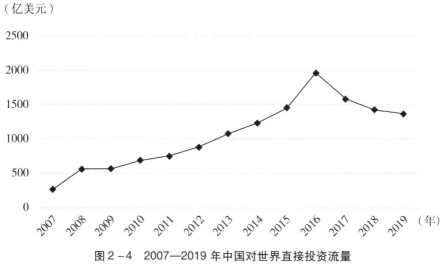

图 2-4 2007—2019 年中国对世界直接投资流量

(数据来源：国家统计局网站，https://data.stats.gov.cn/easyquery.htm?cn=C01。)

为了进一步说明资本流动对比较优势的消除效应，我们整理了 2003 年和 2011 年各行业外商投资企业固定资产投资额占外商投资总额比例的数据（见表 2-1）。从中可以看出，尽管统计时间点不同，但外商投资企业固定资产投资的重点行业集中在房地产业，通信设备、计算机及其他电子设备制造业，交通运输设备制造业，化学原料及化学制品制造业等资本和技术密集型产业，而像餐饮业、批发零售业等劳动密集型产业的投资占比远低于 2011 年全部行业 1.09% 的平均水平。这说明，由于我国资本和技术等要素相对稀缺，导致这些要素的报酬率更高，而外资的涌入则一方面抹平了要素间相对价格在不同国家间的差异，同时也帮助我国发展了要素禀赋不足、不具有比较优势的产业。因此，新结构经济学基于要素在国家间不可流动的前提假设所进行的理论推断和政策主张是难以适应现实情况的。

表2-1 2003年和2011年我国外商投资企业固定资产投资占比排名前十的行业

年份	排名	行业	比例
2003	1	房地产业	0.163527
	2	通信设备、计算机及其他电子设备制造业	0.14139
	3	化学原料及化学制品制造业	0.123053
	4	交通运输设备制造业	0.076508
	5	信息传输、计算机服务和软件业	0.053139
	6	电信和其他信息传输服务业	0.051719
	7	电力燃气水的生产供应业	0.038371
	8	电力、热力的生产和供应业	0.034321
	9	造纸及纸制品业	0.030923
	10	黑色金属冶炼及压延加工业	0.030663
2011	1	房地产业	0.232155
	2	交通运输设备制造业	0.100968
	3	通信设备、计算机及其他电子设备制造业	0.099117
	4	化学原料及化学制品制造业	0.06711
	5	电气机械及器材制造业	0.053294
	6	通用设备制造业	0.032755
	7	专用设备制造业	0.0309
	8	非金属矿物制品业	0.026897
	9	信息传输、计算机服务和软件业	0.025092
	10	电力燃气水的生产供应业	0.022851

二、重要前提Ⅱ：不存在规模经济

1. 经济学界对规模经济的忽视

国际贸易理论发展至今已经历较为明显的三个阶段，即以亚当·斯密和大卫·李嘉图为代表人物的基于绝对优势和比较优势贸易理论的阶段（古典贸易理论阶段），以赫克歇尔和俄林为代表人物的基于要素禀赋贸易理论的阶段（新古典贸易理论阶段），以及由保罗·克鲁格曼等开创的基于规模经济贸易理论的阶段（新贸易理论阶段）。在前两个阶段中，均假设生产某种产品的机会成本是不变的,这种假设排除了规模经济的可能性,也就排除了一国由于规模的扩张所带来的优势,而将全部的成本优势归因于要素禀赋结构。然而,现实的情况是,机会成本是可变的,尤其是在规模报酬递增的情况下,随着生产规模的扩大,产品的单位成本会逐步下降,从而在国际贸易中形成规模经济优势。

然而,不仅是在国际贸易理论中,长久以来,主流经济学界都没能将规模报酬递增纳入正式的经济分析,这主要是因为主流经济学家所掌握的技术无法处理收益递增时的市场结构问题。1977年,迪克西特(Avinash K. Dixit)和斯蒂格利茨(Joseph Stiglitz)在《美国经济评论》上发表题为《垄断竞争与最优产品差异化》的经典论文,① 二位作者在该文中建立了一个非常精巧的垄断竞争模型(后被称为D-S模型),该模型为经济学家提供了崭新的工具,在产业组织理论、新贸易理论、新增长理论和空间经济理论等领域掀起了收益递增和不完全竞争的革命。② 1979年,保罗·克鲁格曼利用D-S模型撰写的论文《收益递增、垄断竞争和国际贸易》在《国际经济学》发表,③ 阐明了由于规模报酬带来的成本优势所导致的生产专业化、产业集聚和国际贸易。1991年,克鲁格曼又发表了论文《规模报酬递增与经济地理》④,构建了一个只有农业和制造业两个部门的经济模型,展示了一国是怎样被内生地划分为一个工业化的"中心"和一个农业的"外围"的。因此,这一模型也被称为"中心—外围"模型(core-periphery model,简称C-P模型)。这篇论文成为新经济地理学(new economic geography)的开端。⑤ 在模型中,企业为了实现规模经济的同时最小化运输成本,趋向于在拥有更大需求的地区进行生产,但一个地区的需求又依赖于企业生产活动的分布,这就形成了一个循环累积的因果过程,从而促使了制造业的集聚。实际上,企业在两个地区间的选择取决

---

① Avinash K. Dixit and Joseph E. Stiglitz, "Monopolistic Competition and Optimum Product Diversity," *American Economic Review* 67, no. 3 (1977): 297-308.

② 梁琦:《空间经济学:过去、现在与未来——兼评〈空间经济学:城市、区域与国际贸易〉》,载《经济学(季刊)》2005年4卷第4期,第1067页。

③ P. Krugman, "Increasing Returns, Monopolistic Competition and International Trade," *Journal of International*, no. 9 (1979): 469-479.

④ P. Krugman, "Increasing Returns and Economic Geography," *Journal of Political Economy* 99, no. 3 (1991): 483-499.

⑤ 新经济地理学有时也被称为空间经济学(spatial economics)。

于它对规模报酬和运输成本的权衡,"毫不夸张地说,规模报酬递增和运输成本之间的权衡关系是空间经济理论的基础"[①]。在本书的第七章,我们将借鉴这种建模方法,构建一个两地区、两企业、两政府模型,考察政府的超前引领如何提升经济体的整体福利。

2. 规模经济对比较优势理论的威胁

当我们考虑到规模经济的影响后,比较优势就显得不重要了。这是因为,制造业集聚的地区成为"中心",而另一个地区则成为农业"外围",显然,成为中心的区域自然能够获得更高速的增长。然而,决定一个地区是否能够成为中心的根本,不在于它具有怎样的资源禀赋和比较优势,而在于它最初的市场规模是否足够大以及两地之间的运输成本是否足够低。因此,在存在规模报酬递增的环境下,比较优势就会让渡于规模经济优势,这无疑会使比较优势理论的适用范围大大缩减。

而在现实世界,一国产业结构变迁的根本诱导因素也并不是要素禀赋结构的变化,而是需求和供给因素的相互作用。从需求方面看,不同商品和服务的需求收入弹性是不同的,非齐次效用函数与恩格尔法则推动了产业结构的变迁。而在供给方面,不同产业在规模经济特性上的差异导致了非平衡的增长。由此,我们就不难解释为何中国改革开放初期在资本相对匮乏的情况下却建设宝钢、上汽大众等资本密集型产业,并且这些产业也具备很好的自生能力,其生产率和竞争力发展为全球领先了:其主要原因就是中国本土市场规模庞大,对钢铁、汽车等重工业产品具有较大需求,所以企业的本地化生产能够迅速形成规模经济,从而降低成本、扩大优势。而如果运用新结构经济学的资源禀赋结构决定论,将产生逻辑上的明显矛盾,是行不通的。

三、适用范围

现在,我们对比较优势理论实际的适用范围做一个小结。由以上分析可知,比较优势是排斥要素在国家间的流动和规模报酬的,一旦我们放松了这两项重要假设,我们就会发现比较优势理论的适用范围会急剧缩小。

第一,对于中国这样的大国而言,比较优势理论是不适用的。这是由

---

① M. Fujita and J. -F. Thisse, *Economics of Agglomeration: Cities, Industrial Location, and Regional Growth.* Cambridge (Cambridge University Press, 2002).

于大国拥有充足的人口数量,因此即使处在工业化初期,对各类产品都具有较大规模的需求。又由于资本可在国家间流动,因此即使大国在工业化初期是资本稀缺的,也能够吸引外部投资来生产资本密集型产品。同时,在规模经济的作用下,各类要素不断积聚,进而形成产业集聚的中心区,促进了经济增长。另外,超越本国资源禀赋条件的高端产业对其他产业往往具有比较明显的拉动作用,也就是说,这类高端产业会具有外部性。对于大国而言,其庞大的经济体量和完整的产业门类足以使这种外部性收益内部化,这是小国无法比拟的优势。可见,对于大国而言,当要素可在国家间流动,生产具有规模经济特性时,即使是不具备比较优势的产业部门,也能够得到很好的发展,具备足够的自生能力。因此,对于大国而言,在工业化进程中实施进口替代战略可能是一种更加有效的选择,因为某产品进口量大表明其在本国具有很强的需求,政府可通过吸引外国直接投资来弥补资本和技术上的不足以发展这种产业,并形成规模经济和竞争优势。当然,成功的进口替代策略仍应以市场为主导。

第二,即使对于小国,比较优势理论也不能完全适用。以新加坡为例,它是全球三大自由贸易港之一:在新加坡,资金可以自由流动,政府没有对外汇的管制。对于企业利润汇出不征收所得税,也没有其他行政性限制。企业设立账户拥有很高的自由度,新元、美元、欧元、澳元等账户均可设立,企业拥有决定结算货币种类的权利。企业在新加坡开展进出口贸易也是非常自由的,不需要政府审批,只需在企业管理局进行注册即可。新加坡对外资进入也没有设置行业限制,几乎是全行业对外资开放,只是在金融、保险和证券等一些较为特殊的行业中,外资进入需要事先在主管部门进行备案。由于资本市场的完全放开,新加坡的资本-劳动相对价格与全球市场同步,类似于新加坡这种要素市场开放度较高的经济体在要素禀赋结构上具有很强的相似性,因此其产业结构的形成和发展就是由全球市场对于这类高开放程度的小国所能提供的产品和服务的需求,即它在特定行业所具有的规模优势和竞争优势所决定的。尽管历史不能假设,但如果新加坡依据比较优势发展自身产业,它现在的产业结构和发展水平应该不会大幅度超越它的东南亚邻国。显然,比较优势理论对这类完全开放的经济体也是缺乏解释力的。

排除了以上两种情况,那么比较优势仅可能在商品可自由贸易、要素不能自由流动的中小经济体具有一定的解释力。然而,当我们要去观察此

竞争优势理论

类经济体的发展轨迹时却发现,具备这种特征的经济体往往陷入经济停滞的"比较优势陷阱"中,我们将在本章的第四部分对此进行探讨。

第三节 政府对比较优势的识别

一、政府识别比较优势的方式

在坚持比较优势战略的学者看来,合适的产业政策就是遵循比较优势战略发展经济,就是要政府去选择符合自身禀赋条件的产业,形成与之相适应的产业结构,这样的产业才能自生下来,不需要政府补贴来维持其存在。所以,"为了促进本国产业的升级和多样化,政府必须制定符合本国潜在比较优势的产业政策,从而新的产业一旦建立起来,便可迅速地在国内和国际市场上具有竞争力"①。

那么,怎样制定并实施一个符合本国比较优势的恰当的产业政策呢?显然,首要工作就是要识别出那些符合本国比较优势的产业门类。为了能够帮助发展中国家准确识别出本国哪些产业具有潜在的比较优势②,林毅夫教授创立的新结构经济学理论发展了一套产业政策设计的指导原则,被称为增长甄别与因势利导框架(growth identification and facilitation framework),即 GIFF 框架,该框架包含两步六方法。其中,第一步是确定一国可能具有潜在比较优势的新产业,第二步是消除那些可能阻止这些产业兴

---

① 林毅夫、塞莱斯汀·孟加:《增长甄别与因势利导:政府在结构变迁动态机制中的作用》,载林毅夫著《新结构经济学:反思经济发展与政策的理论框架》,苏剑译,北京大学出版社2012年版,第118页。

② 这里,就何为"潜在比较优势",笔者并未在林毅夫的相关论著中找到明确定义,朱富强在其评价新结构经济学的文章中给出了一个定义:"潜在比较优势是指产业的要素生产成本在开放竞争市场中有优势,但同时又因软硬基础设施不完善而使得总成本在开放竞争市场中没有竞争力。"笔者认为,这一解释应该是能够契合新结构经济学要义的,但如果新结构经济学自身没有对如此重要的概念作出过一个明确的定义,那又怎么让新结构经济学的学习者对它的理论逻辑有一个一致性的理解呢?正如田国强所指出的:"他(指林毅夫)理论及其结论基于一些到现在都没有严格定义的概念,就必然引起许多不必要的争论。"参见朱富强《如何通过比较优势的转换来实现产业升级——评林毅夫的新结构经济学》,载《学术月刊》2017年第49卷第2期,第64~79页;田国强:《林毅夫张维迎之争的对与错》,载《第一财经日报》2016年11月23日,第A09版。

起的约束，并创造条件使这些产业成为该国的实际比较优势。而为增强这一甄别框架的可实施性，林毅夫还提出了六项具体方法[1]：

（1）政府提供一份符合本国要素禀赋结构的贸易商品和服务的清单。纳入清单的产业的标准是：找到具有与本国相似的要素禀赋结构的国家，这些国家应为高速增长国家，其人均收入水平应高于本国100%，在这些国家中已经生产了超过20年的商品和服务。

（2）在获取这份商品和服务清单后，应优先考虑那些本国已有私人企业进入的行业，对这些行业的进入壁垒进行有效清除，并帮助这些行业克服阻碍产品质量提升的不利因素。

（3）清单上的某些产业可能是全新产业，或是很少从事出口的产业。政府可以鼓励外资进入，当然，也可以建立孵化项目，扶持国内私人企业进入这些新产业。

（4）对于此清单外的产业，政府也应关注本国其他已经获得成功的私人企业，为这些产业扩大规模提供帮助。

（5）对于那些营商环境难以满足产业发展要求，基础设施供给水平较差的发展中国家，政府可集中力量设立工业园区，在工业园区中建立一个优良的产业发展环境，以点带面地推动产业发展和经济增长。

（6）对于率先进入新产业的国内先驱企业，政府可以提供一些补偿性激励以弥补先进入者的外部性损失，如减税或其他优惠政策。

林毅夫认为，政府依据以上 GIFF 框架制定的产业扶持政策能够有效激发发展中国家的后发优势，帮助发展中国家实现经济高速可持续增长。

那么，运用 GIFF 框架能够有效识别所谓"具有潜在比较优势"的产业吗？一些学者从不同角度对此提出过疑问。例如，田国强认为 GIFF 框架中的第一步就是找到应该支持的产业，并为其创新行为提供一定补充，但"这个观点是大错特错的，政府只能提供支持创新的环境，而不是指定由哪个企业来创新，从而通过补助和扶持这种类似于垄断的去选择这个企业，这么做一定是不利于创新的"[2]。张维迎在研究了 GIFF 框架后指出，

---

[1] 根据林毅夫的著述归纳整理，具体可参考林毅夫、塞莱斯汀·孟加《增长甄别与因势利导：政府在结构变迁动态机制中的作用》，载林毅夫《新结构经济学：反思经济发展与政策的理论框架》，苏剑译，北京大学出版社 2012 年版，第 136～137 页。

[2] 田国强：《林毅夫张维迎之争的对与错》，载《第一财经日报》2016 年 11 月 23 日，第 A09 版。

依据第一步对贸易商品和服务清单进行遴选,他发现,在不同年份中人均收入高于中国一倍的国家里,要素禀赋与中国相似的国家是无法找到的,可见,GIFF 框架的现实应用性出现了严重问题。从林毅夫本人提供的数据上看,在过去半个多世纪中,能够实现连续高速增长超过 25 年从而成功地实现在人均收入水平上向西方发达国家收敛的国家和地区仅有 13 个。而在这 13 个经济体中,如果排除掉中东石油国,那么也就只有以色列、日本、新加坡、韩国,以及中国香港和中国台湾等几个了。当然,林毅夫所设计的产业政策框架在很大程度上也是对这些经济体的借鉴,但不可回避的问题是,中国与这些经济体在国土面积、人口规模、资源环境、科技水平等诸多方面都存在重要差异,是难以复制这些经济体的增长路径的。基于此种情况,张维迎指出了 GIFF 框架存在的一个重要谬误:在一国的产业发展和经济增长的过程中,只有一种路径可供选择,所有国家都按该路径按部就班地向发达国家的终极模式演进,不存在超越的可能。[①] 朱富强也提出了类似的看法,他认为每个国家都拥有独特的国情基础,所面临的国际环境也不尽相同,因此一个稳定的产业升级和经济发展路径是不存在的,也就无法得到一个制定产业政策的一般性方法。另外,由于政府失灵问题的存在,政府制定一个合理的产业政策并有效贯彻执行也是难以保证的。[②]

二、政府识别比较优势的能力

通过以上几位学者对 GIFF 框架的评论观点可以看出,GIFF 所具有的更大的意义可能在于其所倡导的一种产业政策理论,它明确指出了发展中国家经济增长中政府产业政策的积极作用。但是,每个成功进入高收入水平的发展中国家的增长路径都是不同的,产业政策也有重要差异,因此,如果将 GIFF 框架作为指导发展中国家制定比较优势战略的一项一般性指南,那么它至少还有待更进一步的具体化,并应具备结合不同情况对产业政策进行适应性调整的能力。结合以上几位知名学者的评论,本书对 GIFF 框架提出以下三点意见或说疑问。

---

① 张维迎:《我为什么反对产业政策?》,见新浪财经,http://finance.sina.com.cn/meeting/2016-11-09/doc-ifxxnffr7227725.shtml。

② 朱富强:《如何通过比较优势的转换来实现产业升级:评林毅夫的新结构经济学》,载《学术月刊》2017 年第 49 卷第 2 期,第 64~79 页。

第一，对战略性产业的选择应首先基于市场需求和在位企业营利情况。从企业追求利润最大化的角度看，其是否进入一个产业的决策是由进入该产业是否能够提升利润水平决定的，因此，不论从经济学的角度还是管理学的角度看，企业都应首先考虑行业的市场需求及其发展趋势以及在位企业的利润水平决定是否进入。这一过程实际上隐含着这样一层意思：企业才是一国比较优势行业的发现者或甄别者，政府并不承担这一职能。另外，企业是否进入一个具体的行业，还取决于该行业的进入壁垒，这主要来自行业的规模经济特性和生产技术要求。当进入条件都可以实现时，企业将建设厂房、引进设备、雇用劳动力，从而完成对一个产业的进入。在这一过程中，政府最需要做的是提供运行良好的劳动力市场、资本市场和技术市场，以降低企业交易成本。如果政府真的要对战略性产业进行选择，并鼓励企业进入，那也应选择那些牵动力强、正外部性高、公共物品属性强、处于产业链条中关键环节的行业，而不是基于是否符合本国的要素禀赋优势。因此，GIFF框架的第一步就已经是错误的。

第二，政府既不需要也没有能力为企业提供GIFF框架下所要求的那些信息。依据新结构经济学的观点，"为了在竞争性市场上取得成功，发展中国家的企业需要如下信息：处于全球产业前沿内的哪些产业与本国的潜在比较优势相一致。信息具有与公共品一样的性质。信息的收集和处理成本是巨大的。然而，信息一旦形成，允许一个企业分享既得信息的边际成本为零。因此，政府可通过投资于信息的收集和处理，将有关新产业的信息免费提供给企业等方式来给企业提供便利。"① 然而，如果我们深入地思考这一观点就会发现其中的问题。我们暂且不论将信息视为公共物品是否合理，就一个行业的市场容量来讲，其规模一定是有限的，至少在一定区域范围内是有限的，因此，一个企业率先进入一个行业本身，就是对潜在进入者的一种威慑，先进入的企业会收获先动优势，从而弥补信息收集成本。因此，政府无须为企业收集那些信息。② 另外，正如韦森所说，

---

① 林毅夫、塞莱斯汀·孟加：《增长甄别与因势利导：政府在结构变迁动态机制中的作用》，载林毅夫《新结构经济学：反思经济发展与政策的理论框架》，北京大学出版社2012年版，第122页。

② 这里，所谓的"那些信息"也是难以具体化的，因为GIFF框架下所要求的信息，即"处于全球产业前沿内的哪些产业与本国的潜在比较优势相一致"也并没有在新结构经济学中具体化。因此，政府可能很难明确什么样的信息是对企业有价值的。

GIFF框架"实际上假定各国政府和各地区领导人,以及在计划委员会、发展委员会或其他政府部门的官员有完备的知识。但是,一个现实问题是:在对本国和本地区的资源禀赋、比较优势、有市场增长潜力的产品和行业和未来各行业的发展前景判断方面,乃自[至]在各企业本身的竞争力和产业升级的战略选择方面,政府部门及其官员就一定比在生产和贸易第一线的企业和企业家更高明?知识更全面?判断更准确?甄别更确当?指导意见更合宜?"① 显然,政府在对这类信息的收集上既是激励不足的,也是能力不足的。

第三,现实中,政府确定重点支持产业时并未重点考虑是否符合本国的要素禀赋和比较优势。比较优势理论本质上还是一种国际贸易理论,它的作用在于证明了国际分工和贸易带来的好处,但用它指导产业结构升级是力不从心的。根据要素禀赋理论,中国是否应该发展自己的航天工业呢?中国是否应该建立全超导托卡马克核聚变实验装置呢?如果当时中国没有放弃对大飞机的研究和开发,何至于在后来的三十多年中花费上千亿美元购买大飞机呢?经过数十年的努力,中国在航空发动机方面依然未赶上世界最先进水平。显然,中国在航空发动机研发上没有比较优势,是否当初中国就不应该搞航空发动机研发,或现在应该放弃呢?② "十四五"规划提出要"推动集成电路、航空航天、船舶与海洋工程装备、机器人、先进轨道交通装备、先进电力装备、工程机械、高端数控机床、医药及医疗设备等产业创新发展。改造提升传统产业,推动石化、钢铁、有色、建材等原材料产业布局优化和结构调整,扩大轻工、纺织等优质产品供给,加快化工、造纸等重点行业企业改造升级,完善绿色制造体系"③。那么,这些要重点支持的产业与中国当前的要素禀赋有关系吗?这个问题无疑使新结构经济学陷入了两难,如果说有关系,却很难找到这些重点产业符合我国当前要素禀赋的有力证据;如果说没关系,那么是这些产业的选择出现了偏差还是新结构经济学的理论存在谬误呢?可见,新结构经济学的

---

① 韦森:《探寻人类社会经济增长的内在机理与未来道路——评林毅夫教授的新结构经济学理论框架》,载《经济学(季刊)》2013年12卷第3期,第1051~1074页。

② 余永定:《发展经济学的重构——评林毅夫〈新结构经济学〉》,载《经济学(季刊)》2013年12卷第3期,第1075页。

③ 《中华人民共和国国民经济和社会发展第十四个五年规划和2035年愿景目标纲要》,见中国政府网,http://www.gov.cn/xinwen/2021-03/13/content_5592681.htm。

GIFF框架所存在的严重缺陷使其在现实中难以被有效地应用。

第四节 比较优势陷阱的经验事实

如前文所述，考虑到比较优势理论所要求的前提假设，它并不适用于大国以及对要素流动高度开放的国家。那么，对于实施了比较优势战略，而又能够运用比较优势理论加以解释的经济体，是否真的实现了收入水平向发达国家的收敛呢？下面将对此进行考察。

一、从"中等收入陷阱"到"比较优势陷阱"

实际上，在"比较优势陷阱"概念被提出之前，"中等收入陷阱"（middle-income trap）被更早地观察到，其影响也更加广泛。这一概念最早是在世界银行2007年的研究报告《东亚复兴：关于经济增长的观点》[①]中被提出的，它被用来定义发展中国家经济发展过程中人均收入在中等收入水平出现长期停滞不前的常见现象。在此报告中，作者提醒东亚要避免像拉丁美洲和中东地区的中等收入经济体一样——它们在中等收入水平上徘徊几十年，陷入"中等收入陷阱"而难以自拔。

落入"中等收入陷阱"的典型国家有拉丁美洲的巴西、阿根廷和墨西哥。这几个国家在十九世纪六七十年代经历了经济腾飞阶段从而成为中等收入国家，历经几十年跌宕起伏，人均国民总收入曾一度跌落至7000美元，如今始终徘徊在10000美元左右，彻底落入"中等收入陷阱"。[②] 继"拉美陷阱"之后，东南亚地区的印度尼西亚等国家也落入了"中等收入陷阱"。另外，尽管南亚的印度近年来给人以经济高速增长的印象，但从其发展轨迹上看，也未能明确显示出具有突破"中等收入陷阱"的趋势。图2-5给出了以上几个典型发展中国家的经济增长轨迹，图中三条粗实线由下至上分别为中低收入门槛线（低于该门槛为低收入）、中高收入门槛线（低于该门槛为中低收入）、高收入门槛线（低于该门槛为中高收

---

① I. S. Gill and H. J. Kharas, *An East Asian Renaissance: Ideas for Economic Growth*, World Bank, no. 39986, 2007.

② 陆善勇、叶颖：《中等收入陷阱、比较优势陷阱与综合优势战略》，载《经济学家》2019年第7期，第15页。

入，高于该门槛为高收入）。六条虚线分别表示六个经济体在1987—2019年间人均国民总收入（GNI per capita）水平。① 可以看出，仅有韩国保持了高速的经济增长，迅速从中等收入水平跨入高收入水平，且仍保持较好的增长势头。阿根廷、巴西、墨西哥在中高收入水平上徘徊不前，印度尼西亚和印度则难以跳出中低收入水平，这些经济体陷入到了"中等收入陷阱"当中。

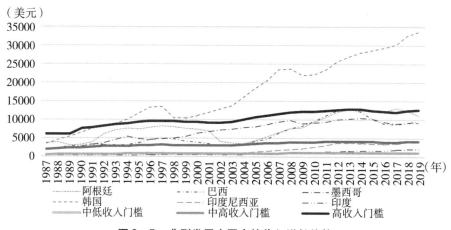

图2-5 典型发展中国家的收入增长趋势

（数据来源：依据世界银行数据整理。）

那么，"中等收入陷阱"是普遍存在的吗？表2-2进一步梳理了世界银行的统计数据：在1987年进入世界银行统计的164个经济体中，② 高收入经济体41个（占比25%），中高收入经济体28个（占比17%），中低收入经济体46个（占比28%），低收入经济体49个（占比30%）。经过30余年的发展，到2019年，高收入经济体占比提高到38%，增长了13个百分点，中高收入经济体占比提高到26%，增长了9个百分点，中低收入经济体占比下降到23%，减少了5个百分点，低收入经济体占比下降到

---

① 这里对GNI做一说明：经济学教科书经常讲的GNP，也即国民生产总值，实际上是从总产出的角度来衡量居民、政府和企业等三个部门收入分配的总体情况的。1993年，联合国等国际机构认为生产总值（product）的叫法并不合适，就将product改为income，也就是现在通常所说的国民总收入（GNI）的概念，从而对GNP进行了替代。

② 世界银行正式按低收入组、中低收入组、中高收入组和高收入组对各个经济体收入水平进行划分是从1987年开始的。

13%，减少了 17 个百分点。可以看出，整体上讲，近 30 年全球经济持续增长，许多经济体实现了收入水平的提升。

表 2-2 依收入水平的全球经济体分组

收入水平	1987 年		1999 年		2009 年		2019 年	
	数量	占比	数量	占比	数量	占比	数量	占比
高收入	41	0.25	49	0.24	69	0.33	83	0.38
中高收入	28	0.17	37	0.18	47	0.22	56	0.26
中低收入	46	0.28	54	0.26	56	0.26	50	0.23
低收入	49	0.30	64	0.31	40	0.19	29	0.13
总计	164	1	204	1	212	1	218	1

（数据来源：依据世界银行数据整理。）

然而，如果具体地考察经济体在不同收入组别的动态变化情况，就能够发现，在 1987 年有统计数据的 123 个非高收入经济体中[①]，到 2019 年：21 个低收入经济体发展为中低收入经济体，5 个低收入经济体发展为中高收入经济体，23 个低收入经济体仍为低收入经济体；24 个中低收入经济体发展为中高收入经济体，3 个中低收入经济体发展为高收入经济体，17 个中低收入经济体到 2019 年仍为中低收入经济体，2 个中低收入经济体降为低收入经济体；19 个中高收入经济体发展为高收入经济体，8 个中高收入经济体仍为中高收入经济体，1 个中高收入经济体降低为中低收入经济体。由此可以看出，在 1987 年纳入统计的 74 个中等收入水平经济体中，仅有 22 个在 30 余年的发展后成功迈入到高收入经济体，可见，"中等收入陷阱"是现实存在的，收入水平向高收入的"趋同"并不是普遍现象。

图 2-6 给出了 1987 年不同收入组别的经济体在 1987—2019 年间人均国民总收入年均增长率的分布图和密度图，可以看出，不同组别的增长情况是有很大差异的。第一，由于高收入经济体已经完成工业化，投资和规模扩张的红利已释放完毕，收入增长倚重于科技进步，因此高收入组的低增长率是符合预期的。第二，低收入经济体的整体增长速度也是偏低的，3% 的年均增长率出现频率最高，表明低收入国家并未能够普遍地依

---

① 1987 年，有统计数据的高收入经济体为 41 个，其中 40 个经济体到 2019 年仍旧为高收入经济体，美属萨摩亚由高收入经济体下降为中高收入经济体。

赖比较优势发展劳动密集型产业进而在资源禀赋不断升级的过程中实现平滑的经济增长。第三，中低收入组经济体的整体增长是最快的，可以认为当一个经济体进入中低收入阶段后已经开始发展自己的比较优势产业，实现快速增长。但是，中高收入组的增长率再次下降，我们可以认为新结构经济学所倡导的沿着资源禀赋的不断升级实现经济持续增长是难以实现的。

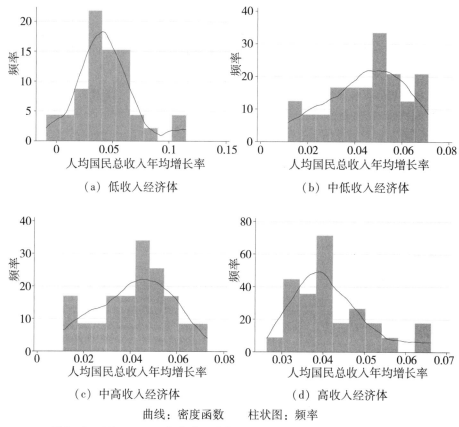

曲线：密度函数　　柱状图：频率

图2-6　1987—2019年全球经济体人均国民总收入年均增长率直方图

图2-7将这种不同收入组别的增长率差异更加明显地表现了出来，从图中可以清晰地看到，不同收入组别的人均国民总收入年均增长率具有这样的关系：中低收入组＞中高收入组＞高收入组＞低收入组。这表明，只有中低收入向中高收入提升的过程是相对容易的，而低收入向中等收入以及中等收入向高收入的晋升都是困难的、非普遍的。

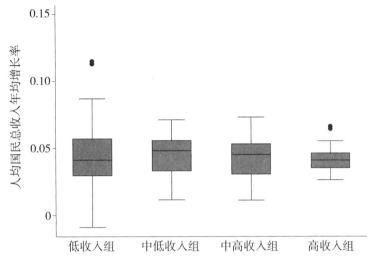

图2-7 全球经济体人均国民总收入年均增长箱式图

由此可见，不仅中等收入水平上存在"收入陷阱"，在低收入水平上也存在"收入陷阱"，具体地看：1987年的49个低收入经济体，到2019年仍有23个停留在低收入水平，接近50%。另外，如果我们将目光聚焦到高收入经济体，会发现即使像日本这样的经济大国，以及欧洲地区的法国、意大利、希腊、葡萄牙等高收入国家，由于受到金融危机、债务、实体经济衰落等因素的影响，经济发展停滞不前，似乎也陷入了高收入的"陷阱"中。因此，从全球经济体的经济增长轨迹看，"收入陷阱"不仅出现在中等收入水平上，在高收入水平和低收入水平上也都存在，各个收入水平的经济体都可能面临经济增长停滞的瓶颈期。那么，这些"收入陷阱"产生的原因是什么呢？尽管学界对此还缺乏系统的探讨，但一些观点认为：这些经济体在经济发展过程中长期遵循比较优势，将具有比较优势的产业持续作为主导产业几十年，科技创新却无法持续支撑，导致产业结构固化、国际竞争力下降、贫困化增长，这些国家实际上大都落入了"比较优势陷阱"。①

---

① 王佃凯：《比较优势陷阱与中国贸易战略选择》，载《经济评论》2002年第2期，第28~31页；陆善勇、叶颖：《中等收入陷阱、比较优势陷阱与综合优势战略》，载《经济学家》2019年第7期，第15~55页。

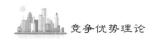

二、"比较优势陷阱"的形成

如前文所述,比较优势仅在那些商品能够自由流动但要素流动受到限制的小国存在,而陷入"比较优势陷阱"的国家往往正是这些小国。依据王佃凯的观点,"比较优势陷阱"可以分为两种类型。

第一种是初级产品比较优势陷阱。它是指执行比较优势战略时,发展中国家完全按照机会成本的大小来确定本国在国际分工中的位置,运用劳动力资源和自然资源优势参与国际分工,从而只能获得相对较低的附加值。非洲地区国家经济发展的过程中,这些国家普遍以出口农产品为主,例如埃塞俄比亚和乌干达等国家都是以出口咖啡为主,坦桑尼亚则是非洲第三大烟叶输出国。这些国家的出口产业链很短,产品附加值低,利润微薄,根本无法有效带动相关产业和经济的发展,实质上都陷入了"比较优势陷阱"。①

第二种是制成品比较优势陷阱。由于初级产品出口的形势恶化,发展中国家开始以制成品来替代初级产品的出口,利用技术进步来促进产业升级。但由于自身基础薄弱,它们主要以大量引进、模仿先进技术或接受技术外溢和改进型技术等作为手段来改善其在国际分工中的地位,以期进入高附加值环节。但这种改良型的比较优势战略由于过度依赖技术引进,使自主创新能力长期得不到提高,无法发挥后发优势,只能依赖发达国家的技术进步。阿根廷、巴西、墨西哥的主导产业都是仅仅利用农产品资源、劳动力资源和矿产资源优势发展的初级工业制成品产业。它们在进入中等收入阶段以后仍然依赖这种发展路径,实施以扭曲市场为代价的进口替代战略。经济政策不稳定、忽略科技创新、储蓄率过低等问题导致这些国家国际竞争力落后、工业增长乏力,无法实现经济跨越式的发展,人均国民总收入始终徘徊在中高等收入水平。正是因为长期遵循比较优势战略,没有及时调整和转变发展战略,固守原有经济增长模式,缺乏科技创新能力和产业结构调整升级失败,拉美国家最终落入了"比较优势陷阱"。②

比较优势陷阱形成的主要原因有以下两点:第一,所谓比较优势,是一个经济体内部产业间的比较。然而,即使是在本国具有比较优势的产

---

① 王佃凯:《比较优势陷阱与中国贸易战略选择》,载《经济评论》2002年第2期,第28页。
② 同上条。

业，其产品在国际市场中是否具有足够的竞争力也是不能确定的，除了价格因素外，还要看产品的质量、性能、品牌和消费者忠诚度等诸多因素。因此，一种产品在国际市场的竞争力不仅取决于由比较资源禀赋条件带来的成本和价格优势，还要看这种产品是否能够给消费者带来差异化的满足，这种能力既可能来自产品的原材料和生产工艺，也可能直接来自产地自身。产品的差异化程度越强，其市场势力也就越强，对市场的垄断程度也就越高。由于发达国家拥有更新、更好的生产技术，因此尽管其产品价格偏高，但更强的产品质量、性能等方面的差异化程度使其在国际市场中获取高价的能力更强。对于发展中国家而言，尤其是本章前文提到的第三类发展中小国，其本国市场规模小、要素流动受到限制，导致难以利用外商直接投资来实现产业和技术的升级；而本国研发能力差、规模经济优势难以实现，导致不得不压缩利润率以在国际市场中保持生存，这虽然能够在国际分工中获取一定收益，但由于难以实现产业升级，反而落入了"比较优势陷阱"。第二，一般来讲，发达国家会处于产业链和价值链的高端，在这一领域里持续获取高附加值和高收入。而发展中国家一般处于产业链和价值链的低端，产品附加值低，收入也低。正如刘易斯所说："如果增长的引擎是较发达的国家的工业产品和欠发达的国家的初级产品的出口，那么较发达国家的引擎就比欠发达国家的引擎转动的略微快一些。"① 除了本国需求规模、规模经济和要素流动等方面的限制外，高收入经济体对其他国家在产业升级上设置的人为阻碍也是不可忽略的一个重要因素。这导致遵循比较优势发展本国产业的经济体更难以像新结构经济学所说的那样随着要素禀赋结构的升级而实现产业结构升级。

从以上分析和相关经验事实可以看出，依赖比较优势是不能使发展中国家实现结构升级的，更谈不上收入水平向发达国家收敛。尽管新结构经济学认为随着资源禀赋结构的变化，发展中国家的比较优势也会自然地演进升级。但是，对于如何识别每一个时间点上的比较优势却没有提供一个成熟可靠的方法，而仅仅停留在对一个新行业的最先进入企业给予补偿性激励。因此，我们很难明确一个符合比较优势的发展战略到底是什么样子，或者说我们很难界定哪些发展战略是符合比较优势的而哪些发展战略不符合比较优势。目前的判断往往是事后的：那些事实证明失败了的发展

---

① 刘易斯：《增长引擎的减慢》，载《现代国外经济学论文选》1984年第8期，第2511页。

战略自然是不符合比较优势的——要么是没有按照比较优势的原则制定战略，要么是没有正确地找到比较优势。而真正遵循了比较优势原则的发展中经济体，即那些从劳动密集型的、价值链低端产业起步的经济体，其产业结构不但没有像新结构经济学所设想的那样持续升级，反而形成了对产业分工的固化，在国际贸易中处于不利地位，收入水平无法持续提高。另外，资源禀赋结构的变化是所谓的比较优势战略的实施基础，但是，当关注焦点汇聚到资源禀赋结构的变化上时，往往会忽视创新和技术进步，而实际上创新行为也确实算不上发展中经济体的比较优势，这会引起对与强化资源和劳动力优势关系不大的先进技术，特别是劳动替代技术或资源替代技术的不重视甚至排斥，使发展中国家享受不到现代高新技术进步带来的利益。实际上，像日本、韩国等成功跨入高收入行列的经济体，其经济发展历程也很难清晰地绘制出一幅如新结构经济学所愿的依比较优势升级的产业结构变迁图谱，我们更应关注的是其轻、重工业的同步发展以及对技术创新的高度重视。其产业结构的变化更多是反映需求变化、规模经济和技术升级，而不是本国要素禀赋结构的变化。因此，发展中经济体必须调整自己的经济发展战略，突破比较优势战略的束缚，实行竞争型经济增长。对于竞争型经济增长，陈云贤教授提出："一国的经济增长是由双动力驱动的，企业和区域政府都是推动经济增长的主体。……世界各国的经济增长的基调都是竞争型经济增长。"[①] 本书将在第五章对竞争型经济增长进行更为详细的介绍，并探讨区域政府如何在竞争梯度的演进中实施合适的发展战略。

本章小结

本章从比较优势理论和要素禀赋理论面临的两大关键问题出发，首先指出在不满足比较优势理论得以成立的两个重要前提假设的条件下（即要素在国家间不可流动和不存在规模经济），比较优势理论的适用范围大大缩减。进而又指出，现有理论和方法缺少识别比较优势的科学工具，这就导致在制订地区发展战略时，很难明确地分辨出一个地区到底在哪些产业

[①] 陈云贤：《市场竞争双重主体论：兼谈中观经济学的创立与发展》，北京大学出版社2020年版，第129页。

的发展上具有比较优势。因此，比较优势战略是难以有效落实的。通过本章的分析我们可以看到，"二战"以后成功跨入高收入水平的发展中经济体主要包括东亚的日本、韩国、新加坡和中国台湾、中国香港等，它们的一个共同特点就是对资本和技术的开放。如前所述，要素可以在不同经济体之间流动，那么就会产生对比较优势的消除效应。因此，这些经济体的收入增长绝不是新结构经济学所谓的执行比较优势战略的结果，而是在对资本和技术开放的前提下，需求结构变化、规模经济优势和技术进步共同作用的结果。而那些坚持比较优势，从劳动密集型行业、价值链低端行业出发的经济体，则往往陷入"比较优势陷阱"之中。

思考讨论题

1. 要素在国家间不可流动和不存在规模经济两个假设在比较优势理论中发挥着什么作用？

2. "中等收入陷阱"与"比较优势陷阱"有什么区别和联系？

3. "比较优势陷阱"是如何形成的？该怎样避免落入"比较优势陷阱"？

第三章 迈克尔·波特竞争优势理论的兴起及其局限

1980年,哈佛商学院迈克尔·波特教授出版了《竞争战略》,随后又陆续出版了《竞争优势》和《国家竞争优势》,这三部著作被称为"竞争三部曲",自此,全球掀起了竞争优势理论热潮。本章首先对迈克尔·波特的竞争优势理论进行介绍,接着阐述竞争优势理论对比较优势理论持有的批判态度,之后对学界的不同观点进行比较,最后提出波特竞争优势理论的局限。

第一节 迈克尔·波特与竞争优势理论

一、迈克尔·波特的研究领域

迈克尔·波特(Michael E. Porter)1947年出生于美国密歇根州安娜堡,他最早是在普林斯顿大学学习航空工程,后来在哈佛商学院取得MBA学位,之后在哈佛大学经济系取得商业经济学博士学位。波特32岁即获得哈佛商学院终身教授之职,是当今世界上竞争战略和竞争力方面公认的权威。2000年,哈佛商学院和哈佛大学联合成立战略与竞争力研究中心(Institute for Strategy & Competitiveness),这里便成为波特教授研究工作的基地。

波特教授的早期工作是研究产业竞争与公司战略,他是运用经济学理论分析产业竞争和企业竞争行为的先驱,其研究使得对该领域的理解更加全面和严谨。除了推进其产业组织经济学的主领域,波特教授还定义了现代战略领域。他的思想几乎在世界上每一所商学院被教授,在经济学和其他学科中也有广泛应用。接下来,波特教授转向经济发展和竞争力,他的工作重点是国家和区域经济发展的微观经济基础。这项庞大的工作包括大量关于集群概念及其对经济绩效影响的理论和实证论文。他还创建了集群测绘项目(cluster mapping project),该项目开创了严格的经济地理测量,并已成为美国、欧洲以及越来越多其他国家的标准。他的理论被全球政府决策者和经济发展实践者广泛应用。在环境政策方面,波特教授在20世纪90年代初提出了"波特假说",该假说提出了一种新颖的理论,即严格的环境标准不会与公司盈利能力或国家竞争力相矛盾,但却可以同时提高这两方面的能力。目前,对波特假说作进一步分析和证明的文献已有数百篇之多。波特教授还就公司在社会中的作用撰写了一系列论著,他的想法改变了公司对待慈善事业和企业社会责任的方式。最后,自21世纪初以来,波特教授一直非常关注医疗经济学,重点是构建知识框架,以重新调整医疗服务供给,从而最大限度地为患者创造价值。这项工作被称为基于价值的医疗服务供给,正在学界迅速传播并在实践中得到广泛应用。

截至2021年底,波特教授已经独立或合作撰写了28部著作,包括《竞争战略》《竞争优势》《国家竞争优势》《对健康护理系统的重新定义》等,发表论文160余篇。波特教授获奖无数,包括美国国家经济学人协会(National Association of Business Economists)授予的"亚当·斯密奖"(The Adam Smith Award of APEE)、"约翰·肯尼斯·加尔布雷斯奖章"(John Kenneth Galbraith Medal)、哈佛大学"大卫·维尔茨奖"(David A. Wells Prize),波特在《哈佛商业评论》上发表的论文已七度获得年度最佳论文"麦肯锡奖"(The McKinsey Achievement Awards)。此外,波特还获得"格雷厄姆和多德奖"(The Graham and Dodd Awards)、"查尔斯·库利奇·巴凌奖"(Charles Coolidge Parlin Award)等众多奖项。波特教授还获得了24个高校的荣誉博士学位。2000年,哈佛大学授予他"大学教授"(University Professor)殊荣,这是哈佛大学教师的最高荣誉。①

二、竞争优势的钻石架构

波特教授用于解释国家竞争力的钻石架构早已在全球广泛传播,这里

---

① 作者依据哈佛大学商学院迈克尔·波特教授个人主页资料整理,https://www.hbs.edu/faculty/Pages/profile.aspx?facId=6532&view。

笔者再对其进行简单的介绍：首先，在钻石架构中，一国对其产业发展发挥支撑作用的因素分为四类，即生产要素，需求条件，相关和支持性产业，企业战略、企业结构和同业竞争。

第一，生产要素主要包括人力资本、自然资源、物质资本、知识与技术以及基础设施等。生产要素可被分为初级生产要素（如自然资源、地理条件、气候等）和高级生产要素（如现代化基础设施、人力资本、研究与开发能力等），显然，前者的获取不需要付出太多代价，而后者则需要进行长期投入。随着一国经济的发展，高级要素相对于初级要素的重要性将会不断提升，对国家竞争力培育的意义也会越来越强。

第二，需求条件指的是一国的国内市场对某一产品或服务的需求。波特认为，国内市场的重要意义在于它是产业发展的动力。国内市场的需求特征将会诱导本地企业对产品进行适应性的改进和创新，这就形成了产品差异化特征，进而成为这个国家的产业竞争优势。

第三，相关和支持性产业主要是指某一产业的上游产业和配套产业。在众多产业中，一个企业竞争优势的来源正是它的相关产业具有竞争优势，能够为它提供高质量的配套支持。相关产业的表现与能力，自然会带动整个产业链的创新和国际化，从而提升整个产业和国家竞争力。

第四，企业战略、企业结构和同业竞争指的是如何创立、组织和管理公司，以及竞争对手的状态。由于国家之间在制度、文化等方面存在差异，因此各个国家的企业目标、战略、组织结构和管理方式等都有所不同，国家竞争优势就体现在这些差异条件能否实现最优组合以提高企业的国际竞争力。同时，本国竞争者的状态、行为也在企业国际竞争优势的获取上扮演着重要角色。

除了上述四种主要影响因素外，波特教授认为机会和政府也会对产业竞争优势产生重要影响（如图3-1所示）。机会是指那些无法进行人为控制的对企业经营具有重要影响的突发事件，如基础研究上的重大突破所带来的技术革命、能源危机、战争、疫病等。机会能够给当前的产业生态带来重大冲击，打破原有竞争格局，如数码相机技术的进步在短时间内淘汰了胶片相机；受新冠肺炎疫情的影响，交通运输业备受打击，但网络办公系统却蓬勃发展。政府通过对四个主要因素的影响作用于国家竞争力。波特指出："政府与其他关键要素之间的关系既非正面，也非负面。……政府既可能是产业发展的助力,也可能是障碍。"① 因此,对于政府作用效果的考察,要看其对四个主要因素产生了什么样的影响。

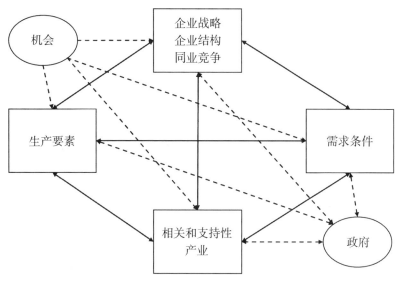

图 3-1 完整的钻石架构

(资料来源:迈克尔·波特著《国家竞争优势》,李明轩、邱如美译,华夏出版社 2002 年版,第 119 页。)

钻石架构告诉我们,在现代全球经济下,一国可以自己选择是否走向繁荣:如果一国所实施的政策和法律、所建立的制度环境是有利于生产率的提高的,这个国家就选择了繁荣之路。反之,如果一国所实施的政策对生产力的发展产生了破坏或阻碍作用,或其政策仅能使少部分利益团体获利,则该国就选择了通往贫穷的道路。因此,一国竞争优势的建立不是由其先天资源禀赋条件决定的,而是这个国家的政府带领人民后天努力的结果。可以认为,竞争优势理论是对比较优势理论的一种替代。

---

① [美]迈克尔·波特:《国家竞争优势》,李明轩、邱如美译,华夏出版社 2002 年版,第 118 页。

三、国家竞争优势的四个阶段

波特教授提出了国家竞争力发展的四个阶段,即生产要素驱动阶段(factor-driven)、投资驱动阶段(investment-driven)、创新驱动阶段(innovation-driven)和财富驱动阶段(wealth-driven)(如图3-2所示),并指出在这种阶段划分中,前三个阶段是国家竞争优势发展的上升期,通常会带来经济上的繁荣。第四个阶段则是一个转折点,经济发展可能会在此阶段进入下行趋势。

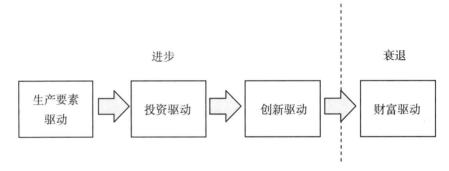

图3-2 国家竞争优势发展的四个阶段

(资料来源:迈克尔·波特著《国家竞争优势》,李明轩、邱如美译,华夏出版社2002年版,第530页。)

在生产要素驱动阶段,一国产业能否实现成功发展,依赖于基本生产要素,包括丰富的自然资源和廉价的劳动力,而生产所需的技术和资本则主要依赖国外输入,此阶段,国家竞争优势的主要来源就是钻石架构四因素中的生产要素。在投资驱动阶段,企业进行频繁的投资活动,其目的在于提高各产业环节的精密性和竞争力。企业从生产要素驱动阶段晋升到投资驱动阶段的决定因素是其对生产技术的引进、消化、再创新能力。在投资驱动阶段,一国竞争优势的主要来源涵盖钻石架构四因素中的生产要素、需求条件,以及企业战略、企业结构和同业竞争。在创新驱动阶段,企业不仅能够改善国外技术和生产方式,也具备自主创新能力。在此阶段,国家竞争优势的来源已经覆盖钻石架构的所有因素。在财富驱动阶段,由于国内竞争活动衰退、经营战略由积极转趋保守、企业再投资意愿降低、大企业左右政府施行保护政策以使自身与竞争者隔离,企业开始丧失国际竞争优势。

第二节 竞争优势理论对比较优势理论的批评

一、竞争优势理论的观点

尽管比较优势理论已经在对国际贸易的分析和解释中占据了长期的主导地位,但波特教授却毫不掩饰地指出:"比较优势理论一般认为一国的竞争力主要来源于劳动力、自然资源、金融资本等物质禀赋的投入,而我认为这些投入要素在全球化快速发展的今天其作用日趋减少。一国的竞争力不可能由其国土的大小和军队的强弱来决定,因为这些因素与生产率大小没有直接的关系。取而代之的是,国家应该创造一个良好的经营环境和支持性制度,以确保投入要素能够高效地使用和升级换代。"①

波特认为,尽管从宏观的角度上看,生产率和竞争力之间存在着协同关系,但片面地追求生产率主导下的产业发展战略可能是以牺牲未来的竞争力为代价的。② 例如,在比较优势理论的影响下,"各国政府不论对错地提出一连串改善生产要素比较优势的政策。最明显的例子就是政府降低利率、压低工资、贬值货币、补贴、特许某些设备折旧、针对特定出口项目提供融资等。在特定的时空中,这些政策工具各有其一定的效果,目标通常锁定在协助本国企业将生产成本压低于国际竞争对手"③,然而,"发展中国家很容易掉入这种陷阱。它们几乎一窝蜂地在生产成本与价格上竞争,其开发计划便是以成本导向的新产业为基础,无法逃脱生产成本的限制。因此,这类国家时时处在失去竞争力的威胁中,年复一年面临薪水与资本周转的问题。它们有限的利润完全得仰仗国际经济的波动"④。

实际上,早在20世纪50年代,诺贝尔经济学奖得主、美国学者里昂

---

① [美]迈克尔·波特:《国家竞争优势》,李明轩、邱如美译,华夏出版社2002年版,第2页。
② 转引自张进昌《波特的国家竞争优势理论剖析》,载《中国工业经济》2001第9期,第53页。
③ 同第一条,第11页。
④ 同第一条,第14页。

惕夫（Wassily W. Leontief）就针对要素禀赋理论提出了所谓"里昂惕夫之谜"（Leontief Paradox），即作为在资本和科技要素上具有优势的国家，美国本应出口资本密集型产品、进口劳动密集型产品，但实际情况却恰好与此相反。而与此对应的是，朝鲜战争结束时的韩国资本奇缺，但却建立了出口导向的钢铁、造船、汽车等资本密集型产业。

二、经验数据支持

下面，我们选择几个代表性产业，从这些产业的出口数据考察比较优势是否发挥了作用。首先，在农产品的出口上，比较优势和资源禀赋说确实能够做出较好解释，因为农产品的出口严格依赖一国自然资源。如图3-3所示，作为全球最大的农产品出口国，美国的农产品出口额占其出口总额的比重超过10%，远高于中国和全球平均水平。

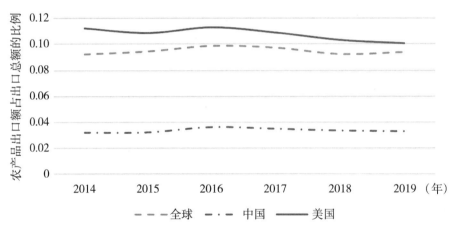

图3-3　2014—2019年中国、美国和全球农产品出口额占各自出口总额的比例
（数据来源：根据世界贸易组织统计数据整理。）

再以资本密集型的钢铁产业为例，图3-4显示出，中国的钢铁产业出口额占总出口额的比例远高于美国，也高于全球平均水平。然而，中国却并不是一个资本丰裕国，铁矿石储量也并没有优势。之所以能够发展出世界规模最大的钢铁产业，还在于本国工业化进程中对钢铁产品形成的巨大需求推动了钢铁产业在本地的发展，在规模经济的支撑下形成了竞争优势。

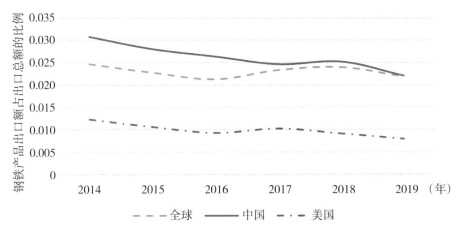

图 3-4　2014—2019 年中国、美国和全球钢铁产品出口额占各自出口总额的比例
（数据来源：根据世界贸易组织统计数据整理。）

再以技术密集型的电子数据处理和办公设备产业（electronic data processing and office equipment）为例（如图 3-5 所示）。当然，也许该产业确实存在一定的劳动密集型产业的属性特征，但该产业在中国的发展却并

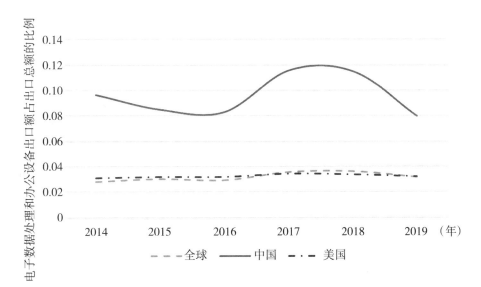

图 3-5　2014—2019 年中国、美国和全球电子数据处理和办公设备出口额占各自出口总额的比例
（数据来源：根据世界贸易组织统计数据整理。）

不是基于比较优势:首先,如果没有资本和技术的引进,该产业就无法在中国得到发展;其次,如果没有中国这样全球最大规模的需求市场作为支撑,该产业也难以实现极端的规模经济效应从而取得全球领先的竞争优势。

由此可见,在当前的区域产业发展和国际贸易格局中,比较优势已不再构成主导力量,那主导力量又是什么呢?波特将其归结为国家竞争优势,也即国家能否为企业创造一个良好的经营环境和支持性制度,以确保投入要素能够高效地使用和升级换代。为更好地对国家竞争优势进行解释,波特发展了著名的钻石架构。

第三节 比较优势还是竞争优势?

一、学界对两种理论的观点比较

尽管波特教授本人在其著作中对比较优势理论进行了旗帜鲜明的批判,但在其理论传入我国后,国内学者对比较优势与竞争优势的探讨和争论就没有停止过,其中不乏知名学者的真知灼见。有学者赞成国家竞争优势是对比较优势的替代;也有学者持相反观点,认为国家竞争优势与比较优势在本质上是一致的;另外一些学者则提出了更折中的观点,认为在一国发展的不同阶段,比较优势与竞争优势分别发挥了不同的作用。

例如,陶然和周巨泰较早地对比较优势理论和波特的国家竞争优势理论进行了比较,认为波特理论摆脱了传统理论(指比较优势理论、国家干预理论等)的片面性、孤立性,他对国际贸易的探讨是在更宽泛的角度和更高的层面上进行的,通过对国家竞争优势概念体系和理论框架的构建,梳理了一个新的理论分析范式,为国家间经济发展水平的差异提供了更加有力的解释。[1] 洪银兴认为,单纯的比较优势不一定能成为竞争优势,注重质量和效益的对外贸易不能停留在现有的比较优势上,需要将这种比较优势转化为竞争优势。[2]

---

① 陶然、周巨泰:《从比较优势到竞争优势——国际经济理论的新视角》,载《国际贸易问题》1996 年第 3 期,第 29~34 页。
② 洪银兴:《从比较优势到竞争优势——兼论国际贸易的比较利益理论的缺陷》,载《经济研究》1997 年第 6 期,第 20~26 页。

但是，坚持比较优势的学者也指出了二者之间的有机联系，如林毅夫和李永军认为，充分地发挥经济的比较优势，是波特"钻石架构"中四种主要因素存在和发挥作用的必要条件，或者说，充分地发挥经济的比较优势，是国家创造和维持产业竞争优势的基础。① 陈立敏指出，不论从生产要素角度还是解释力范围来看，波特的竞争优势理论都是比较优势理论的一部分，国家竞争优势理论的创新之处是提出了在全部生产要素都可自由流动的全球化时代，最大的比较优势来源于国家制度。②

还有学者认为，竞争优势包含了比较优势，但又不限于比较优势，它强调产业配套和挑剔的内需市场的作用，体现了新贸易理论对规模经济的重视。③ 郭跃文和向晓梅等认为发展中国家的工业化启动是由比较优势主导的，而竞争优势理论则为解释工业化深化提供了合适的分析工具，并就此提出了优势演化假说，在比较优势、竞争优势与不同的工业化阶段之间建立了对应关系（见表3–1）。④

表3–1　优势演化假说

发展阶段	工业化早期	工业化中期和后期	后工业化阶段
工业化任务	工业化启动和规模扩张	工业化深化	开展原始创新，孵化前沿产业
主导优势	比较优势	节点型竞争优势	领导型竞争优势
优势来源	资源禀赋	资源禀赋+规模经济+技术进步	资源禀赋+规模经济+技术进步
全球化角色	商品生产者/知识应用者（全球创新网络边缘）	商品生产者/知识生产者（全球创新网络节点）	关键商品生产者/核心知识生产者（全球创新网络中心）

---

① 林毅夫、李永军：《比较优势、竞争优势与发展中国家的经济发展》，载《管理世界》2003年第7期，第21~28页。
② 陈立敏：《波特与李嘉图的契合点——从国家竞争力角度对竞争优势理论和比较优势理论框架及核心概念的对比分析》，载《南大商学评论》2006年第4期，第70~80页。
③ S. D. Gupta, "Comparative Advantage and Competitive Advantage: An Economics Perspective and A Synthesis," (43rd Annu. Conf. CEA, Toronto, 2009).
④ 郭跃文、向晓梅等：《中国经济特区四十年工业化道路——从比较优势到竞争优势》，社会科学文献出版社2020年版。

续表 3-1

发展阶段	工业化早期	工业化中期和后期	后工业化阶段
政策重点	改善基础设施	改善基础设施 维护规模经济 鼓励企业创新	改善资源禀赋 避免过度去工业化 推动基础创新和前沿创新
支撑体系	市场体系：市场体系是否完备，影响要素配置效率 国家能力：政府是否能为善为，决定了各阶段发展政策能否得到有效执行 文化观念：是否具备强烈的赶超意愿与创新文化，影响企业战略导向		

（资料来源：郭跃文、向晓梅等著《中国经济特区四十年工业化道路——从比较优势到竞争优势》，社会科学文献出版社 2020 年版，第 35 页。）

二、竞争优势是对比较优势的替代

当前我国学界对于比较优势与竞争优势的争论，很大程度上是因为未能认清比较优势理论的本质。不论比较优势理论还是要素禀赋理论，其所强调的是由于本国在某种资源或要素上更加丰裕，而至在这种资源或要素密集型的产品生产上更具优势。这一理论成立的根本前提是要素在国家间不能流动。而竞争优势理论则更进一步，它不仅不排斥要素在国家间流动，相反，国家对要素的吸引能力正是其竞争优势的体现。因此，竞争优势理论无疑是对比较优势理论和要素禀赋理论的替代，但竞争优势理论本身也存在一些明显的不足，需要结合时代的发展予以补充和拓展，而这正是中观经济学所做出的贡献。

学界之所以对比较优势理论还未完全否定，是因为在发展中国家的工业化初期，一些劳动密集型产业确实得到了较好的发展。但需要注意的是，如果比较优势的确是发展中国家工业化的主导力量，那么在工业化初期就只有劳动密集型产业可以得到发展。然而反例并不鲜见，不论在日本、韩国还是中国，重化工业也在工业化初期就得到了发展，并且能够获取所谓的自生能力。发展中国家工业化初期劳动密集型产业的发展是此阶段国家竞争优势的体现，这种现象只是没有排斥比较优势，但绝不是比较优势发挥作用的证据。因此，竞争优势理论是对比较优势理论的替代。

第三章　迈克尔·波特竞争优势理论的兴起及其局限

第四节　波特竞争优势理论的局限

一、竞争优势理论对政府作用的认识存在的不足

在竞争优势理论的钻石架构中，政府可以通过自己的活动来影响钻石架构四种核心因素中的任何一种，从而达到影响企业竞争优势的目的。但是，波特认为，四种核心因素的作用是不可替代的，如果没有四种核心因素的存在和相互配合，单纯政府的影响并不会使企业取得竞争优势。这是因为"政府的影响虽然乐观"，但"政府本身并不能帮助企业创造竞争优势"。① 由此可以看出，波特对政府作用的理解还存在一定局限，又如他认为"政府在有些方面（比如贸易壁垒、定价等）应该是尽量不干预，而在另外一些方面（诸如确保强有力的竞争，提供高质量的教育和培训）则要扮演积极的角色。政府不应该是钻石架构要素的一个组成部分，但政府对钻石架构的每一个要素都会产生或多或少的影响，这种影响是理解政府与竞争之间关系的最佳方式"②，"虽然政府在创造和保持国家优势上扮演重要角色，但它的效果却是片面的。一个产业如果缺少基本的、具有竞争优势的环境，政策再好也是枉然。政府并不能控制国家竞争优势，它所能做的就是通过微妙的、观念性的政策影响竞争优势"③。可见，在波特的国家竞争优势框架里，政府的作用并不是独立的，而是建立在钻石架构四大因素基础之上的（见表3–2），这种解释实际上是对政府职能的一种弱化，未能全面展示政府的作用。一些成功的发展中国家的经验告诉我们，很多时候，政府是钻石架构中四大因素的创造者，其作用的发挥是先于这四大因素的，也即新中观经济学所说的"超前引领"。

---

① ［美］迈克尔·波特：《国家竞争优势》，李明轩、邱如美译，华夏出版社2002年版，第118～120页。
② 同上条，第3页。
③ 同上条，第602页。

表 3-2 迈克尔·波特国家竞争优势理论中政府政策的主要作用渠道

政府政策作用渠道	主要的政府政策措施
生产要素	政府创造和提升生产要素；重视教育和培训；主动研发重要科技；发展基础设施；开放资本渠道；培养信息整合能力；减税与补贴；有效的生产要素和货币政策
需求条件	政府采购政策；国防采购政策；规范产品和制程标准；鼓励精致型需求；设定技术标准；延伸国内市场
相关与支持性产业	积极的媒体政策；促进产业集群发展；设定区域发展计划
企业战略、企业结构、同业竞争	推动国家化；设定明确的发展目标；保持国内竞争强度；降低行业准入门槛鼓励新企业进入；积极的贸易政策；鼓励外商投资

（资料来源：根据迈克尔·波特著《国家竞争优势》，李明轩、邱如美译，华夏出版社 2002 年版，第 610～654 页内容整理。）

二、对如何从低发展阶段向高发展阶段升级未做足够阐释

如前所述，波特将国家竞争优势划分为四个发展阶段，指出了每个阶段的主导驱动力量。然而，对于一国如何从低级阶段向高级阶段晋升，波特却并未能够给出充分的解释。波特仅是在其著作中强调，一国不必然地要经历每个发展阶段，发展过程可能是跨越式的，并认为意大利就在没有经过投资驱动阶段的情况下直接从生产要素驱动阶段跨越到了创新驱动阶段。同时，波特也指出，一国的经济发展并非完全直线前行，停滞甚至倒退的情况也是可能出现的。

那么，波特教授的国家竞争优势理论为什么对如何实现发展阶段的升级讨论不足呢？笔者认为，这与波特教授对政府职能的认知局限是紧密联系在一起的。一国进入一个发展阶段后，钻石架构的四个因素很难实现自生性的升级过程，这时就需要一个外在的冲击力量帮助整个体系实现升级。而这个外在的冲击力量就是政府，其政策手段也就是本书一直强调的

"超前引领"。然而，正是对政府作用的认识不足，才使得波特教授仅关注到在每个发展阶段四大因素所应具备的状态，但却没有深入探讨如何推动四大要素达到发展阶段升级所要求的状态水平。

新中观经济学也强调竞争优势的重要性，并提出了竞争型经济增长的概念，其对现有理论的重要发展是更加明确地指出了政府对经济发展阶段梯度升级的重要作用，并对每个阶段中政府该如何作为提供了具体的指引。本书后续内容将着重对新中观经济学的竞争型经济增长理论进行介绍，另外，笔者还将运用本书第七章所阐释的政府为市场提供"聚点"的思想对竞争型经济增长理论进行拓展，从而构建起新中观经济学下政府超前引领经济发展的路径。

✱ 本章小结 ✱

哈佛商学院迈克尔·波特教授的"竞争三部曲"构建了体系完整的竞争优势理论，这一理论迅速在全球范围内流行，不仅在学界得到广泛认同，也在实践领域得到大范围应用。本章介绍了波特教授的竞争优势理论，将该理论与比较优势理论进行了比较，并阐明了竞争优势理论是对比较优势理论的替代的观点。同时，本章也指出了波特竞争优势理论存在的不足之处，即对政府作用的认识存在不足以及未对如何从低发展阶段向高发展阶段升级做出足够阐释。新中观经济学竞争型经济增长理论正是对此的补充，本书将在后续章节进行讲述。

思考讨论题

1. 迈克尔·波特的钻石架构是怎样解释国家竞争力的？
2. 迈克尔·波特的竞争优势理论与比较优势理论的主要区别有哪些？
3. 为什么说竞争优势理论是对比较优势理论的替代？
4. 迈克尔·波特的竞争优势理论有哪些局限？

第二编

中观经济学竞争优势理论

第四章 中观经济学区域政府竞争理论

中观经济学研究的核心问题是区域政府竞争。因此，中观经济学与波特的国家竞争优势理论有极大的不同，中观经济学对政府在区域竞争中发挥的作用进行了补充，从而形成了更加全面的竞争优势理论。本章首先回顾中观经济学理论的形成与发展过程，进而介绍现有文献中解释政府竞争的理论，然后解释中观经济学的核心概念。在此基础上，本章讲述中观经济学下的政府双重属性和市场竞争双重主体论，对中观经济学政府竞争的逻辑主线进行概括。

第一节 中观经济学理论的形成与发展

一、传统中观经济学的提出

中观经济的概念最早于20世纪70年代中叶由德国的国民经济学教授汉斯-鲁道夫·彼得斯（Hans-Rudolf Peters）提出，他将结构理论和结构政策的主要出发点看作经济部门、地区和集团，从规模上讲，这既不属于微观经济，也不属于宏观经济，而是介于微观和宏观之间的一种聚合体。因此，创立一种相对独立的理论框架对这一中间聚合体开展专门研究是很有必要的，这对解决部门和地区因素对经济结构发展带来的影响问题很有意义。1988年，中国学者王慎之出版了《中观经济学》一书，阐述了彼得斯的中观经济理念，区分了中观经济与微观经济和宏观经济的关系（见表4-1），并为中观经济界定了一个范围，即"某一区域和某一部门的经济活动"，于光远、钱学森、厉以宁、刘与任等众多学者都对这一时期中观经济学的发展做出过贡献。① 但在 20 世纪 90 年代末期以后，随着中国经济制度的转轨和西方经济学的广泛流行，中观经济学的研究逐渐沉寂，但仍有学者从区域经济、产业（部门）经济等角度探讨中观经济学的构建问题。② 另外，郎咸平在 2018 年出版了《马克思中观经济学》，为中观经济理论的发展提供了一个新的路径。

表 4-1　早期学者对中观经济与微观经济、宏观经济关系的界定与划分

研究出发点	理论分类	理论范围	政策范围
家庭、企业、市场	微观经济	需求和供给理论 市场和价格理论 竞争理论 个人分配理论等	企业法 竞争政策 消费者政策 收入和价格政策等
部门、地区、集团	中观经济	经济结构理论 部门与地区发展理论 基础设施理论 环境保护理论 集团与协会理论等	部门结构政策 部门结构计划 研究与工艺政策 部门原料供应政策 地区结构政策等
国民经济	宏观经济	经济循环和国民经济核算理论 经济发展和就业理论 财政、货币、外贸理论 国民收支理论等	就业政策 金融信贷财政政策 国际收支政策 指令性计划政策等

（资料来源：汉斯－鲁道夫·彼得斯著《"中观领域"被忽视了》，载《世界经济导报》1982 年 1 月 25 日，第 7 版。转引自王慎之著《中观经济学》，上海人民出版社 1988 年版，第 4～5 页。）

---

① 例如，于光远发表于《经济学周报》1982 年第 4 期的文章《狠抓一下"中观经济问题"》中讲道："在经济工作中，有一类问题，似乎很具体，涉及的范围也不很大，说不上是宏观经济问题，但它的解决，却是对国民经济有相当大的意义，这就是'中观经济问题'。"（转引自王慎之《中观经济学》，上海人民出版社 1988 年版）钱学森曾对时任广东省农业预测研究所所长、华南农业大学副教授魏双凤同志 1982 年提出的"从宏观经济、中观经济、微观经济三者的相互联系、相互制约上，从整体上研究经济问题"的观点给予了高度评价，他在 1984 年 8 月 27 日致魏双凤同志的信中指出："从系统学来看，宏观经济、中观经济和微观经济只不过是整个经济系统中的三个层次结构，三门学科各自研究一个层次。这样，魏双凤的综观经济学也就成了现代系统科学意义上的经济学了。"厉以宁教授在为其学生刘伟、张健群的著作《微观、中观、宏观社会主义经济分析》所作的序言中写道："我对这部著作的第三篇《社会主义经济中观分析》尤感兴趣。在一般的政治经济学教科书中，至多只对微观经济和宏观经济进行论述，而中观经济问题是不被涉及的"，"在这里，我想就……涉及的问题谈谈自己的一些想法，以便引起读者对社会主义中观经济的注意，使大家都来关心中观经济的研究"。

② 秦尊文：《中观经济刍议》，载《江汉论坛》2001 年第 11 期，第 20～22 页；朱舜：《构建现代经济学体系的中观经济理论》，载《经济学家》2005 年第 1 期，第 113～116 页。

二、陈云贤中观经济学的产生与发展

陈云贤的中观经济思想最早已在其 1986 年发表的文章《从中观经济入手控制投资规模》显露端倪,文章指出:"中观经济,是指介于微观经济与宏观经济之间的省区市经济,也包括那些集团经济。"[①] 彼时,陈云贤刚刚完成在福州师范大学经济学专业硕士研究生的学业,其硕士研究生导师是福建师范大学校长、著名经济学家陈征先生。获得硕士学位后,陈云贤被分配至福州大学财经学院担任教职,在这一时期,除上面提到的文章外,他还发表了《论商品无形损耗》《论商品无形损耗对商业企业经济效益的影响》《论开放型经济科学体系的建立与发展》等十几篇学术论文及报告。

1988 年,陈云贤考入北京大学经济学专业,师从我国著名经济学家萧灼基教授攻读博士学位。在北大宽容自由的学风下,萧灼基教授鼓励其学生跨越门户向其他经济学家请教问题,"博采众长,自成一家"。在北大的三年时间里,陈云贤先后获得过陈振汉、胡代光、范家骧、张友仁、厉以宁、刘方棫等一批经济学教授的指点,尤其是经济学宗师陈岱孙先生。陈岱孙先生是陈云贤的福建同乡,在他与萧灼基教授的分析和鼓励下,陈云贤大胆创新,最终在其博士论文《中外证券投资比较研究》中提炼出证券投资三大假说——预期收益说、风险溢价说、持有期偏好说;并揭示出资本市场三大规律——预期收益引导规律、收益风险同增规律、证券货币共振规律。[②]

当陈云贤在北大燕园刻苦求学、奋笔书写毕业论文的时候,我国改革开放的历史车轮滚滚向前、一日千里。1988 年 1 月 7 日,广东省政府经国内外调研后向国务院递交了《关于广东省深化改革、扩大开放、加快经济发展的请示》。国务院于当年 2 月 10 日正式批复,同意"广东省作为综合改革的试验区,改革、开放继续先行一步",并"批准成立广东发展银行"。1988 年 9 月 8 日,广东发展银行正式开业,这是中国金融体制改革的试点银行,是国内最早组建的股份制商业银行之一,也是自洋务运动以来中国历史上的第十家银行。

---

① 陈云贤:《从中观经济入手控制投资规模》,载《计划工作动态》1986 年第 11 期,第 20 页。
② 马庆泉主编《广发证券创业史》,中国金融出版社 2021 年版,第 18~23 页。

第四章 中观经济学区域政府竞争理论

1990年中国证券市场已经正式起步，广东发展银行亦准备发展证券业务，但却难觅英才。作为在广发银行的筹建者，丁励松通过福建师范大学毕业的符戈了解到陈云贤以及他对中国资本市场的研究成果，遂邀请陈云贤加盟广发银行。在丁励松的引荐下，陈云贤在博士毕业之前专门到广东面见了广发银行的创始行长伍池新，并明确表示了加入广发银行发展证券事业的想法。于是，1991年博士毕业后，陈云贤进入广发银行并着手创办广东发展银行证券部——广发证券的前身，由此开始了证券市场创业的征途。尽管经营业务与管理实务异常繁杂，但陈云贤对于理论方面的思考和创新并未停歇，他不断深化自己的研究内容。在证券部创立后，他先后发表了《试论搞活国营企业的途径》《美国债券投资的管理与效果》《香港、大陆证券市场制度的异同与启示》《中国证券投资考察及其发展趋势》和《中国证券投资目标模式及其实现条件》等文章，以及《证券投资论》《投资银行论》和《风险收益对应论》等著作。

在广发银行工作了12年后，2003年3月21日，经广东省委组织部任命，陈云贤调任佛山市委常委，2003年5月，陈云贤正式就任佛山市委常委、市政府常务副市长、市政府党组副书记等职；在佛山市工作8年后，于2011年7月开始担任广东省人民政府副省长。陈云贤的职业经历使他能够站在经济运行的第一线，立于中国改革开放的潮头，以最直接的方式去观察和感受政府在区域经济发展中的作用。

2010年以后，陈云贤在继承早期中观经济思想的基础上，结合自身在佛山市政府和广东省政府的实践工作经验，对中观经济理论进行了重大拓展，并开创性地提出了"城市资源""资源生成"和"生成性资源"的概念，并将"城市资源"进一步划分为与产业发展相对应的"可经营性资源"、与社会民生相对应的"非经营性资源"和与城市建设相对应的"准经营性资源"三大类别，指出"中观经济学的研究对象是资源生成基础上的资源配置问题"，并将区域政府竞争设定为中观经济学研究的核心，① 这与传统中观经济学将部门经济、地区经济和集团经济作为研究重点是有重大区别的（见表4-2）。

---

① 陈云贤、顾文静：《中观经济学（第二版）》，北京大学出版社2019年版，第12页。

表4-2 中观经济学与微观经济学、宏观经济学、产业经济学和区域经济学的比较

类别	研究主体	研究对象	主要理论	学科性质
微观经济学	家庭、企业、市场	资源稀缺条件下的资源配置	供求理论、市场与价格理论、生产与成本理论、竞争理论、个人分配理论等。与生产要素有直接联系的国民收入初次分配	理论经济学，主流经济学科
中观经济学	区域政府	资源生成条件下的资源配置	资源生成理论、区域政府"双重属性"理论、区域政府竞争理论、"超前引领"理论、四阶段资源配置侧重理论、经济发展新引擎理论、市场竞争"双重主体"理论、成熟市场经济"双强机制"理论。与区域政府竞争能力有直接联系的国民收入初次分配	理论经济学，主流经济学科
宏观经济学	国家	资源既定条件下的资源利用	国民经济核算理论、国民收支决定理论、经济增长和就业理论、财政政策、货币政策、国际收支平衡理论等。与政府宏观经济调控政策有直接联系的国民收入二次分配	理论经济学，主流经济学科
产业经济学	产业	产业资源配置	产业结构、产业组织、产业发展、产业布局和产业政策	应用经济学、经济学分支
区域经济学	区域	区域资源分布及分工、协调	生产力的空间布局及其发展变化、区域分工与技术协作、区域关系与区际关系协调、多层次经济区域体系资源优化配置；区域经济增长、产业结构转换、区域政策和效应	应用经济学、经济学分支

（资料来源：陈云贤，顾文静著《中观经济学（第二版）》，北京大学出版社2019年版，第17页。）

第四章　中观经济学区域政府竞争理论

2011年，陈云贤出版专著《超前引领：对中国区域经济发展的实践与思考》；2013年，陈云贤、邱建伟出版专著《论政府超前引领：对世界区域经济发展的理论与探索》；2015年，陈云贤、顾文静出版专著《中观经济学：对经济学理论体系的创新与发展》；2017年，陈云贤、顾文静出版专著《区域政府竞争》；2019年，陈云贤以中英双语出版专著《经济新引擎——兼论有为政府与有效市场》。这些著述系统阐述了"超前引领"理论、区域政府"双重属性"理论、市场竞争"双重主体"理论、成熟市场经济"双强机制"理论等，这些理论既具有相对独立性，彼此之间也紧密连接，共同构成了陈云贤中观经济学的理论体系。2020年，陈云贤出版专著《市场竞争双重主体论：兼谈中观经济学的创立与发展》，对其中观经济学理论进行了系统回顾与总结，更加清晰地展示了中观经济学的理论体系，这是陈云贤中观经济学发展至今的代表性核心著作。

中观经济学对现有经济学理论进行了重要的补充，对区域经济发展，对"有效市场"+"有为政府"机制的完善具有重要指导意义。著名经济学家厉以宁曾在文章中评价道："根据陈云贤博士的研究，区域政府重视借助市场的力量与手段积极引领区域经济发展，区域政府的行为已经突破了传统经济学意义上的政府概念。这种有效市场基础上的'有为政府'，既不同于微观经济学对市场竞争主体的界定，也不同于宏观经济学对政府职责的定位。显然，当前区域政府的理论研究和实践探索，已经不能简单用微观经济学和宏观经济学的分工进行有效的概括和解读，需要建立一套新的理论体系来进行解答"，"在区域资源配置中，承认市场决定性作用的前提下的区域政府行为构成了中观经济学的研究主体"。①

在陈云贤的中观经济学里，区域政府成为研究主体，因为它"既能够推动超出企业行为范畴的区域性经济发展，又长于更细致的宏观调控行为"②，而区域政府竞争则是中观经济学研究的核心。与传统的中观经济学将研究重点放在区域经济、部门（产业）经济相比，陈云贤的中观经济学不论在研究内容还是理论基础上都有很大不同，实际上是重新定义了中观经济的研究领域，因此，基于陈云贤教授的重大突破和创新，本书将陈

---

① 厉以宁：《把区域经济发展经验上升为中观经济理论》，载《南方日报》2016年4月14日第A18版。

② 陈云贤、顾文静：《中观经济学（第二版）》，北京大学出版社2019年版，第13页。

云贤中观经济学称为"新中观经济学",以与传统中观经济学相区别。

三、中观经济学的理论渊源

新中观经济学以区域政府为主要研究对象,对市场和政府的关系做出了突破性回答,是在探索如何发挥"有效市场"和"有为政府",弥补市场失灵和政府失灵的过程中产生的。第一,政府失灵是指政府为了纠正和弥补市场机制的功能缺陷而采取立法、行政管理以及各种经济政策手段干预市场,但干预结果却与预期目标背道而驰:对于市场失灵不但未能进行有效纠正,还对市场功能的正常发挥造成了阻碍和限制,使得正常的市场交易秩序在政府干预下被扭曲,导致市场的混乱和价格机制的失效。最终,政府失灵损害了市场的资源配置功能,造成政府干预经济的效率低下和社会福利损失。第二,在经济学一般均衡的框架下,且所要求的前提假设条件能够得到满足时,自由竞争的市场经济就能够得到一个帕累托最优的均衡解。但是,理想化的假设条件并不是总能得到满足的,现实中存在垄断、外部性、不完全信息、公共物品、有益物品等情况,这时仅依靠市场的力量就无法实现帕累托最优的资源配置结果,这就是市场失灵,此时需要政府干预以提升资源配置效率。

因此,新中观经济学认为:"现代市场经济是建立在市场机制基础上运行的,是'有为政府'和'有效市场'相融合的经济模式。市场作为一种自然规律,我们更多的是认识它、理解它,政府拥有更多的主动权,在发挥市场在资源配置中'决定性作用'的同时,要更好地发挥政府的作用。找准政府在现代市场经济中的位置,科学处理政府与市场、政府与社会的关系,合理划分政府与市场、政府与社会的边界。构筑'有效市场'和'有为政府'这两个现代市场经济的轮子,使其相互补充,相互支撑,实现'双轮驱动'的现代市场经济体制。"① 可见,新中观经济学基于现有文献对市场与政府关系研究上的不足,以中国改革开放伟大实践为基础,探索"有效市场"+"有为政府"双轮驱动经济增长的崭新理论,是对经济学理论的重要突破。

新中观经济学在研究范畴上与区域经济学及与区域发展紧密联系的产业经济学或结构经济学有交叉,把区域经济、城市经济和产业经济视为中

---

① 陈云贤、顾文静:《中观经济学(第二版)》,北京大学出版社2019年版,第9、10页。

观经济自然是可以的，但是，把区域经济学、城市经济学和产业经济学直接视为中观经济学则未必确切——这三门学科仍属于应用经济学，还不是作为理论经济学的中观经济学。① 另外，在研究方法上，除微观经济学和宏观经济学外，新中观经济学也借鉴了财政学、公共管理学等学科的理论工具和研究方法，在多学科交叉融合的基础上，构建了新中观经济学的研究框架和理论体系，为建立有中国特色的社会主义经济理论提供了可行方案。

四、中观经济学的理论基础

如前文所述，"中观经济学"最早是在20世纪70年代被提出并传入中国，且在二十世纪八九十年代于国内产生过一定影响，一些知名学者也参与到中观经济学的发展中来。但此时的中观经济学的主要研究对象为区域和产业经济，所运用的研究工具也主要来自区域经济学和产业经济学，因此可以认为，传统的中观经济学是在整合区域经济学和产业经济学的相关理论与工具的基础上，为满足当时的经济发展需要而形成的一门应用性学科。但随着市场化改革的逐步深入，传统中观经济学偏向于倚重政府计划指令的特点使其越来越不能适应时代发展的要求，而西方经济学在我国的快速传播也阻遏了传统中观经济学的演进路径。因此，到20世纪90年代后期，传统中观经济学的发展实际上已经停滞。

陈云贤创立的新中观经济学以区域政府竞争为主要研究对象，尽管也涉及区域经济和产业经济的问题，但它们是作为区域政府竞争的标的物出现的，而不是该理论所要研究的对象。陈云贤中观经济学的理论基础在于对"城市资源"以及与其相关联的"资源生成"和"生成性资源"所做的开创性定义：第一，从城市资源来看，它有广义与狭义之分，"广义的城市资源包括了产业资源、民生资源和基础设施/公共工程资源，……狭义的城市资源包括基础设施硬件、软件的投资建设，以及更进一步的现代化进程中智能城市的开发和运作"②，它是作为一种重要的生成性资源而存在的。第二，所谓生成性资源是指由资源派生的一种资源，"与产业资

---

① 陈云贤、顾文静：《中观经济学（第二版）》，北京大学出版社2019年版，第17页。
② 陈云贤：《市场竞争双重主体论：兼谈中观经济学的创立与发展》，北京大学出版社2020年版，第56～57页。

源一样同属于经济资源,它具备三大特性:动态性、经济性、生产性"①。第三,所谓资源生成是指"原已存在或随着时代进程的客观需要而出现的事物,它由静态进入动态,直至具备经济性和生产性"②。

在定义了这些基础性概念之后,陈云贤指出,在现代市场经济体系中,企业是产业经济的资源配置主体,主要针对传统经济学中所谓"稀缺性资源"进行竞争与配置;区域政府是城市经济的资源配置主体,主要针对"生成性资源"进行竞争与配置。因此,企业和政府共同构成了现代市场经济发展的双重驱动力(如图4-1所示)。进而,该理论指出城市基础设施是一种重要的生成性资源,它是为社会生产和居民生活提供公共服务的公共工程设施,作为一种公共物品系统,城市基础设施的作用在于保证国家和区域的产业经济与民生经济正常运转。由于这种城市资源具有明显的公共物品属性和正外部性,因此需要政府提供,而地方政府对这种城市资源的提供效率即体现了它的竞争力。陈云贤创立的新中观经济学通过定义"城市资源""资源生成"和"生成性资源"等概念,对区域政府的竞争范围进行了明确,圈定了一个与经典西方经济学理论截然不同的资源配置领域,进而形成了政府"超前引领"的理论思想。

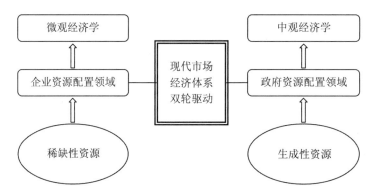

图4-1 陈云贤中观经济学框架下的现代市场经济体系双轮驱动

---

① 陈云贤:《市场竞争双重主体论:兼谈中观经济学的创立与发展》,北京大学出版社2020年版,第56页。
② 陈云贤:《市场竞争双重主体论:兼谈中观经济学的创立与发展》,北京大学出版社2020年版,第55~56页。

由此可见，陈云贤的新中观经济学在研究对象、研究方法、研究内容以及政策主张等理论架构的各个方面都实现了对传统中观经济学的突破。不仅如此，新中观经济学还开创了对政府行为进行研究的新范式，它不囿于经典经济学框架下的市场失灵领域，强调政府对市场微观主体行为的引领和调节，从而推进产业结构升级、经济和收入增长等宏观市场运行绩效的提升（如图4-2所示）。

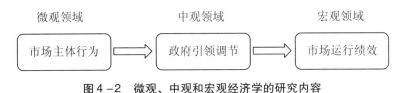

图4-2 微观、中观和宏观经济学的研究内容

第二节 区域政府竞争理论回顾

一、蒂伯特模型

首先明确地对区域政府竞争进行研究的是美国经济学家蒂伯特（Charles M. Tiebout），他在《一个关于地方支出的纯理论》中提出了第一个论述政府竞争的经济学模型。① 该模型认为，政府是公共物品的提供者，居民是公共物品的消费者，居民可以在不同的社区之间进行迁移，也即对不同社区所提供的公共服务通过"用脚投票"的方式进行选择，在以下假设条件下，这种迁移最终为区域公共物品供给竞争提供了一个帕累托有效解。

（1）政府行为不存在外部性。不同区域间政府行为的外溢效应将导致非效率。

（2）居民具有完全迁移的能力。即任何居民都能够无成本地迁移，其工作的地点不会对其迁移产生限制，也不会影响其收入。

（3）居民对每个社区所提供的公共物品和税收制度具有完全信息。

---

① Charles M. Tiebout, "A Pure Theory of Local Expenditures," *Journal of Political Economy* 64, no. 5 (1956): 416-424.

（4）社区数量是充足的，因此每位居民都能够找到所提供的公共物品和服务能够满足其需求的社区。

（5）每单位公共服务的成本是固定的，因此如果公共服务的数量扩大，那么成本也同比例扩大。另外，如果社区居民数量产生变化，社区所提供的公共服务也必须随之同比例变化。

（6）区域政府提供公共服务的资金来自按比例征收的财产税。在不同区域之间，税率是存在差异的。

（7）社区政府能够实施排外的土地法令。例如，为居民在本社区建的房子制定一个最小面积要求。由于蒂伯特模型中的社区是按照提供公共服务的水平进行划分的，而对公共服务的需求必然与收入水平正相关，因此社区的划分最终将依赖于居民收入。在高收入社区，居民资产价值更高，因此，要满足一定公共服务水平所要求的资产税的税率就更低。相反，在低收入社区，由于居民资产价值更低，相应的税率会更高。因此，低收入居民有向高收入社区迁移的激励，这样他们就能够以更低的缴税享受更高水平的公共服务。然而，当低收入居民大规模迁入高收入社区后，居民数量的扩大要求更大规模的公共服务供给，这使得社区税率不得不提高，因此，高收入居民就会再次迁移，而低收入居民会跟随高收入居民进行迁移。如果社区不能制定排外的土地法令，那么博弈就无法形成一个稳定的均衡。

在以上假设条件下，居民在选择社区时，首先会考虑该社区所提供的公共服务水平及其税负水平，以及在此条件下自身所能够实现的效用水平。当居民可进行完全的迁移时，其可通过迁移来实现效用水平的提升。由此，不同区域的政府以公共服务和税负组合为手段展开竞争，在均衡中，每个居民都找到能够使其效用最大化的社区。可见，区域政府之间的竞争或一个允许迁徙自由的地区内部较大单位间的竞争，在很大程度上能够提供对各种替代方法进行试验的机会，而这能确保自由发展所具有的大多数优点。尽管绝大多数人根本不会打算迁移，但通常都会有足够的人，尤其是年轻人和较具政治企业家精神的人，他们会对区域政府形成足够的压力，要求它像其竞争者那样根据合理的成本提供优良的服务，否则他们就会迁移。[①]

[①] 陈云贤、顾文静：《中观经济学》，中国财政经济出版社2017年版，第144～145页。

二、财政分权理论

新中国成立至 1980 年,我国基本上实行中央财政统收统支体制,少数年份是地方全额上交税收,多数年份是地方少有留成或分成,用钱由上级统一拨付。这种做法在新中国成立之初体现为集中财力解决国家的困难,但后期越来越严重地压抑了地方发展经济的积极性。1980 年,被形象地比喻为"分灶吃饭"的财税体制改革开始实施,各地尝试了多种形式的体制安排,如收入递增包干、总额分成、上解额递增包干、定额上解、定额补助等。在这种"承包"为主的体制下,地方政府得到了极高的经济发展激励,但同时,部分地方政府也出现了这样一种心理:与其与中央政府分享税收收入,不如"藏富于企业""藏富于地方",通过减少税收而回避与中央政府的分成,通过非财政途径的摊派和费用增加地方收入。结果导致 20 世纪 80 年代末到 90 年代初中央政府财政实力减弱。1994 年,我国实施了分税制,将税收划分为中央税、地方税和共享税三种,并对各级政府划分职责,各征其税。在新的财税体制下,中央和地方的财政收支的决定方式如下[①]:第一,中央政府的固定收入包括消费税、车辆购置税、关税、中央企业的所得税等;第二,地方政府的固定收入包括城镇土地使用税、耕地占用税、土地增值税、车船税、契税等;第三,增值税、营业税、企业所得税、个人所得税等由中央和地方共享。这种分税制有效加强了中央财力,并在后续的改革中得到不断完善。

这种财政上的分权被称为"财政联邦主义"[②]。该理论认为,中国地方政府的强激励有两个基本原因:第一个是行政分权,中央政府从 20 世纪 80 年代初开始就把很多经济管理的权力下放到地方,使地方政府拥有相对自主的经济决策权。第二个是以财政包干为内容的财政分权改革,中央把很多财权下放到地方,而且实施财政包干合同,使地方可以与中央分享财政收入。财政收入越高,地方的留存就越多,其中预算外收入则属于 100% 的留存。正是这两方面的激励,使得中国地方政府有较高的热情去

---

① C. P. W. Wong, "Fiscal Reform and Local Industrialization: The Problematic Sequencing of Reform in Post-Mao China," *Modern China* 18, no. 2 (1992): 197 – 227.

② G. Montinola, Y. Y. Qian, and B. Weingast, "Federalism, Chinese Style: the Political Basis for Economic Success in China," *World Politics*, no. 48 (1995): 50 – 81; Y. Y. Qian, G. Roland, "Federalism and the Soft Budget Constraint," *American Economic Review* 88, no. 5 (1999): 1143 – 1162.

维护市场，推动地方经济增长。Jin 等利用省级数据，发现了支持这一观点的经验证据。① 也有学者提出了不同意见，杨其静和聂辉华认为，至今为止联邦主义理论还远没有解决在何种制度安排下政府官员们才有积极性去履行保护市场的承诺。②

三、"晋升锦标赛"模型

从 20 世纪 80 年代开始的地方官员之间围绕 GDP 增长而进行的"晋升锦标赛"模型是理解"中国奇迹"的又一关键线索。"晋升锦标赛"作为一种行政治理模式，是指上级政府对多个下级政府部门的行政领导设计的一种晋升竞赛，竞赛优胜者将获得晋升。竞赛标准由上级政府决定，它可以是 GDP 增长率，也可以是其他可度量的指标。"晋升锦标赛"可以将关心仕途的地方政府官员置于强激励之下，因此是将行政权力集中与强激励兼容在一起的一种治理政府官员的模式，它的运行不依赖政治体制的巨大变化。③

作为一种激励机制，"晋升锦标赛"的特性最早由 Lazear 和 Rosen 揭示。④ 它的主要特征是，由参赛人竞赛结果的相对位次而不是绝对成绩决定最终的胜负，因而易于比较和实施。以此为框架，学者们开始从政府官员的晋升激励研究中国政府的内部治理特征。⑤ 这种观点认为，作为处于行政金字塔之中的政府官员，除了关心地方的财政收入之外，自然也关心其在"官场"升迁的机遇，而这种激励在现实中可能是更为重要的。Li 和 Zhou、周黎安等运用中国改革开放以来省级水平的数据系统地验证了地方官员晋升与地方经济绩效的显著关联，为地方官员晋升激励的存在提供

---

① Jin Hehui, Qian Yingyi, and Barry R. Weingast, "Regional Decentralization and Fiscal Incentives: Federalism, Chinese Style," *Journal of Public Economics* 89 (2005): 9 – 10.
② 杨其静、聂辉华：《保护市场的联邦主义及其批判》，载《经济研究》2008 年第 3 期，第 99～114 页。
③ 周黎安：《中国地方官员的晋升锦标赛模式研究》，载《经济研究》2007 年第 7 期，第 36～50 页。
④ Edward P. Lazear and Sherwin Rosen, "Rank - Ordered Tournaments as Optimal Labor Contracts," *Journal of Political Economy* 89, no. 5 (1981): 841 – 864.
⑤ Eric Maskin, Qian Yingyi, and Xu Chenggang, "Incentives, Scale Economies, and Organization Forms," *Review of Economic Studies* 67 (2000): 359 – 378.

了一定的经验证据。① 他们发现，省级官员的升迁概率与省区 GDP 的增长率呈显著的正相关关系，而且，中央在考核地方官员的绩效时理性地运用相对绩效评估的方法来减少绩效考核的误差，增加其可能的激励效果。周黎安则正式地对"晋升锦标赛"作为一种治理模式的系统特征及其影响做出研究，回答了"晋升锦标赛"得以实施的前提和条件是什么，"晋升锦标赛"如何解决政府组织内部的激励问题，"晋升锦标赛"的潜在成本是什么等一系列理论问题。② 后续不断有学者利用经验数据对"晋升锦标赛"模型进行检验，比较有代表性的如徐现祥和王贤彬、罗党论等的研究。③ 当然，也有学者进行了反驳，如陶然等认为，改革开放以后的中国并不存在一个从中央到省、从省到地市、从地市到县乃至乡的层层放大的将政治提拔和经济增长或主要经济指标直接挂钩的考核体系，也没有很强的实证证据表明在省这一级别增长率对中国地方官员的政治提拔具有显著影响。④

第三节　中观经济学核心概念

一、城市资源、资源生成与生成性资源

（一）城市资源

新中观经济学创新性地定义了"城市资源"的概念，并指出城市资源有广义与狭义之分：广义的城市资源包括产业资源、民生资源和基础设

---

① Li Hongbin and Zhou Li-An, "Political Turnover and Economic Performance: The Incentive Role of Personnel Control in China," *Journal of Public Economics* 89 (2005): 1743-1762；周黎安、李宏彬、陈烨：《相对绩效考核：关于中国地方官员晋升的一项经验研究》，载《经济学报》2005 年第 1 期，第 83~96 页。

② 周黎安：《中国地方官员的晋升锦标赛模式研究》，载《经济研究》2007 年第 7 期，第 36~50 页。

③ 徐现祥、王贤彬：《晋升激励与经济增长：来自中国省级官员的证据》，载《世界经济》2010 年第 33 卷第 2 期，第 15~36 页；罗党论、佘国满、陈杰：《经济增长业绩与地方官员晋升的关联性再审视——新理论和基于地级市数据的新证据》，载《经济学（季刊）》2015 年第 14 卷第 3 期，第 1145~1172 页。

④ 陶然等：《经济增长能够带来晋升吗？——对晋升锦标赛理论的逻辑挑战与省级实证的重估》，载《管理世界》2010 年第 12 期，第 13~26 页。

施/公共工程资源。① 其中，产业资源也可称为"可经营性资源"，即第一、第二和第三产业资源，这类资源配置的主体一般是企业，因此它是可经营的。民生资源也可被称为"非经营性资源"，它以各区域的社会工艺产品、公共物品为主，包括经济（保障）、历史、地理、形象、精神、理念、应急、安全、救助，以及区域的其他社会需求。② 由于这类资源所具有的公共物品属性，其配置主体一般为政府，因此是非经营性资源。基础设施/公共工程资源与城市建设相对应，可称为"准经营性资源"，主要包括保证国家或区域社会经济活动正常进行的公共服务系统和为社会生产、居民生活提供公共服务的软硬件基础设施，如交通、邮电、供电供水、园林绿化、环境保护、教育、科技、文化、卫生、体育事业等的城市公共工程设施和公共生活服务设施。③ 一般来讲，此类资源由于其所具有的公共物品属性，因此是应由政府提供的。但随着技术的发展、制度的创新，此类资源中有很多已经能够交给市场来提供，政府和市场都具有对此类资源进行配置的职能属性，因此称其为准经营性资源。

狭义的城市资源即是作为准经营性资源的基础设施/公共工程资源，对于此类资源的配置，各国应根据区域发展方向、财政状况、资金流量、企业需求和社会民众的接受程度与承受力等因素，来确定其是按可经营性资源来开发调配，还是按公益性事业来运行管理。对这一领域资源配置规律的深入洞察，尤其是对区域政府在这一资源配置领域中的竞争与合作的全面解释，是新中观经济学所做出的突出贡献。

（二）资源生成

传统经济学在论及资源配置时的前提条件即资源的稀缺性。曼昆（N. G. Mankiw）对经济学的定义就是："经济学是一门研究如何对稀缺性资源进行配置的学问，而所谓稀缺则是指社会资源的有限性。"④ 新中观

---

① 陈云贤：《经济新引擎——兼论有为政府与有效市场》，外语教学与研究出版社2019年版，第57页。
② 陈云贤：《市场竞争双重主体论：兼谈中观经济学的创立与发展》，北京大学出版社2020年版，第59页。
③ 同上条。
④ N. G. Mankiw, *Principles of Microeconomics* (Six Edition) (South-Western Cengage Learning, 2011), p. 4.

经济学并不否认对稀缺资源进行有效配置的重要性，但与此同时还重点关注了"资源生成"问题。新中观经济学指出，资源生成不是政府计划的结果，"而是指原已存在或随着时代进程的客观需要而出现的事物，它由静态进入动态，直至具备经济性和生产性"①。在现代社会里，经济社会发展所需的软硬件基础设施，乃至更进一步的智能城市开发与建设过程中的系列工程，均是重要的生成性资源。这些现代化基础设施建设对一国经济增长形成了重要的拉动和支撑，这样，"资源生成"问题就产生了。这个新的资源生成领域就是城市资源，它有别于传统产业资源的性质和配置方式，从另一路径发挥着促进经济增长的积极作用。

（三）生成性资源

所谓生成性资源是指由资源生成派生的一种资源，"与产业资源一样同属于经济资源，它具备三大特性：动态性、经济性、生产性"②。实际上，土地、矿产、水、森林、草原等自然资源在经过动态开发后就成为可经营性的产业资源，这是生成性资源最简单的例子。上面提到的现代经济建设中的城市软硬件基础设施，也是一种生成性资源，但与产业资源的可经营性不同，它属于准经营性资源。这类资源在具有明显的动态性、经济性和生产性特征的同时，还具有高风险性，特别是大型的城市软硬件基础设施，大都属于资本密集的建设项目，具有如下特点：第一，前期投资大；第二，建设周期长；第三，成本高；第四，投资可能失败；第五，突发事件难以控制等。因此，准经营性资源向可经营性资源转换时伴随着特有的投资风险、运营风险和管理风险，而且还面临诸多限制：第一，非政府投资是由具有独立法人资格的企业或个人从事的投资，对微观上营利性的追求是其首要特征；第二，私人投资的资金主要来自个人的积累或社会融资，投资规模受到很大限制；第三，企业或个人囿于一行一业，难以顾及非经济的社会事业。因此，即使一些现代技术的加持能够使部分准经营性资源同样具有排他性和竞争性，但成本太高、风险太大，按照可经营性资源去运作在经济上是不可行的。此时，对这类准经营性资源，政府仍然

---

① 陈云贤：《市场竞争双重主体论：兼谈中观经济学的创立与发展》，北京大学出版社2020年版，第55～56页。
② 陈云贤：《经济新引擎——兼论有为政府与有效市场》，外语教学与研究出版社2019年版，第55页。

会按照非经营性资源的标准去开发，并根据政府提供公共物品的政策目标做出投资决策。因此，在这一资源生成领域中，区域政府应如何对准经营性资源进行有效调配，从而对区域经济实施超前引领，是新中观经济学的研究范畴（如图4-3所示）。

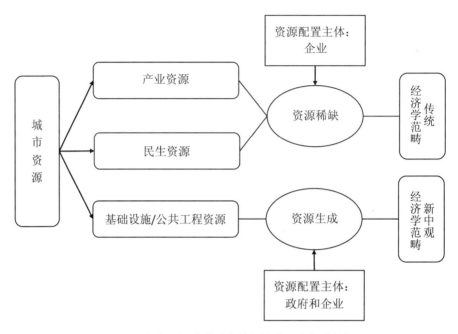

图4-3 新中观经济学对传统经济学研究领域的拓展

为了对政府如何配置城市基础设施这种准经营资源进行具体分析，新中观经济学创新性地区分了地方政府的双重属性。一方面，地方政府具备类似中央政府的"准宏观"属性，承担着协调各个经济主体行为的职能；另一方面，地方政府本身也是一个利益主体，它拥有自身的利益诉求，具有"准微观"属性。由于地方政府拥有这样的双重属性，因此它才在民生经济中实施"基本托底、公平公正、有效提升"政策；在产业经济中实施"规划、引导、扶持、调节、监督、管理"政策；在城市经济中实施"参与竞争、调配监督"政策。政府以竞争主体的身份出现在九个方面的竞争中，包括项目竞争、产业链配套竞争、人才科技竞争、财政金融竞争、基础设施竞争、进出口竞争、环境体系竞争、政策体系竞争和管理效率竞争。地方政府在城市资源生成的激烈竞争中，通过全力推动以基础设施开发建设为主体的投资新引擎、创新新引擎和规则新引擎的建设,不断开拓新的经济增长点,实现一国经济的可持续增长。

二、原生性资源、次生性资源与逆生性资源

新中观经济学在定义了资源生成领域后进一步指出,资源生成领域至少包含三个层面的资源,即原生性资源、次生性资源和逆生性资源。[①]

第一,原生性资源。举例来说,太空资源、深海资源、极地资源以及深地资源等。如果不去开发这类资源,它们就是静态的自然资源。如果投资开发,其动态性、经济性和生产性又使这类资源转换为资源生成领域中的原生性资源。原生性资源具有投资规模大、开发周期长、不确定因素多等高风险性,因此,各国政府为了在世界区域经济竞争中使本国、本区域获得优势,必须成为该类资源的第一投资人。

第二,次生性资源。以城市软硬件基础设施为例,它本是一种准经营性资源,但通过一些现代技术的加持和相关政策的实施使这种准经营性资源变为可经营性资源时,它就成为资源生成领域中的次生性资源。此类资源的投资开发同样具有动态性、经济性、生产性和高风险性四大特征,因此各国政府也必须充当该类资源的第一投资人。

第三,逆生性资源。这一类资源本来并不存在,是由区域经济发展中的外部溢出效应逆向形成的一类独特的生成性资源,比如碳排放交易资源等。对于此类逆生性资源的开发与管制,政府必定是第一责任主体。[②]

三、中观经济学下的"有效市场"+"有为政府"组合模式

新中观经济学进一步指出,只有"强式有为政府"与"强式有效市场"的组合才是成熟的市场经济。新中观经济学刻画了现代市场纵向体系

[①] 陈云贤:《市场竞争双重主体论:兼谈中观经济学的创立与发展》,北京大学出版社2020年版,第97页。

[②] 除了碳排放交易是逆生性资源外,垃圾也可看作一种逆生性资源。这是因为垃圾本没有价值,但随着垃圾处理技术的不断进步,以及垃圾分类制度的制定和实施,垃圾逐渐由一种废弃物变为资源。

的六大子系统①，并按这六大子系统发挥作用的情况将有效市场划分为"弱式""半强式"和"强式"三个层次：对于"弱式有效市场"，只有市场要素体系和市场组织体系存在其中，市场才能够维持基本的运行；在此基础上，如果一国市场形成了比较健全的法治体系和监管体系，并且这些制度能够得到很好的执行，那么这种市场就成了"半强式有效市场"；更进一步，如果市场环境体系与市场基础设施能够得到建立和完善，那么这样的市场就是"强式有效市场"。

与有效市场类似，"有为政府"也可划分为"弱式""半强式"和"强式"三种类型，其划分依据为政府是否具有对民生经济、产业经济和城市经济进行调配的相关政策。只关注民生经济，即仅对非经营性资源的调配发挥作用的政府属于"弱式有为政府"，实际上，这种政府也即坚持西方经典经济学理论的学者所倡导的"有限政府"；在"弱式有为政府"基础上，区域政府还关注对可经营性资源配置的优化和引导，则这种政府属于"半强式有为政府"；更进一步，如果区域政府对城市软硬件基础设施的配置采取积极配套政策，主动参与到这种生成性资源的配置和竞争当中，为产业经济发展提供有力的支撑与保障，成为经济发展驱动力之一，则该政府就是"强式有为政府"。

三种类型的"有效市场"与三种类型的"有为政府"的有机结合构成了九种模式的"有效市场"+"有为政府"组合（如图4-4所示）。在这九种模式中，能够作为成熟市场经济发展目标模式的自然是"强式有为政府"+"强式有效市场"的组合。在这样的组合模式中，"强式有为政府"具有超前引领区域经济发展的能力，"强式有效市场"能够保证各类可经营性资源的优化配置，二者的有机结合既能够保证企业决策的科学性，使企业在产业资源的配置与竞争中取得竞争优势，又能够更好地发挥区域政府在城市资源配置与竞争中的优势，在政府支持下通过区域竞争力的整体支撑，进一步推动企业竞争力的增强。

---

① 在新中观经济学中，现代市场纵向体系的六大子系统是指：市场要素体系、市场组织体系、市场法制体系、市场监管体系、市场环境体系和市场基础设施。

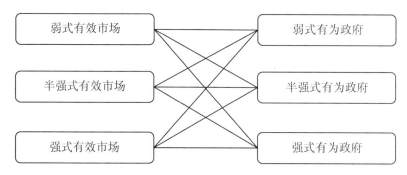

图4-4 "有效市场"+"有为政府"的九种组合模式

（资料来源：陈云贤著《市场竞争双重主体论：兼谈中观经济学的创立与发展》，北京大学出版社2020年版，第266页。）

第四节 区域政府双重属性

在中观经济学体系里，区域政府具有双重属性——准微观属性和准宏观属性，这两种属性的辩证统一关系决定了区域政府在处理市场与政府之间关系上的特点。

一、区域政府的准微观属性

（一）区域政府准微观属性的内涵

微观属性是指参与市场经济活动的微观主体所具备的属性，包括明确的目标函数和完全理性，微观主体的经济行为即由这两种属性决定。中观经济学认为，区域政府的角色是多维度的：既是上级政府的代理，又是区域非政府主体的利益代表；既是辖区的管理者和公共物品的提供者，又是一个追求利益最大化的经济组织。因此，区域政府也具有微观经济主体的基本属性。

然而，"准"意味着不属于某个范畴，却在一定程度上承担或具备某种相同的职能或属性。区域政府对可经营性资源（产业经济）的规划、引导、扶持，以及对准经营性资源（城市经济）即城市基础设施的投资、运营与参与，使它成为本区域经济中微观利益主体的集中代理。因此，所谓

区域政府的"准微观"属性,是指区域政府不是企业,但又具有一定程度上企业的行为特征,其具体内涵表述如下①。

第一,区域政府内部的组织管理,可以充分吸收借鉴企业管理丰富的理论模型和优秀的实践经验,建立高效运转的内部管理模式,成为制度创新、组织创新、技术创新和理念创新的重要力量。

第二,区域政府拥有较强的经济独立性,以实现本地区经济利益最大化为目标,自身具有强烈的开展制度创新和技术创新等的动力,区域执政者在竞争中培养了改革魄力和超前思维,具有鲜明的"政治企业家精神"。

第三,区域政府的行为充分尊重市场作为资源配置手段的主导地位,坚持按照市场规律发挥管理职能,强化区域政府行为的市场适应性,展开区域政府之间的良性竞争,以各地区市场运转的效率、实现的经济和社会收益作为竞争的主要考核目标。区域政府因而实现从远离市场竞争的权力机构到参与市场竞争、提高管理绩效的"准微观"角色的转换。

(二)区域政府准微观属性的依据

中观经济学从区域政府与企业属性所具有的差异和联系两个方面为区域政府的准微观属性提供了依据,具体阐述如下②。

1. 政府与企业微观属性的差异性

尽管政府具有一定的微观经济主体属性,但我们需要明确的是,政府与企业的经济行为仍存在重要的逻辑差异,这主要包含以下几点。

(1)目的不同。从存在的使命来看,政府行为的目的主要是给所属民众提供非营利性产品或服务,实现社会福利最大化,不以营利为目的,具有明显的公益性质,属于非市场范畴。而企业主要是以价格机制为核心,通过生产、销售等一系列行为实现企业利润最大化,其以营利为目的。

(2)生存方式不同。政府管理既然是非营利性的,所提供的服务或产品通常是免费或象征性收费的,其生存不靠销售产品或服务来维持而主要依赖立法机构的授权;其资金来源主要是税收,经费预算属于公共财政支出,不能任意由政府管理人员支配而必须公开化,接受纳税人的监督。相反,企业管理以营利为目的,所需要的各种物质资源主要来自投资回报及

---

① 陈云贤、顾文静:《中观经济学(第二版)》,北京大学出版社2019年版,第43页。
② 同上条,第43~45页。

其所获取的利润。因此,企业中的资金使用状况属于企业的"内部事务",其他人无权干涉,经费预算也主要依据营利状况而定。企业是自主的,其管理所需的物质资源也是自主的,不需要公开化。正因如此,政府管理的决策常常要反映公众或立法部门的倾向性,而企业管理的决策在很大程度上受市场因素即顾客需要的影响。

(3) 管理限制因素不同。从管理限制因素来看,政府管理的整个过程都受法律的限制,即立法机构对其管理权限、组织形式、活动方式、基本职责和法律责任都以条文形式予以明确规定,这使政府管理严格地在法律规定的程序和范围内运行。而企业管理则不同,法律在其活动中仅仅是一种外部制约因素,管理主要是在经济领域进行,按照市场机制的要求去管理。只要市场需求存在,企业行为又不违法,企业管理就必须围绕追求高额利润这一目标而运转。

(4) 绩效评估标准不同。从绩效评估标准看,行为的合法性、公众舆论好坏、减少各种冲突的程度、公共项目的实施与效果、公共物品的数量及其消耗程度等,是评估政府管理成效的主要指标。在企业管理中,销售额、净收益率、资本的净收益及生产规模的扩大程度、市场占有率的提高等是主要的评估标准,是企业管理水平和效果的主要显示器,也是管理人员绩效的标志。显然,政府管理的绩效评估偏重于社会收益,企业管理的绩效评估则强调经济效益。

2. 政府与企业微观属性的相似性

(1) 根据企业的本质属性分析,企业是一种可以和市场资源调配方式相互替代的资源调配机制。企业内部管理就是通过计划、组织、人事、预算等一系列手段对企业拥有的资源按照利润最大化原则进行配置。政府也拥有一定的公共资源,配置和利用这些公共资源以激发最大的产出效率,是政府的重要职责,政府也同样拥有计划、组织、人事、预算等进行资源调配的手段。所以,政府与企业一样,具有进行资源调配的功能,只是在范围、目的等方面存在差异。

(2) 竞争机制在政府之间与企业之间始终存在,并成为二者发展的源动力。企业之间的竞争是市场机制所赋予的。不论是在完全竞争市场、垄断竞争市场还是在寡头垄断市场,企业都要为了生存和发展与对手展开竞争,即使在完全垄断市场,企业也要为了阻止潜在竞争者的进入而不断做出提升。区域政府之间的竞争也是现实存在的,甚至异常激烈,而从全球

的视角考察,国家政府作为区域政府,在国力上的竞争更是持续地进行着。

(3)企业和政府行为都是在尊重市场机制的前提下展开的。在市场经济条件下,企业必须尊重市场规律,接受市场价格信号,只有适应市场需求,才能实现生存和发展。区域政府的经济行为也要建立在尊重和顺应市场规律的基础之上,违背市场规律的政府干预会扭曲资源配置,进而导致效率低下。

(4)企业和政府都必须履行一般的内部管理职能。要维护一个组织的正常运转,都需要对组织内部进行微观管理。企业和政府的内部管理有很多异曲同工之处:比如企业和政府都有人力资源管理、项目管理、资金管理、技术管理、信息管理、设备管理、流程管理、文化管理等内容;在管理层次上也都可以分为决策管理、业务管理、执行管理等多个层次。

二、区域政府的准宏观属性

区域政府的准宏观属性强调的是区域政府在结构上、职能上具备国家的某些特征,即区域政府对可经营性资源(产业资源)的调节、监督、管理,以及对非经营性资源(民生经济)即公共物品或公益事业的基本托底、公平公正、有效提升,使它成为区域内的国家代表。[1]

在一个国家中,国家政府可以利用其公共性和强制力影响该国市场秩序的建立和维持。同样,各区域的区域政府可以作为国家政府的代理,利用国家政权授予的公共性和强制力促进该区域市场秩序的建立和维持,这就是区域政府准宏观属性之所在。

反映在区域政府的经济行为上,其准宏观属性体现在:区域政府具备一般政府的宏观调控职能,可以依据经济运行状态斟酌使用财政政策工具,从而影响区域总需求和总收入,实现区域国民收入均衡。同样地,区域政府也承担着推动本地区经济增长、降低失业率、保持物价稳定等宏观经济职能,并运用相应的财政政策等手段对经济运行进行调控。

三、区域政府引领下的区域竞争

世界各国区域管理的实践和中国改革开放的成功经验都已经告诉我

---

[1] 陈云贤:《市场竞争双重主体论:兼谈中观经济学的创立与发展》,北京大学出版社2020年版,第76页。

们，在确保区域社会公益服务和公共物品供给"基本托底、公平公正、有效提升"的基础上，为防范城市资源尤其是城市基础设施闲置浪费或城市建设低效、城市管理无序等问题，政府都会通过市场机制，把部分或大部分城市基础设施的投资、开发和管理交付市场。在这一准经营性资源向可经营性资源转变的过程中，城市基础设施投资载体的确定，即基础设施项目公司的股权结构及其性质（如政府独资、合资、合作、股份制甚至国有民营等），必须符合市场规则；城市基础设施投资的资本运营——不管是通过 BOT（build-operate-transfer，建设—经营—转让）、PPP（public-private partnership，政府和社会资本合作）等特许经营方式，还是通过发行债券、股票等方式——都必须通过市场竞争的检验。

因此，我们可以这样讲，城市基础设施的供给水平对城市竞争力产生重要影响，而城市基础设施建设项目在经济上的回报性又对城市基础设施的供给水平产生重要影响。由此，区域政府之间竞争的一个重要体现就在于如何提高基础设施建设的经济回报以吸引更多的投资者，从而提升城市基础设施供给水平，扩大城市承载力。

由此，现代市场体系就形成了二元经济主体，即企业和区域政府。企业竞争主要发生在产业经济中，区域政府竞争主要发生在城市经济中，企业与区域政府在产业经济中不存在竞争关系。区域政府的竞争主要集中在城市基础设施建设领域，其实质是对城市经济发展中各种有形或无形资源的竞争，其目的主要在于优化本区域城市资源配置，提高本区域城市经济效率和回报率，政府主要围绕本区域城市经济的领先优势和可持续发展目标来配套政策措施。在不同领域发生的区域政府竞争和企业竞争共同构成现代市场经济体系中的双层市场竞争体系，区域政府和企业作为双重市场竞争主体，形成了相辅相成的关系。

第五节　市场竞争双重主体论

中观经济学揭示了区域政府所具有的"准微观"属性，从而发现了现代市场体系中的二元竞争主体，即产业经济竞争领域中的企业主体和城市经济竞争领域中的区域政府主体。

竞争优势理论

一、区域政府与企业都是资源调配的主体

区域政府和企业属于两个不同的主体范畴，企业是微观经济主体，区域政府则是中观经济主体。区域政府和企业有明显的区别——生产目的、生存方式、管理方式和绩效标准都不同，但区域政府行为与企业行为又有相似性[①]。

第一，区域政府与企业都是资源调配的主体。企业的内部管理就是通过计划、组织、人事、预算等一系列手段对企业拥有的资源按照利润最大化原则进行配置。区域政府也拥有一定的公共资源，合理配置和利用这些公共资源以取得最大的产出效率，也是区域政府的重要职责。区域政府通过财政支出结构优化调节投资性支出、消费性支出和转移性支出，通过财政资金的杠杆作用，运用规划引导、预算支出、组织管理和政策配套等方式，使自身成为区域资源调配的主体。可见，区域政府与企业一样，都具有资源调配的功能，只是在范围和目的等方面存在差别。

第二，竞争机制在区域政府之间与企业之间始终存在并成为区域经济发展的源动力。企业之间的竞争是市场经济发挥作用的表现：不论在完全竞争市场、垄断竞争市场还是在寡头垄断市场，企业之间的竞争都是非常激烈的。即使在完全垄断市场，由于潜在进入者的存在，在位垄断者也要及时对产品和服务进行升级，以应对潜在进入者的竞争。可以说，企业竞争是产业经济发展的源动力，区域政府之间的竞争也是市场经济发挥作用的表现。它具体体现在"三类九要素"的竞争上，即区域政府通过对项目、产业链配套、进出口、基础设施投资、人才科技扶持、财政金融支持以及政策、环境和组织管理配套等的竞争，推动区域产业经济、城市经济和民生经济的可持续增长。可以说，区域政府竞争也是区域经济发展的源动力。

第三，区域政府和企业都必须在尊重市场规则的前提下活动。在市场经济环境下，企业要不断探索市场规律、准确判断市场形势，以便决定企业内部资源如何调配。企业必须尊重市场规则，接收市场价格信号，适应市场需求，才能生存和发展。区域政府也只有在遵循市场决定资源配置原

---

① 陈云贤：《市场竞争双重主体论：兼谈中观经济学的创立与发展》，北京大学出版社2020年版，第230～232页。

则的前提下，才能更好地发挥政府调配区域资源的作用，使本区域在竞争中脱颖而出。区域政府只有在尊重市场规则的前提下，配套有效的产业政策以发展产业经济，作为第一投资人积极参与城市经济竞争，不断改善提升民生经济，才能超前引领本区域的经济和社会发展。

第四，区域政府和企业都以利益最大化为最初目标调配资源。企业的行为自然以利润最大化为目标，而区域政府作为独立的竞争主体，其主要目标是实现财政收入的最大化，也即预算规模的最大化。而预算规模一般取决于以下两个因素：一是与本区域经济发展水平相联系的财政收入规模；二是上一级政府与区域政府对财政收入的分配比例。由于财政收入分配比例是确定的，因此区域政府为扩大财政收入，必然会寻求本区域财政收入规模的扩大，从而通过开展理念、制度、组织和技术创新，增加区域生产总值和税收收入。

二、市场竞争双重主体的关系

企业竞争体系和区域政府竞争体系是双环运作体系，二者既相互独立又相互联系，共同构成市场经济中的双重竞争系统。企业竞争体系只作用于微观经济中的企业之间，区域政府是市场竞争环境的营造者、协调者和监管者，从政策、制度和环境上确保企业开展公开、公平、公正的竞争，而不应和企业一样成为微观经济的主体，参与到企业竞争活动中去，政府也无权对企业的微观经济事务进行直接干预。区域政府间的竞争应以尊重企业的市场竞争为前提，不将企业竞争纳入区域政府竞争的层面，各区域政府作为中观经济中平等竞争的市场主体，就区域资源的调配、区域经济效率及效益展开竞争。

同时，区域政府竞争体系又以企业竞争体系为依托，并对企业竞争体系发挥引导、协调和监督作用。企业竞争是市场经济的根本属性，是市场经济焕发生机活力的重要因素，没有企业竞争的经济不是市场经济，企业层面的竞争是市场竞争的基础；而区域政府竞争是基于区域内的企业竞争，围绕着企业竞争的条件、环境、政策和效率等配套服务展开的。没有企业竞争等同于缺乏市场经济的基本属性，区域政府间的竞争就会演化为行政权纷争。因此，在现代市场经济体系中，既存在企业层面的竞争，而企业的竞争又带动了区域政府间的竞争，可以说，市场竞争双重主体的确立源于现代市场体系和机制的健全与完善。区域政府竞争主要体现在重大项目落地、产业链完善、进出口便利和人才、科技、资金、政策、环境、效率等配套上，它对企业竞争发挥着超前引领的作用。

企业竞争的核心是在资源稀缺条件下的资源优化配置问题，区域政府竞争的核心是在资源生成基础上的优化配置问题。对企业的竞争行为及其后果的研究其实是在微观经济运行中对资源稀缺条件下资源优化配置问题的研究，研究的焦点是企业竞争中的主要经济变量即价格决定机制，研究的内容延伸形成了价格理论、消费者选择理论、生产要素价格决定理论、产业组织理论等。而对区域政府竞争行为及其后果的研究，其实是在中观经济运行中对资源生成基础上的资源优化配置问题的研究，研究的焦点是影响区域政府竞争的主要经济变量即区域财政收入与支出的决定机制，研究的内容延伸形成了资源生成理论、区域政府双重属性理论、市场竞争双重主体论、政府超前引领理论、经济发展新引擎理论和成熟市场经济的双强机制理论等。

现代市场经济的驱动力不仅来自微观经济领域的企业竞争，而且来自中观经济领域的区域政府竞争，它们是现代经济体系中的双重竞争主体，构成现代市场经济发展的双动力，推动着区域经济乃至一国经济的可持续发展。

三、中观经济学竞争优势理论的逻辑主线

第一，区域政府行为很大程度上是由主要官员的政绩观所决定的（如图4-5所示）。尽管每位官员的政绩观有所差别，但对中国共产党来讲，

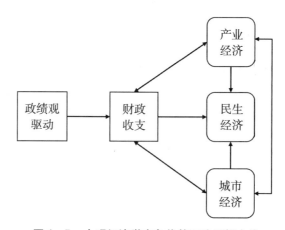

图4-5 中观经济学竞争优势理论逻辑主线

"一切为了人民"是立党、兴党、强党的根本出发点和落脚点。习近平总书记在庆祝中国共产党成立100周年大会上的重要讲话中指出:"以史为鉴、开创未来,必须团结带领中国人民不断为美好生活而奋斗。"中国共产党一经诞生,就把为中国人民谋幸福、为中华民族谋复兴确立为自己的初心使命。在这种政绩观的驱动下,改善民生、造福百姓构成区域政府的核心使命。为了更好地实现这一使命,必然需要区域政府投入大量的资金,这对区域政府财政收支规模提出了要求。

第二,为了扩大财政收入,地方政府需要促进产业经济的发展,推动经济增长。产业经济的发展为地方政府提供了收入,同时也提高了本地居民收入,因此是区域竞争优势的根本来源。区域政府也会为产业经济的发展提供直接的财政支持,如项目资金支持、税收返还、研发补贴等多种形式。产业经济属于可经营性资源,区域政府发展产业经济的手段包括规划、引导、扶持、调节、监督、管理等多个方面。

第三,产业经济的发展严格依赖于区域城市经济的发展水平,也即基础设施的供给水平。然而,城市基础设施需要大规模的资金投入,仅靠财政投入是不能满足建设需求的。在中观经济学的框架下,城市基础设施属于准经营性资源,区域政府可以通过资源生成手段将其转变为可经营性资源,从而吸引社会资本投入到城市基础设施的建设中来,这即是区域政府竞争力的体现。城市经济的发展能够为产业经济提供基础性支撑,同时,便利的城市基础设施也直接提高了民生经济的发展水平,而政府通过特许经营等方式也能在城市经济的发展中获得一定收入。

从以上分析我们可以总结出中观经济学竞争优势理论的逻辑主线:区域政府为了发展民生经济需要扩大财政收支规模,为此需要推动本地产业经济的发展,而产业经济的发展必须以城市经济为支撑。于是,区域政府之间为了发展城市经济而展开竞争,这使得区域政府具有了准微观的经济职能,而市场经济体系也出现了企业和区域政府两个竞争主体。由此,对于一个区域来说,尽管企业竞争力仍是其竞争优势的根本来源,但区域政府的竞争力也是根本支撑。

❋ 本章小结 ❋

本章首先对中观经济学理论的形成和发展过程进行了回顾，阐明了中观经济学的理论渊源、理论基础、标志性著述及其在区域竞争研究领域所做的颠覆性创新；继而介绍了当前具有广泛影响的三种区域政府竞争理论，即蒂伯特模型、财政分权理论和"晋升锦标赛"模型。在对中观经济学核心概念进行介绍之后，本章阐述了区域政府双重属性理论和市场竞争双重主体论，这两种学说不仅在中观经济学理论体系的整体架构中具有重要地位，也是中观经济学竞争优势理论的逻辑基础。

思考讨论题

1. 中观经济学的竞争优势理论主要在哪些方面对波特竞争优势理论进行了重要补充？
2. 政府在资源生成领域担负着怎样的角色？
3. 请解释区域政府竞争的主要理论有哪些。
4. 如何理解区域政府所具有的准微观属性？
5. 为什么说区域政府是现代市场体系的竞争主体之一？

第五章　区域政府竞争框架

中观经济学竞争优势理论的重大创新是将区域政府作为竞争优势的来源之一。本章对中观经济学区域政府竞争框架进行介绍，这是本教材的核心内容，具体包括区域政府竞争的特点、区域政府竞争的关键、区域政府竞争的表现形式以及区域政府竞争力的 DRP 模型。通过本章的学习，读者应能深入掌握中观经济学政府竞争框架，能够运用"三类九要素"的竞争解释区域政府竞争行为，全面理解区域政府竞争在区域整体竞争力的形成与发展中的地位。

第一节　区域政府竞争的特点

在中观经济学的框架下，区域竞争力是指能支撑一个区域持久生存和发展的力量，即一个区域在竞争和发展过程中，与其他区域相比较，所具有的吸引、争夺、占有、调控和转化资源的能力，以及争夺、占有和调控市场的能力，也就是其自身发展所需的优化资源配置的能力。简言之，它是一个区域发展所需的对资源的吸引力和对市场的争夺力。中观经济学指出，区域政府的经济行为对区域竞争力具有重要影响，区域政府制定财政政策、扩大财政收入规模、优化财政支出结构，将对一定时期内区域经济的发展战略和政策目标，以及区域经济的可持续发展，发挥重要的作用。[1]

一、区域政府竞争目标

尽管区域政府是多元任务主体，但从区域竞争力的视角出发，可将区

---

[1]　陈云贤：《市场竞争双重主体论：兼谈中观经济学的创立与发展》，北京大学出版社 2020 年版，第 96 页。

域政府的竞争目标设定为财政收入决定机制。

财政收入是指区域政府为履行实施公共政策、提供公共物品与服务等职能而筹集的一切资金的总和，表现为区域政府在一定时期（一般为一个财政年度）内所取得的货币收入总和。财政收入是衡量区域政府财力的重要指标，区域政府在社会经济活动中提供公共物品和服务的范围与数量，在很大程度上取决于财政收入状况。

国际通行的对财政收入的分类与政府取得财政收入的形式有关，可分为税收、国有资产收益、国债收入、收费收入以及其他收入等。其中，税收是区域政府为实现其职能，凭借其政治权力，按照特定的标准，强制、无偿地取得财政收入的一种形式，它是现代国家财政收入中最重要的收入形式和最主要的收入来源。国有资产收益是指区域政府凭借国有资产所有权获得的利润、租金、股息、红利、资金使用费等收入的总称。国债收入多指国家通过信用方式取得的有偿性收入。收费收入是指区域政府在提供公共服务、实施行政管理或提供特定公共设施时，向受益人收取一定的使用费和规费的收入形式。

那么，中观经济学何以认为财政收入决定机制是区域政府竞争的目标？下面对其原因进行阐述[①]。

第一，区域政府职能不断扩张，其经济调控功能增加，需要财政收入规模做支撑。在世界各国经济发展实践中，各国政府的职能经历了由少到多的转变，区域政府从只维持区域政权有效运转、维护社会稳定、防御外来入侵、维护司法公正等"守夜人"角色，逐步转变为与现代市场经济和社会化大生产相适应的调控、干预和管理系统。区域政府调控管理的一个重要方式就是扩大财政支出。因此，随着区域政府职能的不断扩张和财政支出规模的不断扩大，区域财政收入规模也需要不断增长。

第二，区域人口不断增长，民众对区域公共服务的需求总量增加，需要财政收入规模做支撑。区域人口的增加在客观上对区域政府提出诸多要求，如教育、医疗卫生、文化体育、就业培训、衣食住行，以及社会环境、区域管理等都需要提升。而且人口流动性的增强和区域人口老龄化的发展，也将对区域政府财政支出的结构和水平产生影响。区域人口数量和

---

① 陈云贤：《市场竞争双重主体论：兼谈中观经济学的创立与发展》，北京大学出版社2020年版，第102～104页。

结构的变化带来了需求的变化，因此区域财政收入规模也要相应增长，为其提供支撑。

第三，区域城市规模不断扩大，社会公共投资不断增长，需要财政收入规模做支撑。城市是个动态的概念，随着城市硬件基础设施的建设、城市软件基础设施的提升、智能城市的发展、城乡一体化进程的加快、原有城市的扩展和新兴城市的增加等，出现了大量的市政工程建设需求，需要大量的投资，这在客观上也需要区域财政收入规模不断增长，为其提供保障。

第四，区域科技水平不断提高，推动区域政府不断开拓新的科技领域和生产领域，这也需要财政收入规模做支撑。比如资源生成领域中的原生性资源——通过空间探索、海洋开发、极地探研等发掘的资源，又如资源生成领域中的逆生性资源——碳排放交易资源等，都需要区域政府加大投资，为高科技行业建设领先的人、财、物体系，而这些均需要区域财政收入规模的增长来作支撑。

第五，区域社会福利事业的扩大，需要财政收入规模做支撑。一方面，区域政府不断缩小贫富差距，化解区域社会分配中的两极分化问题，从而尽可能缓和贫富矛盾、减少区域不安定因素；另一方面，随着经济发展和收入水平的提高，区域政府需要不断提升民众的劳动、文化和健康水平，以促进区域全要素生产率的提高，这也需要区域财政收入规模的增长作为支撑。

这一系列因素成为区域政府将财政收入决定机制作为区域竞争目标的重要原因。

二、区域政府竞争与企业竞争的区别

在中观经济学的理论体系中，区域政府竞争与企业竞争之间存在着以下几点显著的区别[①]。

第一，竞争的目标函数不同。区域政府竞争的目标函数是财政收入决定机制；企业竞争的目标函数是价格决定机制。区域政府在自己管辖的范围内，对产业经济的扶持与补贴，对城市经济的投资与推动，对民生经济

---

① 陈云贤：《市场竞争双重主体论：兼谈中观经济学的创立与发展》，北京大学出版社2020年版，第104～107页。

中公共物品和公共服务的提供，其力度在很大程度上取决于区域财政收入状况。区域财政收入成为衡量区域政府开展社会经济各项活动能力大小的一个重要指标，而在国债收入和国有资产收入既定的情况下，它主要取决于税收和收费收入，这两者又主要取决于区域的经济发展水平、经济政策措施和经济管理效率。因此，围绕区域的项目建设、产业链配套、集群发展以及海内外市场开拓等，区域政府在财政收入最大化这一目标牵引下，以优化政策、便利措施等来推动招商引资。这与企业竞争围绕着成本、质量、供给、需求等决定商品价格的微观因素来运转是不一样的。

第二，达成目标的手段不同。区域政府将努力提高全要素生产率作为促进经济可持续增长的重要手段；企业则通过提高劳动生产率来影响商品的成本、供求等。这是因为，区域政府围绕着提高财政收入这一目标来推动经济发展，其措施首先是优化财政支出结构，如使投资性支出、消费性支出与转移性支出达到最佳比例，以获取最大的经济和社会收益。通常来讲，在经过拼土地、拼项目、拼资本等有形要素的简单扩张后，资本报酬递减这一瓶颈会使粗犷式经济增长难以为继，所以在相关有形要素投入量保持不变时，区域政府会将重心放在无形要素的投入、增加和改善上，围绕以创新为内核的技术进步去调配资源、调整结构，提供组织、政策、法规、环境等支持。区域财政支出结构的优化带来区域政策环境的系列变化，这将会成为区域经济发展和城市建设的新的驱动力。

第三，实现目标的路径不同。区域政府绩效以效率性增长为主导，企业绩效以投入型增长为主导。从世界各国区域政府的发展实践来看，其经济增长路径要经历要素驱动阶段、投资驱动阶段和创新驱动阶段。区域政府通过优化组合有形与无形的资源要素，带动并引导全社会资金投入，促进区域经济实现效率型增长。而企业绩效的持续提高则来自企业不断投入生产要素，包括资本、劳动、土地、技术、企业家才能等。企业投入的策略是，初期以数量型外延扩张为主，逐渐发展到质量型提升阶段，再到拓展型管理阶段，持续和有效的投入成为关键。

第四，投融资机制不同。区域政府的投融资要兼顾公平与效率，企业投融资则以营利性和效率为原则展开。区域政府主要是为了解决市场失灵问题而进行投融资。投资方面，除以无偿拨款方式保障社会公平外，区域政府也越来越多地采用了有偿贷款、公私合营、股份合作等直接与间接投资相结合的多元化投资方式。融资方面，除了国家会在必要时采取货币融资方式外，区域政府更多会以债务化融资方式来扩大投资规模、推动区域经济发展。

第五，价格决定机制不同。准公共物品的价格大多是以市场经济规则为基础，由区域政府以管制定价的方式来决定，而企业的商品定价则完全由市场竞争来决定。区域政府通常在平均成本定价法、二部定价法和负荷定价法之间权衡利弊，选择其一或融合应用，由区域政府牵头、社会参与，推动准公共物品项目的投资、开发、建设。政府参与资源生成领域的准公共物品投资、开发、建设，管制准公共物品定价，已在世界各国成为一种常规，这一领域的价格决定机制很难与企业的商品价格决定机制一样。

第六，竞争导向不同。区域政府竞争以优化供给为导向；企业竞争以满足需求为导向。有效配置土地、资本、项目、技术、人才等有形资源要素的供给，有效调节规划、投资、消费、价格、税收、利率、汇率、法律等无形资源要素的供给，并通过理念、制度、组织、技术创新等手段促进供给侧结构性改革，是区域政府发展经济、建设都市、提升社会福利的必由之路。而企业竞争则需从市场需求出发，从需求量、需求结构到企业战略战术，能否适应市场需求成为企业成败的关键。

第七，竞争领域不同。区域政府竞争主要表现在城市经济、城市资源配置的争夺上；企业竞争则侧重在产业经济、产业资源配置的争夺上。二者之间既相对独立，又相辅相成。区域政府是中观经济学的研究主体，其相互竞争主要是在城市经济中要素市场上的竞争，包括土地、项目、资本、人才、产权、技术和信息等软硬件市场。区域政府一是要掌握城市资源要素的数量、质量、结构、布局，二是要通过制定制度和政策来调控区域内城市资源要素的配置，吸引区域外资源要素，从而优化资源配置，提高区域竞争力。企业是微观经济学的研究主体，企业竞争主要是在商品市场，以产业经济中的产业资源配置为主，区域政府在要素市场的竞争影响着企业在商品市场的竞争。以厂商为主体的市场均衡理论是传统古典经济学的主导理论。企业以追求利润最大化为前提，供给、需求、市场均衡价格、完全竞争市场、垄断竞争市场、寡头垄断市场、不同市场结构的不同竞争策略等，是企业之间竞争的主要影响因素。企业竞争是区域政府竞争的前提和基础。

第八，竞争角色不同。区域政府是中观经济的主体，在区域经济发展

中扮演着准宏观和准微观的双重角色；企业则属于微观经济领域的主体，在市场经济中发挥着重要作用。一方面，区域政府对产业经济（可经营性资源）的规划、引导、扶持和对城市经济（准经营性资源）的投资、开发、运营，使其成为区域经济微观利益主体的集中代理，其行为呈现准微观属性；另一方面，区域政府对产业经济的调节、监督、管理和对公共物品、公共服务事业（非经营性资源）的供给，使其成为区域经济社会中的国家代表，其行为呈现准宏观属性。区域政府的双重属性使其在区域经济发展中发挥着竞争与合作的双重作用，这有别于企业在微观经济领域的纯竞争性角色。

第九，管理模式不同。区域政府主要采用区域资源规划（district resource planning，DRP）系统，企业则主要采用企业资源规划（enterprise resource planning，ERP）系统。通过 ERP 系统，企业对物质、资金、信息、客户等资源进行有效的一体化管理，以在物流、人流、财流和信息流等方面实现跨地区、跨部门、跨行业的有效协调配置，从而以市场为导向，有效集成资源，发挥快速调剂功能，提高生产率，最终有效提升企业竞争力。区域政府则可通过 DRP 系统，按照区域规划和战略布局，以系统化的管理思想和手段，判断市场变化，有效调配区域内包括土地、人口、财政、环境、技术、政策等在内的各种资源要素，提高区域竞争力。DRP 管理模式的确立将有助于区域全要素生产率的最优化，从而推动区域经济社会的可持续发展。

第二节 区域政府竞争的关键

区域政府之间竞争的关键是创新，创新是源动力，是竞争力，持续的创新是区域保持持久竞争力的源泉。

一、理念创新

理念创新就是创造既要符合客观实际，又能开拓发展的新观念、新思想，要求既能脚踏实地，又能高屋建瓴。因循守旧，闭关自守，作风懒散，都会跟不上时代发展的步伐。竞争需要创新，且首先需要理念创新。而超前理念、服务理念、竞争理念、责任理念等理念的创新均是不断提升的过程。

区域政府需要超前理念。超前就是要打破思维定式，突破现状、突破自我，敢为人先，敢于挑战，充分发挥区域政府的经济导向、调节、预警作用，依靠市场规则，借助市场力量，通过投资、价格、税收、法律等手段和组织创新、制度创新、技术创新等方式，有效配置资源，形成领先优势，促进区域经济科学发展、可持续发展。

区域政府需要服务理念。要将行政观念、管理观念转变为服务观念，服务市场、服务企业、服务社会。服务理念包括：第一，所有区域内市场参与者和社会民众都是服务对象；第二，政府行为以扶持服务、监管服务、开拓服务、创新服务为主；第三，服务满意度是衡量服务水平的核心标准；第四，服务以服务对象的需求为转移。在这个过程中，政府是公共物品和公共服务的提供者，区域范围内的民众、企业和机构是公共物品和公共服务的需求者。

区域政府需要竞争理念。市场总以为竞争是企业之间的竞争，而不存在政府之间的竞争，但实际上，只要资源有限，区域政府与区域政府之间的竞争就存在。区域政府特别是领导团队一定要有竞争意识，要有强者精神和敢于拼搏的勇气。中国区域政府从东部到中部再到西部，经济差距具有阶梯性，产生这种差距的原因除了资源禀赋的差异，更重要的是竞争观念和竞争力的差异。从东部到中部再到西部，区域政府间的竞争意识也呈现梯度递减的状况。

区域政府需要责任理念。区域政府需要通过强化以责任为基础、以保证服务对象的利益为归属来与其他区域政府进行竞争。在责权利中，"责"在前，"利"在后。坚持责任意识首先要有责任主体，任何事务、任何行为、任何后果都要有责任者；其次要有责任评价，用评价体系来评价责任承担结果；最后要有责任监督机制和责任奖惩机制，区域政府真正成为承担责任、承受评价、接受监督和惩罚的主体。

二、制度创新

制度创新是区域政府创新的基础和保障，是区域政府竞争的集中表现。制度创新将思想、理念落实到操作层面上，使思想、理念指导实践成为可能。没有制度创新，其他创新难以有持续存在的基础。对于区域政府而言，如果把制度当作公共物品来提供的话，创新应当包括公共服务制

度、公共安全制度、社会福利制度、住房制度、医疗卫生服务制度、社会就业制度、教育培训制度、收入分配制度、基础设施建设制度、公共环境保护制度等的创新。

但是，当我们主要围绕着区域政府市场竞争的具体制度来讨论创新时，这些制度实际上就是基于前述基本制度层面的具体政策、措施和方法的总和。相对于市场中的微观主体——企业和个人而言，区域政府的宏观创新成本可能要远远低于企业和个人的微观创新成本之和。如果此成本越低收益越多，那么区域制度创新竞争优势就越明显。

三、组织创新

区域政府组织创新是区域政府组织管理的优化，既包括区域政府层面的组织管理优化，也包括区域政府内部机构的组织管理优化。成为一种竞争手段的组织创新，比较的是区域政府的组织管理效率。效率从一开始就是政府运作所要追求的目标，随着时代的发展和科技的进步，新的组织管理形式不断出现，这些新的组织管理形式的出现无疑是为了迎合人们对公共物品和公共服务的多元化的新运作方式的需求。例如扁平化管理，其特点在于区域政府管理层次减少，机构管理幅度适度扩大，将权责下沉。中国实施省直管县的改革就是这种情况。从结构上讲，组织纵向的登记上减少了一个层次，也就是将省—市—县三级行政管理体制转变为省—市（县）二级体制。

以以色列为例。以色列的科技体制属于松散的多头管理型，由科技部、工贸部、国防部、农业部、卫生部、通信部、教育部、环境部、国家基础设施部等十余个部门以及科学与人文科学院等机构共同组成国家的科技决策体系，推动协调全国的科技工作。其实行首席科学家负责制，主要政府部门都设有首席科学家办公室。以色列政府还成立了首席科学家论坛，科技部部长担任论坛主席，商讨科技政策等重大问题，以此避免科技项目的重复投入或遗漏，这种组织上的安排促进了以色列科技竞争力的提升。

四、技术创新

区域政府技术创新竞争主要表现在四个方面：一是对区域政府进行技术性改造，从技术上提升区域政府的行政能力；二是在区域内提供先进技术环境，通过优化技术环境来提高区域的吸引力；三是对区域内技术创新条件要求高、资金流量大、人员多、时间长，其他市场创新主体无力或无法承担的项目，由区域政府来组织进行技术创新；四是区域政府通过加大财政支持，帮助区域内其他市场参与主体（企业、科研院所或个人）进行技术创新。

再以以色列为例，以色列特拉维夫市政府为了帮助孵化器发展，建立了非常详细的各类企业发展情况数据库，包括企业的规模、人数、区位、产品市场、发展阶段、生产规模、主要融资形式、当前的主要问题等。参考这一不断更新的数据库，并运用专业的金融分析工具，分析各类企业的最优融资模式和规模，既减轻了政府的财政负担，也使得资本配置更加有效与合理。虽然大部分融资交由市场，但特拉维夫市政府依然举办各种创业竞赛，选出最优的团队给予支持。政府一旦将资本注入，就将其所有权和使用权彻底交给企业团队。企业如果失败，无须返回资本；如果成功，则需逐年返回资本。可见，各国区域政府建立各种大数据中心、信息中心、协同中心等，是对区域环境进行技术化改造，从而在市场竞争中获得了技术竞争优势。

第三节　区域政府竞争的表现形式

作为两个层面的竞争体系，区域政府竞争与企业竞争既相互独立，又相互联系，区域政府与企业共同构成现代市场经济中的双重竞争主体。首先，企业层面的竞争是市场经济中一切竞争的基础，企业竞争带动了区域政府间的竞争。区域政府竞争主要是在制度、政策、环境、项目等方面优化资源配置，属于企业竞争层面之上的另一种竞争，它反过来又影响、支撑和促进了企业的竞争。其次，企业竞争体系只存在于企业之间，任何区域政府都只能是产业经济或产业资源配置的规划引导者、商品生产的扶持调节者和市场秩序的监督管理者，没有权力对企业微观经济事务进行直接干预。区域政府竞争体系则只存在于区域政府间，区域政府需遵循市场经济规律，在城市资源配置、经济发展、城市建设、社会民生等方面展开项目、政策、措施的竞争。

如前所述，区域政府竞争的目标函数是财政收入决定机制。在国有资产收益和国债收入既定的情况下，区域财政收入规模取决于税收和收费收入水平。在经济发展的一定阶段，区域税收和收费收入规模主要取决于区域的经济发展水平、推动经济发展的政策措施以及区域政府的经济管理效率等。经济发展水平受制于区域经济项目的多少、产业链条的配套程度和进出口贸易量的大小；推动经济发展的政策措施表现为区域政府对城市基础设施投入的大小、科技人才的创新水平以及财政、金融的支撑程度；经济管理效率则体现为区域的政策体系、环境体系和管理体系配套的完善程度。这三大方面九个要素直接或间接地决定了区域财政收入规模的大小和区域竞争力的高低。因此，区域政府竞争主要表现为"三类九要素"竞争（如图5-1所示）。

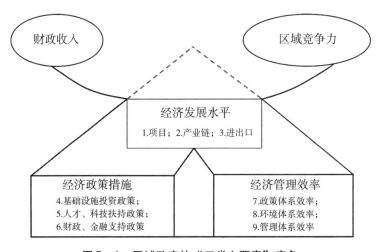

图5-1 区域政府的"三类九要素"竞争

（资料来源：陈云贤著《市场竞争双重主体论：兼谈中观经济学的创立与发展》，北京大学出版社2020年版，第109页。）

中观经济学称之为区域政府的"三类九要素竞争理论"或"羊角竞争理论"（图形似羊角）。左角由区域政府竞争的目标函数——财政收入决定机制构成，右角由区域政府竞争的指标函数——区域竞争力决定机制构成。支撑区域政府竞争目标函数和指标函数的核心影响因素是区域经济发展水平，其包含三个要素——项目、产业链和进出口；关键支持条件是区域经济政策措施和区域经济管理效率，前者包括基础设施投资政策，人才、科技扶持政策和财政、金融支持政策，后者包括政策体系效率、环境体系效率和管理体系效率。我们将"三类九要素竞争理论"具体阐述如下①。

一、经济发展水平

区域经济发展水平包括项目竞争、产业链竞争和进出口竞争。

第一,项目竞争。主要包括以下三类:一是国家重大项目,包括国家重大专项、国家科技支撑计划重大项目、国家重大科技基础设施建设项目、国家财政资助的重大工程项目和产业化项目;二是社会投资项目,比如高技术产业、新兴产业、装备制造业、原材料产业,以及金融、物流等服务业;三是外资引进项目,比如智能制造、云计算与大数据、物联网、智能城市建设等领域的投资项目。区域政府之间展开项目的争夺,一则可以直接引进资金、人才和产业;二则可以凭借项目政策的合法性、公共服务的合理性来有效解决区域内筹资、融资和征地等问题;三则可通过项目落地,引导开发区域土地、建设城市设施、扩大招商引资、带动产业发展、优化资源配置、提升政策能力,最终促进区域社会经济的可持续发展。因此,项目竞争成为各国区域政府的竞争重点、发展导向。提高项目意识、发展意识、效率意识、优势意识、条件意识、政策意识和风险意识,成为各国区域政府竞争市场化的必然要求。

第二,产业链竞争。一般来说,每个区域都有自己的产业基础和特色——多数取决于本区域内的自然资源禀赋。就如何保持和优化区域内的禀赋资源并汇聚区域外的高端资源来说,产业结构优化、产业链有效配置是关键,向产业高端发展、形成产业集聚、引领产业集群是其突破点。区域政府的产业链配套竞争主要从两个方面展开:一是生产要素方面。低端或初级生产要素无法形成稳定持久的竞争力,只有引进并投资高端生产要素,比如工业技术、现代信息技术、网络资源、交通设施、专业人才、研发智库等,才能建立起强大且具有竞争优势的产业。二是产业集群、产业配套方面。区域竞争力理论告诉我们,以辖区内现有产业基础为主导的产业有效配套,能减少企业交易成本,提高企业盈利水平。产业微笑曲线告诉我们,价值最丰厚的地方集中在产业价值链的两端——研发和市场。培

---

① 陈云贤:《市场竞争双重主体论:兼谈中观经济学的创立与发展》,北京大学出版社2020年版,第109~115页。

植优势产业，配套完整产业链条，按照产业结构有的放矢地招商引资，是区域可持续发展的重要路径。

第三，进出口竞争。在开放型的国际经济体系中，世界各国的区域进出口竞争成为影响区域竞争力的一个重要环节。它主要体现在四个层面：一是在加工贸易与一般贸易的发展中，各国区域政府力图减少加工贸易占比，提高一般贸易比重，以增强区域商品和服务贸易的源动力；二是在对外投资上，各国区域政府力图推动企业海外布局，竞争海外项目，以促使本区域的利益布局和市场价值链条延伸至海外；三是在资本输出上，各国区域政府力图推进资本项目兑换，即在国际经常项目投资便利化的情况下，采取各项措施促进货币资本流通、货币自由兑换便利化等；四是在进口方面，尤其是在高科技产品、产业、项目的引进方面，各国区域政府全面采取优惠政策措施，对其予以吸引、扶持，甚至不惜重金辅助其投入、布点和生产。因此，进出口竞争的成效是影响世界各国区域经济增长的重要因素之一。

二、区域经济政策措施

区域经济政策措施包括基础设施竞争，人才、科技竞争，财政、金融竞争。

第一，基础设施竞争，包括城市基础设施的软硬件建设乃至现代化智能城市的开发等一系列竞争。基础设施硬件包括高速公路、铁路、港口航空等交通设施，电力、天然气等能源设施，光缆、网络等信息化平台设施，以及科技园区、工业园区、创业孵化园区、创意产业园区等工程性基础设施；基础设施软件包括教育、科技、医疗卫生、体育、文化、社会福利等社会性基础设施；现代化智能城市的开发包括大数据、云计算、物联网等智能科技平台的建设。一个区域的基础设施体系支撑着该区域社会经济的发展，其主要包括三种类型：超前型、适应型和滞后型。区域基础设施的供给如能适度超前，不仅将增进区域自身的直接利益，而且会增强区域竞争力，创造优质的城市结构、设施规模、空间布局，提供优质服务，从而减少企业在市场竞争中的成本，提高其生产效益，进而促进产业发展。区域基础设施的完善程度将直接影响区域经济发展的现状和未来。

第二，人才、科技竞争。这一领域的竞争最根本的是确立人才资源是第一资源，科学技术是第一生产力的理念；最基础的是完善本土人才培养体系，加大本土人才培养投入和科技创新投入；最关键的是创造条件吸引人才、引进人才、培养人才、应用人才。衡量科技人才竞争力的主要指标包括区域科技人才资源指数、每万人中从事科技活动的人数、每万人中科学家和工程师人数、每万人中普通高校在校学生数、科技活动经营支出总额、科技经费支出占区域生产总值比重、人均科研经费、科技拨款占地方财政支出百分比、人均财政性教育经费支出、地方财政教育支出总额、高校专任教师数等。各国区域政府通过努力改善、提高相关指标来提高本土的人才和科技竞争力。

第三，财政、金融竞争。区域财政竞争包括财政收入竞争和财政支出竞争。如前所述，区域财政收入的增长主要依靠经济增长、税收和收费收入的增加；而财政支出是竞争的关键，其包括社会消费性支出、转移性支出和投资性支出。最主要的财政支出竞争发生在投资性支出领域，包括政府的基础设施投资、科技研发投资、政策性金融投资（支持急需发展的产业）等。财政投资性支出是经济增长的重要驱动力。在财政收支总体规模有限的条件下，各国/各区域政府积极搭建各类投融资平台，最大限度地动员和吸引区域内、国内乃至国际各类金融机构的资金、人才等资源，为本区域产业发展、城市建设、社会民生服务。区域政府在各种优惠政策上也开展竞争，如财政支出的侧重、吸纳资金的金融手段等。

三、区域经济管理效率

区域经济管理效率包括政策体系竞争、环境体系竞争和管理体系竞争。

第一，政策体系竞争。它分为两个层次：一是区域政府对外的政策体系；二是区域政府对内出台的系列政策。国家与国家之间也是一样。由于政策本身是公共物品，具有非排他性和易效仿性的特点，因此有竞争力的好的政策体系一定包含以下特征：一是求实性，即符合实际的，符合经济、社会发展要求的；二是先进性，即有预见性的、超前的、有创新性的；三是操作性，即政策是清晰的、有针对性和可实施的；四是组织性，即有专门机构和人员负责和执行的；五是效果导向性，即有检查、监督、考核、评价机制，包括发挥第三方作用，有效实现政策目标。世界各国区域政策体系的完善程度对区域竞争力的影响也极大。

第二,环境体系竞争。此处的环境主要指生态环境、人文环境、政策环境和社会信用体系环境等。发展投资与保护生态相和谐,吸引投资与政策服务相配套,追逐财富与回报社会相契合,法制监督与社会信用相支撑等等,均是区域政府竞争所必需、必备的发展环境。良好的环境体系建设成为区域政府招商引资、开发项目、促进经济持续发展的成功秘诀,这已被海内外成功区域的经验所证明。

第三,管理体系竞争。区域政府的管理体系是其行政管理活力、速度、质量、效能的总体反映。它包括宏观效率、微观效率、组织效率、个人效率四类。就行政的合规性而言,区域政府在管理体系竞争中应遵循合法性标准、利益标准和质量标准;就行政的效率性而言,区域政府应符合数量标准、时间标准、速度标准和预算标准。区域政府的管理体系竞争本质上是组织制度、主体责任、服务意识、工作技能和技术平台的竞争。发达的区域政府运用"并联式""一体化"的服务模式,已经在实践中开创了管理体系竞争之先河。

结合前文对三类资源的讨论,我们可以从这个角度进一步研究区域政府竞争。区域资源即城市资源,正如第四章所述,有广义与狭义之分。广义的城市资源包括产业资源、民生资源和城市基础设施资源;狭义的城市资源就是指城市基础设施资源,包括城市基础设施软硬件乃至现代化智能城市等。因此,广义的城市经济包括产业经济、民生经济和以基础设施建设为主体的城市经济;狭义的城市经济则专指城市基础设施的投资、开发与建设。由此,区域政府竞争也就有了广义竞争与狭义竞争之别。

按照"三类九要素竞争理论",广义的区域政府竞争包括对城市可经营性资源(产业经济)、非经营性资源(民生经济)和准经营性资源(城市资源)等的竞争。在民生经济领域的竞争主要是区域政府通过制定和落实相关政策,提供非经营性资源即社会公共物品和公共服务,实现社会保障的"基本托底、公平公正、有效提升"。其目标是维护区域社会稳定,创造良好的区域投资发展环境。其在"三类九要素竞争理论"体系中,与第三类即区域经济管理效率竞争相关。产业经济领域的竞争主要通过区域政府制定和落实与可经营性资源即三大产业相关的政策,发挥"规划、引导;扶持、调节;监督、管理"的作用来进行。其目标是维护市场公开、公平、公正,促进产业经济协调发展,提高区域整体生产率。其在"三类九要素竞争理论"体系中,与第一类即区域经济发展水平,以及第二类即区域经济政策措施的人才、科技扶持政策和财政、金融支持政策竞争相关。狭义的城市经济领域的竞争，主要表现在区域政府对城市经济的参与、调配和管理，其竞争力在于既能防范城市资源闲置浪费、城市建设低质无序的问题，又能促进城市建设和社会经济全面、可持续发展。其在"三类九要素竞争理论"体系中，与第一类即区域经济发展水平、第二类即区域经济政策措施的基础设施投资政策，以及第三类即区域经济管理效率相关。

根据"三类九要素竞争理论"，广义的区域政府竞争表现为区域政府通过配套政策，对自身可调配的三种资源的优化配置的竞争，是一个大市场体系的竞争。它具体体现在区域经济发展、经济政策、经济效率等"三类九要素"的竞争上，其实质是区域政府在区域资源调配中，对产业经济采取什么政策以增强企业活力、对民生经济采取什么政策以创造良好环境、对城市经济采取什么政策以推动区域可持续发展的问题。区域政府对三种资源的调配和在"三类九要素"竞争中政策措施的力度，直接决定这一时期内区域的财政收入。因此，广义的区域政府竞争的实质就是区域政府在产业发展、城市建设、社会民生领域的目标函数的竞争，即区域财政收入决定机制的竞争。

根据"三类九要素竞争理论"，狭义的区域政府竞争主要表现为区域政府对城市基础设施投资、开发、建设的竞争，即政府在城市基础设施领域配套政策、优化配置的竞争，在"三类九要素"序列里，主要体现在对区域财政支出结构的优化和发挥财政投资性支出的作用上。区域政府对城市基础设施软硬件乃至现代化智能城市的投资、开发与建设，采取什么方式参与，遵循什么规则运作，配套什么政策推动，其实质都体现在区域政府的财政支出结构中。因此，狭义的区域政府竞争即城市基础设施的竞争，也就是区域财政投资性支出决定机制的竞争。

综上，区域政府竞争具体体现为"三类九要素"竞争，其实质是区域三种资源有效调配的广义竞争（此时，政府行为聚焦在区域财政收入决定机制上），其重点又集中在城市经济竞争上，它以对资源生成领域中的准经营性资源即城市基础设施的投资、开发、建设为主体（此时，政府行为聚焦在区域财政支出结构上，主要是财政投资性支出的占比）。这就是"三类九要素竞争理论"的核心所在。

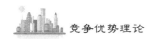

第四节 区域政府竞争力的决定
机制——DRP 模型

本节对中观经济学区域政府竞争力的决定机制,也即区域资源规划/优化配置模型(DRP 模型)进行介绍。[①] 区域政府可通过该模型合理分配区域能调度的资源,优化调整资源结构,从而提高区域资源的利用效率。

一、财政支出盈余与"三类九要素"的决定机制

在特定时间和特定区间内,区域政府在调节其财政支出(FE)的总量时,也可以同时调整其结构,即财政支出在不同方面的分配比例,以获得最大收益。已知区域政府的财政支出主要包括三类:一是消费性支出(CE),主要用于提升区域的环境配套、管理体系配套和政策配套水平,其核心是影响区域政府的经济管理效率;二是投资性支出(IE),主要用于提升区域的基础设施建设水平,如道路、桥梁、电网等,其核心是影响区域政府的经济政策水平;三是转移性支出(TE),主要用于提升区域的人才、科技和财政、金融支撑水平,其核心也是影响区域政府的经济政策水平。因此,区域政府财政支出可由式(5-1)表示:

$$CE + IE + TE = FE \quad (5-1)$$

引入可变系数 φ_i 后,又有如下关系:

$$Y = \varphi_1(Y_1, Y_0) \times CE + \varphi_2(Y_2, Y_0) \times IE + \varphi_3(Y_3, Y_0) \times TE + Const_1 \quad (5-2)$$

依据中观经济学关于准经营性资源的解释,我们用 $\lambda(0 < \lambda < 1)$ 来表示社会上准经营性资源在公共部门当中的配置比例,它受到市场经济发展程度(Y)、财政收支状况(包括财政预算 B 和财政支出 FE)以及居民认知程度(γ)的共同影响,即

$$\lambda = F(Y, B, FE, \gamma) \quad (5-3)$$

为了进一步探讨式(5-3)的可能函数形式,我们先来讨论上述变量

[①] 对 DRP 模型更详细的介绍,可参阅陈云贤《市场竞争双重主体论:兼谈中观经济学的创立与发展》,北京大学出版社 2020 年版,第 61~65、115~124 页。

对 λ 的边际影响。

首先，市场经济发展程度 Y 是一个 $0 \sim 1$ 之间的变量，代表经济发展水平在高度不发达和高度发达之间的状态。市场经济发展程度会影响可支配收入水平，而可支配收入水平又会影响流入准经营性资源领域的资金量。如果经济发展程度较高，则居民可支配收入较高，此时，私人部门将有能力和意愿投资准经营性资源，即 λ 变小，准经营性资源转换为可经营性资源的比例变高。如果原有的 λ 水平较高，则意味着准经营性资源市场上原本的私人资金供给较少，在总需求不变的情况下，市场会给予新入资金更高的收益率，从而加速私人部门的资金流入。因此，参考传统经济学理论，λ 的增长率与 Y 负相关，a 为一正常数，即有

$$\frac{\partial \lambda / \lambda}{\partial Y} = -a \tag{5-4}$$

其次，政府对于准经营性资源的投入会受到政府财政收支状况的影响。如果政府财政预算 B 低于其财政支出 FE，则政府此时资金不足，将推动准经营性资源向可经营性资源转换以减少政府开支；且政府由于财政资金供给不足，愿意使私人部门获得更高的收益率，私人部门资金流入该领域的速度也会加快。在这种情况下，准经营性资源转向私有部门的比例升高，λ 变小。因此，λ 与财政收支状况，即财政支出与财政预算的比值（FE/B）负相关。此外，需要考虑的是，政府财政支出受到原有的 λ 水平影响，如果原有的 λ 较高，即准经营性资源由公共部门出资的比例较高，则意味着政府具有更高的财政支出。因此，λ 与财政收支状况的关系可用式（5-5）表示，其中 b 为一正常数：

$$\frac{\partial \lambda / \lambda}{\partial \frac{FE}{B}} = -b \tag{5-5}$$

最后，私人部门对准经营性资源的投入，不仅受到资金供求的影响，还受到居民认知程度 γ 的影响。值得注意的是，居民认知程度对于其投入资金意愿的影响在不同经济阶段是不同的：如果经济发展阶段落后，即 $Y < Y^*$（Y^* 为经济成熟的临界值，根据各国标准而定），则居民认知程度越高，其越能意识到基础设施投资对于经济发展的带动价值，从而越愿意将资金投入准经营性资源，这时 λ 与 γ 负相关；如果经济发展处于成熟阶段，即 $Y > Y^*$，则居民认知程度越高，其越能意识到过度的基础设施投

资对于环境可持续发展具有负面影响,从而在同样的收益率水平下,其更愿意投资其他资源而非准经营性资源,这时 λ 与 γ 正相关。因此,我们加入 $\ln(Y/Y^*)$ 作为上述讨论的校正系数。另外需要考虑的是,原有的 λ 水平对居民认知程度有较大的影响。如果市场发展落后,此时 λ 越高,越会增强居民投资公共资源的偏好;反之,如果市场发展成熟,则 λ 越高,越会加强居民控制基建规模的愿望而不愿投资于公共资源。

因此,λ 与居民认知程度的关系可用式(5-6)表示,其中 c 为一正常数:

$$\frac{\partial \lambda / \lambda}{\partial \gamma \ln \frac{Y}{Y^*}} = -c \tag{5-6}$$

基于上述分析,我们可以建立一个简单的公式来表达准经营性资源在公共部门当中配置比例的变化率与市场经济发展程度(Y)、财政收支状况(包括财政预算 B 和财政支出 FE)及居民认知程度(γ)的关系。

$$\frac{d\lambda}{\lambda} = -aY - b\frac{FE}{B} - c\gamma \ln \frac{Y}{Y^*} \tag{5-7}$$

式(5-7)表达了准经营性资源向可经营性资源和非经营性资源转换时对于不同变量的依赖性。值得注意的是,极端情况下,即 λ 为 0(准经营性资源完全转换为可经营性资源)时,该资源的运作将与财政收支状况、居民认知程度等变量完全无关,即我们不可能借助财政收支等变量影响可经营性资源的性质。

式(5-7)是关于 λ 的微分方程,求解可得到一个显示解如式(5-8),可以方便我们更加直观地理解它们的相互作用。

$$\lambda = e^{-(aY+b\frac{FE}{B})} \left(\frac{Y}{Y^*}\right)^{-c\gamma} \tag{5-8}$$

式(5-8)给出了准经营性资源在公共部门中的配置比例,它是根据不同时期的经济状况而变化的。现在,我们用 λ 乘子来调整式(5-2),得到式(5-9):

$$Y = \varphi_1(Y_1, Y_0) \times CE + \varphi_2(Y_2, Y_0) \times \frac{IE}{\lambda} + \varphi_3(Y_3, Y_0) \times TE + Const_1 \tag{5-9}$$

政府的财政收入 $FInc$(fiscal income)与税收收入 ωY、基建项目中取

得的收费收入 $\tau CumP(IE)$ 有如下关系：

$$FInc = \tau CumP(IE) + \omega Y + Const_2 \quad (5-10)$$

式中，τ 为收费比例；ω 为税收比例；$\tau CumP(IE)$ 为政府从基建项目中取得的收费收入，且为 IE 的函数；$Const_2$ 为其他收入。

因此，财政盈余 FS 可用下式表达：

$$FS = FInc - FE = \tau CumP(IE) + \omega Y + Const_2 - FE \quad (5-11)$$

在以上公式的基础上，我们可以来讨论"三类九要素竞争理论"的函数表达。

第一，区域产出水平（DEV），可以用区域经济发展水平（Y）来表示：

$$DEV = Y = \varphi_1(Y_1, Y_0) \times CE + \varphi_2(Y_2, Y_0) \times \frac{IE}{\lambda} + \varphi_3(Y_3, Y_0) \times TE + Const_1$$

$$(5-12)$$

第二，区域经济管理效率（EME），主要是指区域政府的政策体系、环境体系和管理体系的配套，由消费性支出在政府财政收入中的比重所决定，于是，我们可以将 EME 定义为

$$EME = \omega \varphi_1(Y_1, Y_0) \times \frac{CE}{FInc} \quad (5-13)$$

第三，区域经济政策水平（POL），主要是指区域的基础设施建设，人才、科技水平，财政、金融支撑水平，由投资性支出和转移性支出在政府财政收入中的比重所决定，于是，我们可以将 POL 定义为

$$POL = \omega \varphi_2(Y_2, Y_0) \times \frac{IE/\lambda}{FInc} + \omega \varphi_3(Y_3, Y_0) \times \frac{TE}{FInc} \quad (5-14)$$

二、综合测度和目标函数

综上所述，在区域的短期发展阶段，区域经济效率主要依赖以下五个指标：总量维度上的财政支出弹性（ELA）和财政盈余（FS），结构维度上的区域经济发展水平（DEV）、区域经济管理效率（EME）和区域经济政策水平（POL）。区域政府主要通过提高年度财政支出水平，优化其结构来提高当年的财政收入，调控变量主要是政府财政支出（FE）和消费性支出（CE）、投资性支出（IE）及转移性支出（TE），它们之间满足式（5-1）的关系。

由此引申出的问题是：如何基于上述五大测度构造综合测度（SYN），即区域经济效率？如何通过调整四大因变量（FE、CE、IE、TE），使这个综合测度（SYN）最大化？

要解决以上问题，关键在于找到适当的权重和函数形式，通过一个总体性指标综合反映不同维度上的信息。我们注意到，区域经济效率测度体现为两个维度——总量维度与结构维度。

总量维度（quantity）的指标考量的是政策的输入端，侧重于政策能否高效且持续地发挥效应；而结构维度（structure）的指标考量的是政策的输出端，侧重于政策能否带来实际的经济改善。由于两者在信息上不交叠，因此其综合测度结论是两者的加权和：

$$SYN = \omega_1 Q(ELA, FS) + \omega_2 G(DEV, EME, POL) \quad (5-15)$$

其中，权重 $\omega_1 + \omega_2 = 1$。在特定的情况下，若需要简化模型假设，我们也可以认为综合测度仅依赖结构维度而不依赖总量维度，此时，$\omega_1 = 0$，$\omega_2 = 1$。值得注意的是，ELA 并不由四大因变量决定，而是由当下的经济环境决定。这意味着，区域政府更多是将其作为一个外生条件来进行相机抉择。为了方便以后的讨论，我们可以提出如下简化假设，并将 ELA 作为配置 ω_1、ω_2 的基准：

$$SYN = \left(\frac{ELA}{ELA + \overline{ELA}}\right) \times FS + \left(\frac{\overline{ELA}}{ELA + \overline{ELA}}\right) G(DEV, EME, POL)$$

$$(5-16)$$

其中，$\overline{ELA}$ 是历史各时间区间内 ELA 的均值。

式（5-16）的含义是，在一个理性的相机抉择原则之下，当财政支出弹性高于历史平均水平时，区域政府应当提高对财政支出效果的侧重；当财政支出弹性低于历史平均水平时，区域政府应当保留财政盈余以维持支出的可持续性并防止经济过热。

如前所述，DEV 是 EME 和 POL 的共同结果，它们实质上也构成了总量与结构的关系。为了进一步直观地讨论，我们假设两者是并行关系，即

$$G(DEV, EME, POL) = DEV \times (\omega_3 EME + \omega_4 POL) \quad (5-17)$$

其中，ω_3 和 ω_4 代表综合测度结论对于经济管理效率和经济政策水平的偏好，且 $\omega_3 + \omega_4 = 1$，它依决策者对于具体领域的偏好而定。

如果假设决策者以财政支出效率为唯一原则，则我们可以利用可变系数 φ_i 来赋予 ω_3 和 ω_4 权重，即

$$\omega_3 = \frac{\varphi_1}{\varphi_1 + \varphi_2 + \varphi_3}, \quad \omega_4 = \frac{\varphi_2 + \varphi_3}{\varphi_1 + \varphi_2 + \varphi_3} \quad (5-18)$$

将其代入式（5-17），可得出：

$$G(DEV, EME, POL) = DEV \times \left(\frac{\varphi_1}{\varphi_1 + \varphi_2 + \varphi_3} EME + \frac{\varphi_2 + \varphi_3}{\varphi_1 + \varphi_2 + \varphi_3} POL\right)$$
(5-19)

综上，我们可以得到综合测度（SYN）的表达式：

$$SYN = \left(\frac{ELA}{ELA + \overline{ELA}}\right) \times FS + \left(\frac{\overline{ELA}}{ELA + \overline{ELA}}\right) DEV \times$$

$$\left(\frac{\varphi_1}{\varphi_1 + \varphi_2 + \varphi_3} EME + \frac{\varphi_2 + \varphi_3}{\varphi_1 + \varphi_2 + \varphi_3} POL\right) \quad (5-20)$$

在满足预算约束的条件下，区域政府通过调整三种财政支出比例，使此综合测度最大化。我们定义 DRP 模型如下：

$$\max_{\{CE, IE, TE\}} \left(\frac{ELA}{ELA + \overline{ELA}}\right) \times FS +$$

$$\left(\frac{\overline{ELA}}{ELA + \overline{ELA}}\right) DEV \times \left(\frac{\varphi_1}{\varphi_1 + \varphi_2 + \varphi_3} EME + \frac{\varphi_2 + \varphi_3}{\varphi_1 + \varphi_2 + \varphi_3} POL\right)$$

$$\text{s. t. } CE + IE + TE = FE$$

$$FS > 0$$

$$\varphi_1 + \varphi_2 + \varphi_3 \neq 0 \quad (5-21)$$

这一 DRP 模型表明，区域政府通过调整三大类财政支出，能够找到使区域最具竞争优势的财政支出结构，从而使处于特定发展阶段的区域经济效率达到最优。

三、政府绩效评估体系

在短期的区域政府竞争中，如上述 DRP 模型所示，区域政府的目标在于实现支出结构的优化以及最优的区域经济效率。而从长期看，政府的绩效并不是简单地以阶段性的经济发展目标为考核标准，它还包括了城市经济建设和发展等多个维度。一个合理的绩效考评体系将有利于综合评估

区域的整体表现，从而发现不同区域在推动产业发展、城市建设、社会民生的过程中存在的不足及优势。

参考"三类九要素竞争理论"的结构和内容，我们可以设定下列指标和权重，构建区域政府绩效评估考核体系（见表5-1）。

表5-1 区域政府绩效评估考核体系

类别	要素	序号	指标	指标的正/负	权重	
经济发展水平	项目	1	国家重大科技项目数	正	7	17
		2	社会投资项目数	正	6	
		3	外资合作项目数	正	4	
	产业链	4	区域资源优势产业健全程度	正	6	13
		5	产业集群发展程度	正	4	
		6	高科技产业引进及发展状况	正	3	
	进出口	7	外资在本地企业投入占比	正	4	12
		8	进出口贸易总额同比增速	正	5	
		9	外资企业投资结构	正	3	
经济政策措施	基础设施投资政策	10	城市智能化程度	正	5	15
		11	公共交通便捷程度	正	3	
		12	基础教育设施完善程度	正	3	
		13	医疗设施发展水平及覆盖度	正	4	
	人才、科技扶持政策	14	高等教育毕业生本地就业率（含高端人才引进数量）	正	5	10
		15	专利指数	正	3	
		16	企业研发经费投入占比	正	2	
	财政、金融支持政策	17	本地上市公司流通市值增速	正	4	9
		18	中小微企业融资补贴优惠程度	正	3	
		19	产业结构完善程度	正	2	

续表 5-1

类别	要素	序号	指标	指标的正/负	权重	
经济管理效率	政策体系效率	20	社会福利保障制度	正	4	8
		21	法制教育普及程度	正	2	
		22	城乡居民居住满意度	正	2	
	环境体系效率	23	居民生活幸福指数	正	4	9
		24	绿色环保指数	正	2	
		25	居民投诉频次	负	3	
	管理体系效率	26	居民公务办事满意度	正	3	7
		27	政府办公繁复程度	负	3	
		28	紧急事态应对的社会评价	正	1	

（资料来源：陈云贤著《市场竞争双重主体论——兼谈中观经济学的创立与发展》，北京大学出版社 2020 年版，第 120 页。）

实际评估时，不一定所有数据都完整并且无异常值，因此我们采用如下方式对数据进行处理。

若当年数据缺失，则以上一年该区域的指标或当年所有区域的指标作为参考。若该区域上一年指标存在，则采用上一年指标作为代替；若该区域上一年指标不存在，则采用当年所有区域相同指标的中位数作为代替。

若指标明显异常，为防止数据对区域绩效考核产生较大的扰动，我们可采用如下方法处理：若指标值小于历史数据的中位数，且在该中位数两倍标准差之外，则以中位数减去两倍标准差代替；若指标值大于该中位数，且在该中位数两倍标准差之外，则以中位数加上两倍标准差代替。

为了更好地使用这一区域政府绩效评估体系，我们可以采用基础评分、质量评分、调整评分对指标进行评价。其中，基础评分总分为 50，质量评分总分为 30，调整评分总分为 20。

由于不同区域所处的经济发展阶段和经济发展水平不同，因此不同区域设定的评估目标标准可以有所区别。这种区别可以用区域的基础得分进行弥补，即通过设置目标完成情况的等级，我们可以得到相应的基础得分 (B_i)。

举个例子，对于某个指标，我们可以设置如下四个等级：一个既定

目标都未完成,获得基础得分20;完成部分既定目标,获得基础得分30;完成所有既定目标,获得基础得分40;超额完成目标,获得基础得分50。

为了衡量质量得分,我们引入正负两个指标,正负指标皆可用来计算相对的质量得分。

正指标:

$$Q_i = \frac{x_i - x_{\min}}{x_{\max} - x_{\min}} \times 30 \quad (5-22)$$

负指标:

$$Q_i = \frac{x_{\max} - x_i}{x_{\max} - x_{\min}} \times 30 \quad (5-23)$$

其中,Q_i 表示第 i 个指标的质量,x_i 表示第 i 个指标值,$x_{\max}$ 表示在所有可对比的区域中该指标值的最大值,$x_{\min}$ 则表示在所有可对比的区域中该指标值的最小值。

由式(5-22)和式(5-23)可知,质量得分衡量的主要是该区域在与其他区域竞争中的比较优势。式(5-22)中,第 i 个指标值超过最小值越多,越接近最大值,则其得分越高。最好的情况是第 i 个指标值等于最大值,它就可得到最高的30分。反之,区域比较优势越差,即第 i 个指标值离最大值越远,则负指标得分越高。最差的情况是第 i 个指标值等于最小值,则负指标得分达到最大的30分。

为了衡量调整得分,我们同样引入正负两个指标。

正指标:

$$L_i = 20 \times I_{\{S_i > S_{\text{med}}\}} \quad (5-24)$$

负指标:

$$L_i = 20 \times I_{\{S_i < S_{\text{med}}\}} \quad (5-25)$$

其中,L_i 表示第 i 个指标的调整得分,S_i 表示第 i 个指标值,S_{med} 表示该区域该指标历史数值的中位数(计算时包含了本期,下同)。在正指标公式中,$I_{\{S_i > S_{\text{med}}\}}$ 为示性函数,当本期表现超越历史指标的中位数时,它取值为1,否则为0;在负指标公式中,$I_{\{S_i < S_{\text{med}}\}}$ 为示性函数,当本期表现低于历史指标的中位数时,它取值为1,否则为0。

由式(5-24)和式(5-25)可知,调整得分衡量的主要是该区域本期与历史表现的相对优势。在正指标体系中,当本期表现超越了历史指

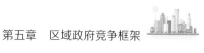

标的中位数表现时,在该指标上,该区域获得的所有调整得分为20;当本期表现低于历史指标的中位数表现时,在该指标上,该区域不获得调整得分,即调整得分为0。负指标与之相反,如果本期表现较差,低于历史表现,则调整得分为20,反之为0。根据具体需要,我们可选择正指标或负指标来计算调整得分。

综上,我们可以得到指标 i 的得分:

$$V_i = B_i + Q_i + L_i \qquad (5-26)$$

因此,要评估某一要素,其得分可以用下式计算:

$$Factor_k = \sum_{i=1}^{n} \left(V_i \times \frac{\omega_i}{\sum_{j=1}^{n} \omega_j} \right) \qquad (5-27)$$

其中,$Factor_k$ 表示第 k 个要素的总得分,此要素包含了 n 个指标;ω_i 表示第 k 个要素中第 i 个指标的权重。

基于要素得分,我们可以最终获得该区域的总绩效评估得分:

$$Score_p = \sum_{k=1}^{l} \left(Factor_k \times \frac{\omega_k}{\sum_{j=1}^{l} \omega_j} \right) \qquad (5-28)$$

其中,$Score_p$ 表示第 p 个区域的总绩效评估得分,此区域内有 l 个要素;ω_k 表示第 p 个区域中第 k 个要素的权重。

这一评估体系与"三类九要素"竞争结构相似,从中可以看到经济发展水平(项目、产业链和进出口)仍然是现阶段区域的主要竞争优势所在,这也是其整体权重相对较高的主要原因。

随着城市建设水平和城市经济水平的逐步提高,居民生活水平提高,虽然此时经济发展水平仍然是区域竞争优势的重要因素,但其他组成部分,如经济政策措施和经济管理效率,将逐渐在城市建设和经济发展中发挥更大的作用。后两者不仅将提高居民的生活满意度,同时也将进一步反哺区域经济发展,产生更加深远的影响。

值得注意的是,在这一绩效评估体系中,根据不同区域所处发展阶段的差异以及区域资源优势、发展侧重点的差异,可以适时调整权重的设置。尤其对研究者而言,其灵活性更强。

对比 DRP 模型我们可以看到:在 DRP 模型中,我们侧重从区域政府阶段性的财政支出结构优化出发去研究区域资源配置;而在区域政府绩效评估考核体系中,我们侧重从区域政府推动产业发展、城市建设、社会民

生的角度去进行研究,并从最原始的指标出发构建要素评估体系,层层递进后,最终集中于对区域经济发展水平、经济政策措施、经济管理效率三方面的评估考核,形成以"三类九要素"竞争为核心的评估体系。

DRP 模型与区域政府绩效评估考核体系两者相辅相成,成为对区域政府竞争和区域经济发展的不同角度的探讨方式,有助于经济学研究者从不同层面和视角认识、理解区域政府竞争理论和区域经济发展理论。

✻ 本章小结 ✻

本章首先从政府竞争目标、政府竞争与企业竞争的区别两个方面阐述了区域政府竞争的特点,指出创新是区域政府竞争的关键,具体包括理念创新、制度创新、组织创新和技术创新。在此基础上,介绍了区域政府竞争的表现形式,也即区域政府的"三类九要素"竞争。最后,对区域政府竞争力的决定机制——DRP 模型进行了阐释。

思考讨论题

1. 区域政府竞争的特点是什么?
2. 区域政府竞争的主要表现形式是什么?
3. 区域政府竞争的关键是什么?
4. 怎样理解区域政府竞争力的决定机制?

第三编

政府职能转变与区域政府竞争

第六章　从全能到有为：中国市场化进程中的政府职能转变

20世纪70年代末，中国开始了波澜壮阔的改革开放历程。与那些采用"大爆炸"式转轨的中东欧国家不同，中国采取了渐进式的改革路径，也即政府对资源配置的权力是循序渐进地让渡给市场的。在这一过程中，政府很大程度上保留了对经济发展的规划、引领和调控等职能。这一改革路径最终向"有效市场"+"有为政府"的模式收敛，成为"如何处理政府与市场关系"这一古老命题的中国答案。本章将对我国政府机构及其职能的确立和改革过程进行全面回顾，这能够帮助我们加深对中国特色社会主义市场经济的理解，并明确其优势所在。西方自由市场经济已经运行了几百年，它较好地适应了西方国家的历史、文化和国情基础，从而将整体的制度效率提升到了它所能达到的一个较高的水准，但这并不意味着西方的模式对所有国家都是一种最优模式。从我国政府职能的演进路径上看，计划经济体制下的"全能政府"在改革开放后逐渐向市场让渡了资源配置权力，在中国共产党的全面领导下，中国特色社会主义市场经济下的"有效市场"+"有为政府"运行机制逐渐清晰。从全球范围看，即使在标榜自由市场经济的欧美各国，政府与市场的关系也变得愈加复杂，政府对市场的干预和引领愈趋明显，因此，在现代市场经济双重主体运行状态下，区域政府对区域竞争力的形成和发展所发挥的作用也更加凸显。

第六章 从全能到有为：中国市场化进程中的政府职能转变

第一节 计划经济下政府经济管理体制的建立和发展

一、计划经济管理体制的确立

新中国成立初期的中央人民政府，是根据《中华人民共和国中央人民政府组织法》组建的，该法于1949年9月27日中国人民政治协商会议第一次全体会议通过。此时的政府系统基本维持了革命战争时期发展起来的政府体制的格局，实行人民代表大会制和民主集中制。1949年10月21日成立政务院，下设35个单位，其中经济工作部门16个，由于有计划的大规模经济建设尚未开始，工业部门只有5个[①]。

1953年开始，我国进入了第一个五年计划的建设阶段（1953—1957年），主要任务是集中主要力量进行以苏联援助的156个大型工业项目为中心的包括694个大中型建设项目组成的工业建设。与此同时，对生产资料私有制的社会主义改造同步推进。在这一大背景下，国内政治、经济形势发生了很大变化，对政府的领导体制和机构设置提出了新的要求。1954年9月召开了第一届全国人民代表大会，制定了我国第一部社会主义宪法，以及《全国人民代表大会组织法》《国务院组织法》《人民法院组织法》《人民检察院组织法》《地方各级人民代表大会和地方各级人民委员会组织法》等法律，这些法律的颁布与实施对我国中央及地方政府机构的建立和运行作出了明确规定，我国初步建立起能够适应计划经济体制的政府经济管理体制，政府机构的基本格局已经比较完善（如图6-1所示）。

20世纪50年代，在苏联高度集中的计划经济管理模式的影响下，我国政府管理的集中统一趋势也更加明显。在"一五"期间，财政支配中的中央部分占比达到75%；中央对工业部门的投资占投资总额的42.5%；统配、部管物资达532种；同时，国家还对主要科技人员的安排进行统筹，以中央各部门为主管理基本项目。另外，中央各部门对口管理各大中

---

① 这五个工业部门是：重工业部、燃料工业部、纺织工业部、食品工业部和轻工业部。

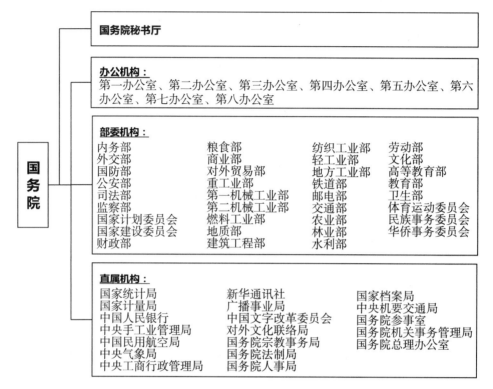

图 6-1 1954 年 12 月国务院组织机构

（资料来源：吴佩纶著《当代中国政府概论》，改革出版社 1993 年版，第 54 页。）

型骨干企业，1953 年中央直属企业数量为 2800 个，并且还在不断增加。[①] 在这种高度集中统一的体制下，政府各经济管理部门的增加就是一个自然的结果。1954 年国务院成立后，为了完成经济社会管理职能，机构规模相较于原政务院进一步扩大，设立部委机构 35 个、直属机构 19 个、办公机构 8 个，国务院还设立秘书厅，由秘书长领导，机构数合计 63 个。

二、计划经济管理体制的意义

新中国成立初期选择社会主义计划经济体制，是与当时的国际国内形势分不开的，有着鲜明的历史必然性："众所周知，国民党政府推行封建

[①] 吴佩纶：《当代中国政府概论》，改革出版社 1993 年版，第 58~59 页。

性买办性的资本主义市场经济并不成功,西方资本主义市场经济爆发的20世纪30年代大危机的危害尚未根除,而苏联等社会主义国家计划经济优势明显超过资本主义市场经济,因而在新中国成立初期'一穷二白'的基础上和西方封锁遏制背景下,我国并不具备建立对西方开放的市场经济基本条件。"①

计划经济体制为新中国成立初期国民经济的迅速恢复和工业体系的建成提供了重要支持,这也使得第一个五年计划能够较好地完成。随着一大批重点工业项目的建成投产,我国工业门类残缺不全的状况得到了根本性扭转。经济发展速度比较快,工业计划平均每年增长14.7%,实际每年增长18%;农业计划平均每年增长4.3%,实际每年增长4.5%。国民经济各种基本比例关系比较协调,如国民收入分配中积累和消费的比例是24.2∶75.8,兼顾生产和生活两个方面。社会经济效益也比较好,例如全民所有制工业企业的年资金利税率"一五"时期平均高达34.7%。在生产发展的基础上,人民生活水平有很大提高,居民消费水平平均每年增长4.2%。②

第二节 计划经济体制下的政府干预:赶超战略及其再评价

一、赶超战略与学界的争议

对于我国为何在20世纪50年代初期实施工业赶超战略,于光远认为,新中国成立初期,工业基础十分薄弱,同时西方国家对社会主义中国实施全面封锁政策;而在另一方面,社会主义苏联工业化道路所取得的重大成就为我国作出了重要的示范并起到了鼓舞作用,苏联也愿意为我国的工业化提供帮助,因此我国在新中国成立初期选择了重工业优先发展战略。③

学界对于我国在这一阶段实施的重工业优先发展的赶超战略所持的态

---

① 王学军、程恩富:《正确认识社会主义计划经济时期的历史价值和现实作用》,载《毛泽东邓小平理论研究》2019第10期,第84页。
② 马凯、曹玉书主编《计划经济体制向社会主义市场经济体制的转轨》,人民出版社2002年版,第81~82页。
③ 于光远主编《中国理论经济学史1949—1989》,河南人民出版社1996年版。

度是存在一定分歧的。1994年,《战略与管理》刊登了两篇文章,其中,林毅夫、蔡昉和李周的《对赶超战略的反思》认为,推行赶超战略步履维艰,所付出的代价是极其高昂的:第一,产业结构背离资源比较优势,压抑了经济增长速度;第二,扭曲的产业结构降低了农业劳动力转移速度,造成城市化水平的低下;第三,结构扭曲使人民生活水平在长达20多年的时间内改善甚微;第四,违背资源比较优势的产业结构导致国民经济结构的内向性进一步提高。文章在比较了全球实施赶超战略国家的经济绩效后得出结论:选择了赶超式的重工业优先发展战略或进口替代战略的国家,无论是社会主义国家还是资本主义国家,经济发展都不理想,都没有实现其赶超的愿望。刘力群的文章《重工倾斜政策的再认识——兼论赶超战略》则提出了相反的观点,他认为,新中国成立初期,我国重工业产品极度短缺,难以满足关联产业的需求,已经成为经济发展的重要制约因素,这才是我国优先发展重工业的根本原因。文章指出:"落后国家若想不被甩掉,就只有走赶超之路,依靠革命或独立所产生的全社会动员,提高积累强度,早日建成作为国民经济动力和装备部的重工业,使本国经济从技术进步和结构现代化中获取最大收益,并摆脱国际垄断资本的控制和盘剥,这是发展中国家为摆脱落后而实行的工业化能否成功的关键。"

姚洋和郑东雅的观点则更为折中,他们认为,金融外部性(pecuniary externalities)是轻、重工业产品数目扩张均具有的一种外部性,但除此之外,重工业产品种类的扩张对于轻工业产品的迂回生产是更加有利的,这成为发展重工业的一种额外的技术外部性。重工业的这种额外的外部性能够提高轻工业的效率,但重工业未能将这种收益内部化,因此重工业的社会最优投资水平是难以通过私人投资实现的,这就使得对重工业进行适当补贴有利于社会总福利提高。[①] 他们设计了一个动态一般均衡模型,以此对两阶段优化问题进行考察:在第一阶段,政府暂时性地通过抑制消费对重工业投资进行补贴,也即在第一阶段实行了重工业优先发展战略;在第二阶段,对重工业的补贴被取消,消费抑制政策也得以解除,政府政策回归到平衡发展战略。该模型的优化目标是使得居民效用水平的贴现和最大化。为了对我国重工业优先战略的实际效果进行实证考察,该战略的实施

[①] 姚洋、郑东雅:《重工业与经济发展:计划经济时代再考察》,载《经济研究》2008年第4期,第26~40页。

区间被定为1954—1979年，共计25年。根据他们的计算，在这段时间，我国对重工业的平均补贴率超过37%。如果与平衡战略（即不对重工业进行任何补贴的战略）进行对比，那么赶超战略下资本存量比平衡战略高出64.7%。但其负面影响是，赶超战略的实施使得消费被长期抑制，到1991年，居民效用水平贴现和远低于平衡战略水平，仅为其76.1%。那么，赶超战略是否就是错误的呢？模型计算结果表明，一个最优的赶超战略是存在的，即对重工业的补贴时间应是11.62年，且平均补贴率应为31%，之后赶超战略退出，重回平衡发展战略。这种战略对消费的抑制是暂时的，而较为全面的工业基础可由此得以建成，之后，通过及时的政策转型即可使居民能够充分享有工业化的成果。在这种战略下，到1991年，居民效用水平贴现和高出平衡战略水平的1.85%，可见这种赶超战略的实施是有利的。基于这一研究结果，他们认为，重工业优先发展战略不是不能实施，而是被过度实施了，如果对重工业的补贴能够更为适度，且持续的时间更短，则会有利于经济福利的整体提高。

二、立足时代背景客观评价赶超战略

可见，学界对赶超战略所持的观点可谓见仁见智。笔者认为，当前学界对赶超战略的评价大都立足于改革开放后的经济环境，而没有基于赶超战略实施时的时代背景，这导致评价的指标、方法及结论无法客观对接当时经济运行状态下的实际需求。新中国成立初期，我国还是一个非常贫穷落后的农业国，拥有大量的廉价劳动力，在劳动密集型产业上拥有比较优势，因此应该重点发展轻工业，并在国际市场上出口轻工业产品、进口重工业产品。但是，实施这一发展战略的关键前提是需要一个运转良好的国际商品市场。然而，新中国成立后，全球正处于冷战时期，国际形势异常紧张。以美国为首的西方国家对新中国采取敌视态度，拒不承认新中国；1950年抗美援朝战争打响后，又对中国实施经济封锁和贸易禁运，使中国与西方国家的贸易从1950年的占比40%骤降为1952年的3.9%。毛泽东在分析了新中国面临的国际形势和国内任务后，明确指出："我们必须尽可能地首先同社会主义国家和人民民主国家做生意，同时也要与资本主义国家做生意。"① 由此，"一边倒"的对外贸易政策在我国开始贯彻实

---

① 石广生主编《中国对外经济贸易改革和发展史》，人民出版社2013年版，第64页。

施,苏联和东欧社会主义国家也成了我国对外贸易的主要伙伴(如表6-1和图6-2所示)。

表6-1 中国对外贸易伙伴分布统计(1950—1978年)

单位:%

年份	亚、非、拉发展中国家	西方资本主义国家	中国香港、澳门地区	苏联、东欧国家
1950	13.3	40.3	14.4	31.9
1951	9.5	6.6	31.9	52.0
1952	9.7	3.9	15.7	70.7
1953	7.9	11.8	12.2	58.0
1954	10.1	9.2	9.0	71.7
1955	10.4	11.6	6.0	71.9
1956	14.5	14.9	6.2	63.7
1957	14.7	17.5	6.5	61.3
1958	15.3	20.7	6.2	57.8
1959	14.8	16.2	4.8	64.2
1960	17.6	17.4	5.6	59.4
1961	28.2	26.5	6.9	38.4
1962	30.0	27.8	8.9	33.3
1963	29.6	34.2	10.6	25.6
1964	33.2	37.6	12.1	17.1
1965	33.4	41.0	11.3	14.3
1966	28.8	45.8	12.9	12.4
1967	27.1	52.3	12.3	8.4
1968	25.2	52.4	13.4	9.0
1969	25.9	51.8	14.6	7.6
1970	22.7	55.2	13.5	8.5
1971	27.1	47.5	13.9	11.5
1972	27.0	46.7	14.5	11.8
1973	24.6	51.2	15.6	8.5
1974	24.4	56.2	11.8	7.7

续表6-1

年份	亚、非、拉发展中国家	西方资本主义国家	中国香港、澳门地区	苏联、东欧国家
1975	22.6	56.5	11.9	9.0
1976	21.8	53.3	13.7	10.9
1977	22.1	52.2	14.5	11.1
1978	19.8	56.1	13.3	10.7

（数据来源：对外贸易部业务统计，根据沈觉人主编《当代中国对外贸易》，当代中国出版社1992年版，附录三整理。转引自石广生主编《中国对外经济贸易改革和发展史》，人民出版社2013年版，第64～65页。）

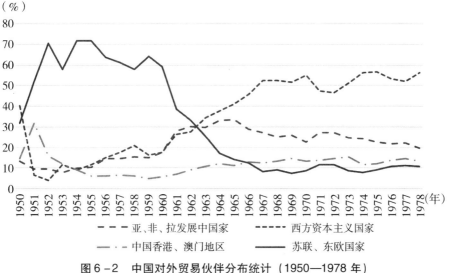

图6-2 中国对外贸易伙伴分布统计（1950—1978年）

（数据来源：对外贸易部业务统计，根据沈觉人主编《当代中国对外贸易》，当代中国出版社1992年版，附录三整理。转引自石广生主编《中国对外经济贸易改革和发展史》，人民出版社2013年版，第64～65页。）

20世纪50年代，中苏贸易是我国对外贸易的主要渠道，苏联是我国最大的贸易伙伴国，我国政府每年与苏联政府正式签订交换货物和付款协定。① 1952年，我国对外贸易部正式成立，中苏贸易逐年上升。1959年，两国

---

① 胡凤英：《浅谈中苏贸易的发展》，载《今日苏联东欧》1986年第3期，第34、35～36页。

贸易总额达到20亿美元，占我国当年对外贸易总额的近一半（见表6-2）。

表6-2 1950—1960年中苏贸易额

年份	进出口总额/万美元	出口总额/万美元	进口总额/万美元	占中国进出口总额比重/%
1950	33844	15325	18519	29.8
1951	80860	31129	49731	41.4
1952	106421	41204	65217	54.8
1953	125823	48061	77762	53.1
1954	129124	58663	70461	53.1
1955	178985	67021	111964	56.9
1956	152377	76168	76209	47.5
1957	136470	74697	61773	44.0
1958	153857	89887	63970	39.8
1959	209700	111794	97906	47.9
1960	166394	81878	84516	43.7

（数据来源：孟宪章主编《中苏贸易史资料》，中国对外经济贸易出版社1991年版，第580页。）

同一时期，我国进入大规模经济建设高潮，迫切需要从苏联进口成套设备和工业产品。苏联援建的156个项目涵盖冶金工业、机器制造工业、石油工业、煤炭工业、交通运输业等所需的大型工业设备，为我国工业基础的锚定发挥了积极作用。我国长春汽车厂、武汉钢铁厂等大型工业企业就是在苏联提供出口设备的条件下建成的，我国则以出口苏联人民所需要的轻纺工业品、日用消费品、食品等偿还进口设备的费用，这对满足苏联人民的生活需要也做出了重大贡献。在中苏两国贸易中，苏联向中国出口的主要商品是钢材、木材、有色金属、化肥、水泥、飞机、汽车和各种机械产品等，中国向苏联出口的主要商品是轻纺工业品，如猪肉、玉米、花生、大豆、茶叶、棉花、热水瓶等。有些商品从中国运到苏联远东地区比苏联从西部运到远东地区更方便，运输路线更短，因此苏联能节约大量运输费用。[1]

---

[1] 征人：《中苏贸易的回顾与展望》，载《国际贸易》1985年第8期，第39～40页。

第六章 从全能到有为：中国市场化进程中的政府职能转变

中苏之间的贸易结构确实符合比较优势理论的观点，但贸易额却是很低的。图6-3和图6-4分别展示了我国1952—2008年间进出口贸易额

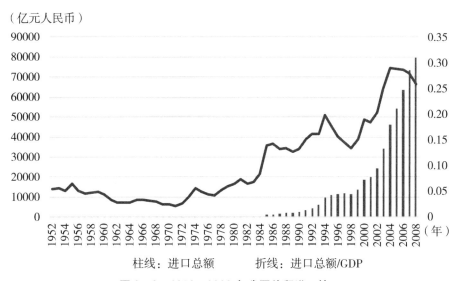

柱线：进口总额　　折线：进口总额/GDP

图6-3　1952—2008年我国外贸进口情况

（数据来源：根据《新中国60年统计资料汇编》数据整理。）

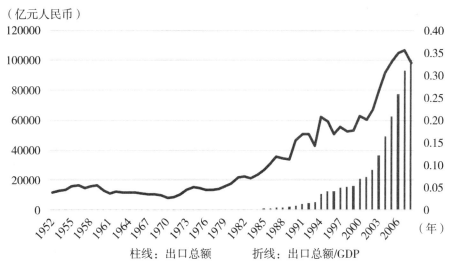

柱线：出口总额　　折线：出口总额/GDP

图6-4　1952—2008年我国外贸出口情况

（数据来源：根据《新中国60年统计资料汇编》数据整理。）

及其占GDP比重的情况:从进口方面看,在改革开放前,我国进口规模小,1973年才首次超过100亿元人民币;进口总额占GDP比重低,到1985年才首次超过10%。与进口情况类似,改革开放前我国出口额长期在50亿元人民币左右徘徊,1973年首次超过100亿元人民币,出口额占GDP比重在1986年首次超过10%。直到改革开放后的20世纪80年代,随着国际经济环境逐渐宽松,我国外贸额开始迅速增长,占GDP比重也进入了上升通道。

另外,中苏贸易中也存在着贸易不公平的情况,这主要体现在苏联的大国沙文主义和民族利己主义对中苏贸易的负面影响。如在苏联与新疆的初期贸易中,由于新疆出口商品的检验权一直由苏联掌握,因此苏联时常随意压低商品的品质等级,从而恶意降低我国商品出口价格。另外,对于我国聘请苏联专家,苏联也提出了较为苛刻的条件,这些条件往往带有不平等性质,且不符合中苏友好原则。① 因此从整体上看,在计划经济时代,比较优势理论所要求的自由贸易的国际市场对于我国而言是不存在的。因此,我国实施赶超战略的主要原因还是为了满足国家经济建设对重工业产品的需求,寄望于通过国际市场兑现我国比较优势的观点在当时的现实条件下是无法成立的。

三、赶超战略为何"失败"

学界普遍认为赶超战略"失败"的主要原因是国际贸易的兴起使得原本无法融入全球市场的经济体得以进入全球分工体系,此时,原本依靠赶超战略发展起来的重工业并不具备与国际同行竞争的优势,因此在进口商品的冲击下丧失了"自生能力"。

仍以我国为例,20世纪50年代,由于受到主要资本主义国家的封锁禁运,我国主要的贸易对象是苏联和中东欧国家。然而,这种国际贸易的规模是非常有限的,相对于我国庞大的经济和人口规模来讲,依靠比较优势发展劳动密集型产业,进而通过国际贸易实现收入水平提升的路径是被封死的。因此,在这种历史条件下,我国必须也只能发展自己的重化工业,这不仅是国民经济建设所需要的,更是保障国家安全所需要的。在当时,我国技术引进只能面向苏联和东欧国家。这期间,我国引进包括汽

---

① 裴长虹主编,王万山副主编《共和国对外贸易60年》,人民出版社2009年版。

车、电力、冶金机械、电信、化工、煤炭等行业所需的成套设备和技术以及一些军事工业项目,建立如长春第一汽车制造厂、沈阳第一机床厂、阜新电站、洛阳拖拉机厂等,为我国建立独立完整的工业体系、发展国民经济奠定了良好的基础。但是,20世纪50年代末以后,中苏关系交恶,苏方撤走专家,一些工程被迫中断,我国技术引进工作遭遇很大挫折。在20世纪60年代以后,我国技术引进的重点开始逐步转向日本和西欧等发达国家。主要引进了石油、化工、冶金、矿山、电子和精密机械等项目的成套设备,并开始引进生产制造技术,加强了我国某些工业的薄弱环节,填补了当时一些技术空白,积累了从发达国家引进技术的经验。

但是,一个明显的事实是,这一时期我国技术引进的供方市场近似于一种卖方垄断状态,我国作为买方的议价能力是非常有限的。因此,对于引进的技术和设备是否处于国际领先水平是不具备控制能力的。另外,在我国计划经济体制下,这些技术和设备引进后如何利用完全由政府计划设定,并没有一个竞争型市场,因此技术和设备就不具有进一步升级改造的动力。在这种条件下,一旦国门开放,我国以这种已经十分落后的生产能力去参与国际竞争,自然是要失败的。

因此,赶超战略失败的根本原因不是该战略违背了本国比较优势,而是实施该战略的国家从一个没有国际市场的经济运行环境中迅速进入到具有国际市场的环境,导致旧的产业体系无法在新环境的激烈竞争中生存下来。

四、赶超战略怎样能够成功

那么,赶超战略是否能够取得成功呢?或者说,赶超战略成功的条件是什么呢?这实际上是在问,如果一国产业发展战略违背了比较优势原则,还会取得成功吗?

尽管这方面的案例并不多见,但日本和韩国在"二战"后的发展历程已经为此提供了答案。日本和韩国的经济发展战略并不排斥发展本国不具有比较优势的产业,资本和技术密集型产业同样得到了政府的支持,从这一点上说是具有赶超战略的特点的。那么,为什么日本和韩国的赶超战略会取得成功呢?

首先,日本和韩国的政府干预主要依靠经济手段而非行政手段,这保证了足够的市场竞争强度以激励企业发展。其次,日本和韩国"二

战"后的发展得到了美国等西方发达国家的极大支持,能够在这些国家取得所需的资本和技术,因此,尽管一些产业并不符合它们本国的比较优势,但所需的生产要素却并未受到足够紧的约束。再次,日本和韩国拥有较大的本地市场,与美国和欧洲距离远且运输成本高,因此它们能够发展出拥有足够竞争优势的资本和技术密集型产业。最后,日本和韩国在经济发展初期就已经融入西方市场体系,其发展起来的资本和技术密集型产业从一开始就面对全球市场的竞争,这为这些产业提供了技术升级的动力,并最终在这些产业形成了国际领先的创新能力。因此,一国实施的赶超战略是否能够成功,并不在于其重点发展的产业是否符合本国的比较优势,而在于这一产业是否具有足够的竞争优势以应对国际市场的挑战,这种竞争优势的来源正如前文所言,一方面源自"有效市场",另一方面则取决于"有为政府"。日、韩等国家和地区的发展经验充分说明,现代市场经济存在双重主体,区域政府的竞争力在区域整体竞争力构成中的权重不断提升。

第三节 计划经济体制下政府经济管理职能的确立与调整

一、计划经济体制下政府经济管理职能的确立

1954年国务院成立后,我国学习20世纪50年代的苏联模式,经济管理体制高度集中,具体表现为:企业经营管理直接听从政府指令安排,原材料的购进渠道、价格,生产数量、周期,产品的销售渠道、对象、价格等生产任务流程全部由政府对口管理部门层层下达;企业生产中所需的资金、物资也全部由政府部门负责调拨和分配;企业销售产品所获取的收入和利润全部汇总上缴给主管政府部门。因此,在这种体制下,企业完全不具备自主权,仅以一个车间的形式存在,它不追求市场和利润,只关注是否完成了上级政府部门下达的生产任务。而政府,则成为一个全国性的企业集团,以市场经济的标准去衡量,这样的政府就是一个"全能政府"。

从管理方式上看,中长期计划工作由国家计划委员会负责进行,而年

第六章　从全能到有为：中国市场化进程中的政府职能转变

度计划工作则由1956年成立的国家经济委员会负责进行。① 中央政府负责国民经济管理的各部门，以及相关的地方政府部门和众多的基层企事业单位，共同构成了计划经济体制下庞大的经济管理组织系统；统一计划和分级管理以及直接计划与间接计划相结合是计划经济管理模式的基本原则；在具体实施过程中，计划经济管理体系首先是要自上而下地发布计划控制指标，下级部门据此编制各部门的计划草案并上报，上级部门再对此计划草案进行审批并下达最终的计划任务。我国通过这种计划经济管理流程，实现经济运行的综合平衡。

按照组织层级划分，国家计划经济管理体系分为部门计划系统（统称"条条"）和地方计划系统（统称"块块"）。部门和地方计划系统对全国企、事业单位等基层单位的计划工作进行管理和指导，这些基层单位的经济活动由此被纳入全国统一的计划范畴。对于不同性质的企业，计划的属性是不同的：一是直接计划，即对企业下达的计划指标是指令性的，企业生产所需的各项原材料、物资均由主管部门按计划进行供应，产品的分配也由相应政府部门负责（主要是商业和物资部门），此类计划的实施对象主要是国有企业和高级形式的公私合营企业。二是估算性计划或间接计划，即计划指标的下达不是以指令形式实现的，而是对企业下达订货和收购计划，并通过价格、税收、信贷等政策促使企业完成计划，此类计划的实施对象主要是私人资本主义企业和个体经济。1956年以前，农业和手工业还具有一定的经营自由。社会主义改造以后，越来越多的企业被纳入直接计划的范畴，到1957年，高度集中统一的计划经济管理体制在我国得到了基本确立。计划经济体制不仅仅是在产品生产领域，与之相匹配，在全国经济活动的各个方面都实施了计划管理体制，包括财政、金融、投资、物价、物资、劳动和分配等各方各面，对这些领域的管理也是高度集中统一的计划管理体制。

从数据上看，1953年中央各政府部门直接管理的企业数量为2800个，到1957年已经猛增到超过9300个；与此同时，纳入国家计划管理的工业产品也由115种增加到290种；原本220多种由国家统一分配的物资也随之增加到530多种。国家财政收入占国民总收入的比重上升，到1957年达到约34%，其中，由中央支配的部分占比为75%左右；国

---

① 也有观点认为，国家计划委员会更多是负责做计划，国家经济委员会则更倾向于执行。

有企业经营利润只保留少量的奖励和福利基金,其余全部上交到主管政府部门。[①] 全国绝大部分的基本建设项目是由国务院各主管部门直接管理,其投资和建设全部由各主管部门决策,企业不掌握投资决策权,即使企业生产过程所需的技术改造、新产品试制和新购置小额固定资产等非重大决策,也要按要求进行申报、审核和批准,再由财政部门进行拨款。

然而,随着生产的扩大和计划经济体制强调部门的"条条"管理,造成部门林立,分工过细,机构臃肿庞大。特别是经济管理部门,基本上按产品设置管理机构,这种经济管理方式使政府机构形成了随生产复杂程度的深化而不断扩张的内在趋势。因此,在计划经济体制下,形成了政府机构扩张—精简—再扩张—再精简的改革循环。

二、计划经济体制下政府经济管理职能的调整

1954年,国务院共有办公机构8个、部委机构35个、直属机构19个,此外,国务院设立办公厅,共63个机构(如图6-1所示)。1955年和1956年,国务院机构数量不断增加,到1956年底,已发展到81个机构,成为新中国成立以来政府机构数量的第一个高峰。随即,1957年,国务院组织机构开始第一次大规模精简,到1959年12月,国务院工作机构由81个减为60个,其中包括部委机构39个、直属机构14个、办公机构6个和秘书厅1个。1963—1965年,根据当时的工作需要,国务院又陆续增设机构,到1965年底,国务院设置工作机构79个,其中包括部委机构49个、直属机构22个、办公机构7个和秘书厅1个。1970年,在"文化大革命"的影响下,国务院机构实行大精简,精简后的机构数为32个。这一时期的精简是在极不寻常的情况下进行的,给我国的政府工作带来了极大的损害。随着经济工作中"左"倾错误的逐渐纠正,1971年开始,国务院一些机构得以陆续恢复,到1973年底,国务院下辖机构增加到45个。1975年,随着周恩来总理"四个现代化"建设的提出,经济领域出现很大的调整;在政府机构方面,恢复和增设了一些机构,到1975年底,国务院各类机构共计52个,其中部委机构29个、直属机构19个、办公

---

① 马凯、曹玉书主编《计划经济体制向社会主义市场经济体制的转轨》,人民出版社2002年版,第75页。

机构 4 个。1978 年党的十一届三中全会以后，广大干部以极大的热情要把国民经济搞上去，纷纷要求恢复在"文化大革命"中被撤并的机构，加强自己所主管的那部分工作，或增设新的机构。这使得 1977—1981 年的五年中，有 48 个工作机构被国务院先后恢复或增设，其中有近一半属于恢复。到 1981 年底，国务院共有 100 个机构，其中部委机构 52 个、直属机构 43 个、办公机构 5 个，成为新中国成立以来机构数量的最高峰（如图 6-5 所示）。

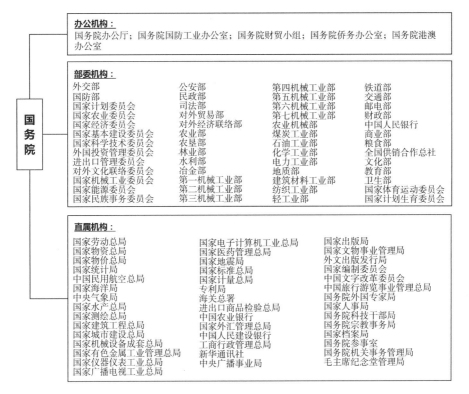

图 6-5　1981 年 12 月国务院组织机构

（资料来源：吴佩纶著《当代中国政府概论》，改革出版社 1993 年版，第 84 页。）

三、"全能政府"的低效率与渐进式改革的开始

随着经济社会发展的复杂程度不断提高,计划经济付与政府的职能同其所具有的能力之间的矛盾越来越显化,这集中体现为政府计划的制订和执行越来越困难,无法有效提高国民收入水平。

实际上,经济学界对计划经济的探讨早在二十世纪二三十年代就已经开始了。那时,苏联已逐步形成高度集中的计划体制并取得了巨大的经济发展成就。面对这种成就,奥地利学派的重要领袖路德维希·冯·米瑟斯(Ludwig von Mises)却认为,社会主义社会是不可能完成这种极为复杂的计划计算的,在社会主义计划经济体制下,资源的合理分配问题无法得到有效解决,这就使生产和投资决策的经济效率难以得到科学、精准的确定,因此资源的合理配置也就无法实现。① 此观点遭到了意大利数理经济学家巴罗内(Enrico Barone)的反驳,他以瓦尔拉斯(Léon Walras)的一般均衡论为基础提出了自己的观点:生产资料公有制并不是阻碍有效的一般均衡结果实现的因素,通过解经济体系运行的联立方程,中央计划部门是能够精准计算出科学的计划价格的,这一计划价格与竞争性市场的均衡价格是同等功能的。② 在此之后,反对社会主义计划经济的学者开始从现实世界入手,去批判计划经济运行的实际可能性。哈耶克(Friedrich August von Hayek)和罗宾斯(Lionel Robbins)指出,政府要实现完美的计划,需要有收集和处理庞大信息的能力,这在实际中是办不到的。实际上,许多前提假设条件是暗含于计划经济有效实施中的,但是,这些暗含的条件并未引起计划部门的关注,导致现实中的不可实现性带来计划经济的低效率。这些假设包括:信息是无成本的,计划部门从地区、行业、企业、消费者等各种经济主体所取得的信息都是完全的、无代价的;计划制订、下达、实施和反馈等全流程都是平滑而无成本的;计划的制订者、下达者、执行者、反馈者等计划管理流程中的各方具有一致的利益目标,从而排除道德风险和逆向选择所带来的机会主义矛盾;计划部门具有完全理性,不仅拥有全面的知识和丰富的经验,也能够对计划执行情况进行精确

---

① [奥]路德维希·冯·米瑟斯:《社会主义:经济与社会学的分析》,王建民、冯克利、崔树义译,中国社会科学出版社 2008 年版,第 85~87 页。
② [美]卡尔·兰道尔:《欧洲社会主义思想与运动史(下卷)》,刘山等译,商务印书馆 1994 年版,第 612 页。

第六章 从全能到有为：中国市场化进程中的政府职能转变

计算和预测，且犯错误的可能性趋近于零。

当然，哈耶克、米塞斯等人的观点也存在谬误之处，但计划经济在运行中所面临的困难却是非常现实的。瞿商估算了1957—1978年计划经济体制时期中国工、农业分部门的投入产出效益和国民经济的投入产出效益，其研究结果表明，计划体制下国民经济及工、农业分部门的绩效都很低，原因在于计划体制时期存在资源配置和资源利用两个方面的效率损失。① 因此，20世纪70年代末开始的改革开放是中国经济发展和历史发展的必然要求，也是中国共产党继续领导中国人民进行经济建设和发展的唯一选择。

然而，我们应以历史唯物主义的视角看待中国计划经济的历史，在明确计划经济体制弊端的同时，也不能否定在特定历史时期计划经济所取得的成就。另外，我们也应看到，计划经济体制下政府对经济社会发展所承担的责任也在市场化改革中承袭下来，这为"有为政府"建设提供了重要的制度基础。习近平总书记明确指出："我们党领导人民进行社会主义建设，有改革开放前和改革开放后两个历史时期，这是两个相互联系又有重大区别的时期，但本质上都是我们党领导人民进行社会主义建设的实践探索。中国特色社会主义是在改革开放历史新时期开创的，但也是在新中国已经建立起社会主义基本制度并进行了20多年建设的基础上开创的。虽然这两个历史时期在进行社会主义建设的思想指导、方针政策、实际工作上有很大差别，但两者绝不是彼此割裂的，更不是根本对立的。不能用改革开放后的历史时期否定改革开放前的历史时期，也不能用改革开放前的历史时期否定改革开放后的历史时期。"②

---

① 瞿商：《我国计划经济体制的绩效（1957—1978）——基于投入产出效益比较的分析》，载《中国经济史研究》2008年第1期，第121～128页。
② 习近平：《在发展中国特色社会主义实践中不断发现、创造、前进》，载《人民日报》2013年1月6日，第1版。

竞争优势理论

第四节　市场经济导向的政府经济管理体制改革

一、改革开放后的八次政府机构改革概览

1976年10月，江青反革命集团被中央政治局一举粉碎，"文化大革命"得以终结。随后，真理大讨论在全国范围掀起了思想解放的高潮。1978年12月，党的十一届三中全会召开，全党工作重心转移到社会主义现代化建设上，马克思主义的思想路线、政治路线和组织路线得以重新确立，"文革"的"极左"错误得以全面反思和纠正。1979年4月，党中央召开工作会议，确定了对国民经济实行"调整、改革、整顿、提高"的方针，提出了经济管理体制和行政管理体制改革的原则和方向。经济体制改革首先在农村逐步展开，并在城市开始试点。

从1977年开始，对管理体制初步进行了调整。首先加强了铁路、邮电、民航等部门的集中统一领导。1978年开始陆续上收了一批"文化大革命"中下放的企业，中央直属企业1978年增加到1260个，1981年增加到2680个。① 同时，上收了部分财政、税收、物资管理权。到1981年底，国务院各机构数量增加到100个，其中部委机构52个、直属机构43个、办公机构5个，达到新中国成立以来机构数量的最高峰。

然而，随着改革开放的大幕拉开，原有计划经济体制下的政府机构组织模式自然无法适应商品经济的发展和资源配置中市场角色的不断提升，因此需要进行必要的改革以配合经济体制向市场经济转轨。1982—2018年，我国共进行了8次重要的政府机构改革，表6-3所示国务院组织机构中的53个经济管理部门，到2018年机构改革之后得以完整保留的只有财政部和中国人民银行，其余均被裁撤或降格，可见改革力度之大、决心之强。

---

① 吴佩纶：《当代中国政府概论》，改革出版社1993年版，第82页。

表6-3 国务院组织机构中的经济管理部门（1981年12月）

序号	机构名称	性质	序号	机构名称	性质
1	国务院财贸小组	办公机构	28	电力工业部	部委机构
2	国家计划委员会	部委机构	29	建筑材料工业部	部委机构
3	国家农业委员会	部委机构	30	纺织工业部	部委机构
4	国家经济委员会	部委机构	31	轻工业部	部委机构
5	国家基本建设委员会	部委机构	32	铁道部	部委机构
6	外国投资管理委员会	部委机构	33	交通部	部委机构
7	进出口管理委员会	部委机构	34	邮电部	部委机构
8	国家机械工业委员会	部委机构	35	财政部	部委机构
9	国家能源委员会	部委机构	36	中国人民银行	部委机构
10	对外贸易部	部委机构	37	商业部	部委机构
11	对外经济联络部	部委机构	38	粮食部	部委机构
12	农业部	部委机构	39	全国供销合作总社	部委机构
13	农垦部	部委机构	40	国家劳动总局	直属机构
14	林业部	部委机构	41	国家物资总局	直属机构
15	水利部	部委机构	42	国家物价总局	直属机构
16	冶金部	部委机构	43	中国民用航空总局	直属机构
17	第一机械工业部	部委机构	44	国家水产总局	直属机构
18	第二机械工业部	部委机构	45	国家建筑工程总局	直属机构
19	第三机械工业部	部委机构	46	国家城市建设总局	直属机构
20	第四机械工业部	部委机构	47	国家机械设备成套总局	直属机构
21	第五机械工业部	部委机构	48	国家有色金属工业管理总局	直属机构
22	第六机械工业部	部委机构	49	国家仪器仪表工业总局	直属机构
23	第七机械工业部	部委机构	50	国家广播电视工业总局	直属机构
24	农业机械部	部委机构	51	国家电子计算机工业总局	直属机构
25	煤炭工业部	部委机构	52	国家外汇管理总局	直属机构
26	石油工业部	部委机构	53	工商行政管理总局	直属机构
27	化学工业部	部委机构			—

下面对历次重要改革进行简要介绍,以使读者更好地理解我国政府从"全能"走向"有为"的过程。

(一) 1982 年政府机构改革

党的十一届三中全会以来,到 1982 年,国民经济的调整取得很大成绩,安定局面形成,改革的任务就提到面前来了。首先就是针对政府机构臃肿、领导班子老化、人浮于事的状况开展机构改革。此次改革主要取得了三点成绩:第一,领导干部职务的终身制被废除;第二,各级机构领导班子得到有效精简;第三,干部队伍年轻化建设取得切实成效。改革之后,根据撤销重叠机构、合并相近机构的原则,共撤并 27 个机构,另有 16 个机构改为部委所属局,不再作为国务院直属机构,5 个机构改为经济实体,增设了经济体制改革委员会,另将毛主席纪念堂管理局移交中共中央办公厅领导。经过改革,国务院所辖机构 61 个,其中部委机构 43 个、直属机构 15 个、办事机构 2 个、办公厅 1 个;人员编制从原来的 5.1 万人减为 3 万人。国务院各部委机构领导岗位配备一正二副或一正四副,部委级领导班子成员的平均年龄由原来的 64 岁下降到 60 岁,局级干部年龄下降幅度更大,平均年龄由 58 岁下降到 50 岁。[1]

本次改革的成绩应该予以充分肯定,不仅在领导班子的年轻化、革命化、知识化方面成绩巨大,在机构设置上,精简的幅度也是大的,基本格局是经得起时间考验的,为以后的机构改革打下了良好的基础。但由于还没有在转变政府职能上下功夫,没有触动旧体制,没有从根本上消除机构膨胀的原因,改革以后又再度出现了膨胀的趋势。以国务院所辖机构而论,1983—1985 年的三年中,增加机构 36 个;1986 年又增设 6 个机构另减少 1 个机构(即合并机械工业部和兵器工业部,设立国家机械工业委员会);到 1987 年底,国务院设置工作机构 72 个。[2]

(二) 1988 年政府机构改革

1988 年政府机构改革的历史性贡献是,首次正式提出了"转变政府

---

[1] 刘进等:《改革开放以来党领导机构改革的历史回顾》,载《中国机构改革与管理》2021 年第 4 期,第 9~12 页。

[2] 吴佩纶:《当代中国政府概论》,改革出版社 1993 年版,第 90 页。

第六章 从全能到有为：中国市场化进程中的政府职能转变

职能是机构改革的关键"，从此，政府职能如何转变、转变的方向、转变的办法等就成为我国政府机构改革的核心议题之一。这次改革的背景是推动政治体制改革、深化经济体制改革，但由于一些非预期的复杂政治经济事件的发生，导致这次改革的实践效果未能达到预期，地方政府机构改革也被迫暂缓进行。

尽管如此，国务院对工业经济管理部门的改革仍取得了进展，主要是通过调整和裁撤一些不再必要的部门，减少政府对经济的过渡干预，增强企业的自主权。如撤销国家计委和国家经委，组建新的国家计委。撤销煤炭工业部、石油工业部、核工业部，组建能源部。撤销国家机械工业委员会和电子工业部，成立机械电子工业部。撤销劳动人事部，建立国家人事部。撤销国家物资部，组建物资部。撤销城乡建设环境保护部，组建建设部。撤销航空工业部、航天工业部，组建航空航天工业部。撤销水利电力部，组建水利部，原水利电力部的电力部分划归能源部。撤销隶属于原国家经委的国家计量局和国家标准局以及原国家经委质量局，设立国家技术监督局。新华通讯社改为国务院直属事业单位。改革后国务院的部委机构41个、直属机构19个、办事机构7个，加上办公厅，共68个机构。1991年增加1个办事机构，即国务院生产办公室（该办公室于1992年6月撤销，在此基础上成立国务院经济贸易办公室），共69个机构。

改革开放后的这两次政府机构改革，是在对市场和政府关系的认识不断取得突破，市场的地位和作用不断提升的过程中进行的。1979年6月，五届全国人大二次会议审议通过的《政府工作报告》指出，中国应当逐步建立计划调节和市场调节相结合的体制，以计划调节为主，同时充分重视市场调节的作用。这就不再片面强调行政指令性计划和绝对排斥市场作用，成为改革开放初期我国经济体制改革的指导思想。1981年11月，全国人大五届四次会议决议把"计划经济为主、市场调节为辅"作为经济体制改革的目标模式。1984年10月，党的十二届三中全会强调社会主义经济是"在公有制基础上的有计划的商品经济"，特别强调"商品经济的充分发展，是社会经济发展不可逾越的阶段，是实现我国经济现代化的条件"，这是在党的正式文件中第一次明确社会主义经济是商品经济，第一次突破了把计划经济同商品经济对立起来的老框框，是对政府和市场关系认识的一次重大飞跃。1987年10月，党的十三大报告强调"必须以公有制为主体，大力发展有计划的商品经济"，"社会主义有计划商品经济的体制，应该是计划与市场内在统一的体制"。这就对社会主义有计划的商品经济体制作了进一步阐释，特别是提出"国家调节市场、市场引导企业"的新经济运行机制，突破了以往计划和市场各分一块的框架，市场的作用较之以前有所强化。这反映了中国共产党在理论与实践结合上对政府和市场关系的不同程度、不同角度的重新认识，突破了把市场调节与政府调节对立起来的传统观念，也突破了把计划经济同商品经济、市场经济对立起来的传统观念，是对马克思主义政治经济学的新发展，为从计划经济体制向社会主义市场经济体制转变提供了理论支撑，也为深化经济体制改革提供了根本遵循。[①]

（三）1993年政府机构改革

1992年10月召开的党的十四大明确提出，"经济体制改革的目标，是在坚持公有制和按劳分配为主体、其他经济成分和分配方式为补充的基础上，建立和完善社会主义市场经济体制"，这是中国共产党首次将建立社会主义市场经济体制明确地设定为我国经济体制改革的目标。

1993年进行的政府机构改革贯彻这一改革目标，"适应建设社会主义市场经济体制的需要"被设定为此次改革的目的。但此次改革的实际效果也是差强人意的，改革目标并未能够很好地实现。市场化改革的方向应该是让企业等市场主体拥有生产、经营、投资等各项决策的自主权，政府对此不应予以直接干预，因此，政府机构改革也应以此为目的，即减少直接管理企业经营的政府机构。但1993年的改革却并未采取大动作，尤其是工业专业经济部门，合并、撤销的少，保留、增加的多。因此，这次改革的内容似乎与其改革目的南辕北辙。

（四）1998年政府机构改革

党的十五大报告提出"使市场在国家宏观调控下对资源配置起基础性作用"，这使得市场的作用被进一步提升。在此之后进行的1998年国务院政府机构改革也成了改革力度最大、涉及范围最广的一次政府机构改革。此次改革以推进社会主义市场经济发展为目的，以尽快结束政府部门对企

---

① 张新宁：《有效市场和有为政府有机结合——破解"市场失灵"的中国方案》，载《上海经济研究》2021年第1期，第5～14页。

业的直接管理体制为目标,目的与目标可谓高度契合。

经过此次改革,国务院组成机构减少了11个,由40个下降到29个。其中包括国防部、外交部、卫生部、文化部、司法部、监察部、公安部、民政部、国家安全部、国家计划生育委员会、国家民族事务委员会、审计署12个国家政务部门;财政部、国家发展计划委员会、国家经济贸易委员会(简称"经贸委")和中国人民银行4个国家宏观调控部门;交通部、铁道部、对外贸易经济合作部、信息产业部、建设部、农业部、水利部和国防科学技术工业委员会(简称"国防科工委")8个经济管理部门;教育部、人事部、科学技术部、国土资源部、劳动和社会保障部5个公共管理部门。

这次改革历史性地转变了政府职能,使我国政府组织机构朝着适应市场经济体制的方向迅速前行,几乎所有工业专业经济部门都在这次改革中被裁撤,其中包括煤炭工业部、电力工业部、林业部、电子工业部、冶金工业部、地质矿产部、机械工业部、化学工业部、中国纺织总会和中国轻工业总会10个机构。国内贸易部、邮电部、劳动部、广播电影电视部、国家体育运动委员会、国防科学技术工业委员会、国家经济体制改革委员会等机构也被撤销。同时新组建了4个部委机构,分别是信息产业部、国防科学技术工业委员会、国土资源部、劳动和社会保障部。有3个部委机构被更名:科学技术委员会更名为科学技术部;国家计划委员会更名为国家发展计划委员会;国家教育委员会更名为教育部。国防部、外交部、民族事务委员会、国家经济贸易委员会、国家安全部、公安部、财政部、司法部、监察部、人事部、民政部、建设部、交通部、铁道部、农业部、水利部、文化部、对外贸易经济合作部、卫生部、国家计划生育委员会、审计署和中国人民银行22部、委、行、署得到保留。

(五)2003年政府机构改革

2002年,党的十六大召开,提出"在更大程度上发挥市场在资源配置中的基础性作用",并要求"加强和完善宏观调控",尽管市场对资源配置的"基础性"作用并未改变,但却强调要在"更大程度上发挥"这种作用,表明我国市场化改革的取向更加明确,态度更加坚决。同时,"加强和完善宏观调控"也对政府职能的科学有效履行提出了更高要求。

2003年的政府机构改革在党的十六大之后进行,同时,这次改革也是在我国加入世界贸易组织（World Trade Organization，WTO）后进行的，因此这次改革不仅是对我国经济社会发展自身要求的反映，也是为更好地适应WTO规则而进行的。这次机构改革的目的是"进一步转变政府职能，改进管理方式，推进电子政务，提高行政效率，降低行政成本"；改革的目标是"逐步形成行为规范、运转协调、公正透明、廉洁高效的行政管理体制"；改革的重点是"深化国有资产管理体制改革，完善宏观调控体系，健全金融监管体制，继续推进流通体制改革，加强食品安全和安全生产监管体制改革"①。

这次改革对当时经济社会中出现的问题进行了针对性的解决，政府职能的转变步伐更加稳健，这是此次改革的历史进步意义所在。在2003年的改革中，一些市场经济体制下所需的相关部门被建立起来，如国务院国有资产监督管理委员会的建立为国有企业进行现代企业制度改革奠定了产权基础；中国银行业监督管理委员会的建立完善了政府金融监管体系，加强了政府对金融市场的监管；商务部的组建则使流通体制改革得以大力推进。这些机构都是为了更好地适应我国市场化改革而建立的，在实践中也发挥了重要的积极作用。

（六）2008年政府机构改革

2007年召开了中国共产党第十七次全国代表大会，党的十七大报告提出"从制度上更好发挥市场在资源配置中的基础性作用"，并要求"完善宏观调控体系"。党的十七大之后进行了2008年政府机构改革，此次改革中，有15个机构进行了调整变动，使正部级机构数量减少了4个。

从2008年国务院机构改革开始，改革的关注重点落到"大部制"改革后的整合问题，主要是要克服部门间的简单合并导致的貌合神离。同时，此次机构改革更加注重民生的保障和改善，体现了服务型政府建设的要求。为了适应新形势和新任务的要求，此次改革以类似相关管理的方式推进，原来"九龙治水"式的职能交叉问题得到有效解决，政府的国家治理能力得到进一步提升。随着2008年政府机构改革的完成，政府职能范围更加清晰，我国的独具特色的行政管理体制愈加成熟和规范。

---

① 何颖：《中国政府机构改革30年回顾与反思》，载《中国行政管理》2008年第12期，第21页。

第六章 从全能到有为：中国市场化进程中的政府职能转变

2008年政府机构改革的主要内容包括[①]：①进一步合理配置宏观调控部门的职能。其中，国家发展和改革委员会（简称"发展改革委"）对微观事务的管理职能以及对相关项目的审批职能被大幅削减，其主要职能转变到抓好宏观调控上。财政部对预算和税收管理体制进行了改革和完善，对中央和地方政府的财权与其所具有的事权进行了更好的匹配，对公共财政体系作了进一步完善。中国人民银行对货币政策体系进行了改革与完善，在与金融监管部门加强协调的基础上，增强了维护国家金融安全的能力。②进一步加强能源管理部门职能。设立国家能源委员会，其职能是高层次议事协调。新组建国家能源局，并将国家发展改革委所属能源管理职责及下辖相关机构、国家能源领导小组办公室的职能、国防科学技术工业委员会的核电管理职能一并划入了国家能源局。国家能源局由国家发展改革委管理，同时，国家能源局承担国家能源委员会办公室的工作。国家能源领导小组不再保留。③新组建工业和信息化部。随着信息技术革命的突飞猛进，需要一个专门的部门负责相关事务。工业和信息化部合并了国家发展改革委的工业管理职能、国防科工委核电管理以外的职能、信息产业部和国务院信息化工作办公室的职能。同时，在工业和信息化部下组建了国家国防科技工业局，国防科工委、信息产业部和国务院信息化工作办公室不再保留。④组建新的交通运输部。将原交通部和中国民用航空总局的职能进行了合并，划入新组建的交通运输部，同时，将建设部指导城市客运的职能也划入交通运输部。在交通运输部下组建了国家民用航空局，交通运输部负责管理国家邮政局，交通部和中国民用航空总局不再保留。⑤组建人力资源和社会保障部。撤销人事部、劳动和社会保障部，两机构职能整体划入新组建的人力资源和社会保障部，在人力资源和社会保障部下组建国家公务员局。⑥撤销国家环境保护总局，组建环境保护部。⑦撤销建设部，组建住房和城乡建设部。⑧国家食品药品监督管理总局的管理改由卫生部负责。

经过此次改革，国务院机构再次得到精简，正部级机构减少4个，不含国务院办公厅，国务院下设政府机构共计27个。

---

① 据《2008年国务院机构改革方案》整理。

（七）2013 年政府机构改革

党的十八大提出要"更大程度更广范围发挥市场在资源配置中的基础性作用"，并要求"加强宏观调控目标和政策手段机制化建设"。由此可以看出，从党的十四大一直到党的十八大，市场配置资源的程度由发挥"基础性作用"到"更大程度上"发挥"基础性作用"再到"更大程度更广范围"发挥"基础性作用"，政府配置资源的程度由"加强和完善宏观调控"到"完善宏观调控体系"再到"加强宏观调控目标和政策手段机制化建设"，实质上都是在同步调整市场配置资源和政府配置资源的广度和深度，不断明确市场调节和政府调节的边界，其鲜明特征是以政府调节为主体、以市场调节为基础，而不是单纯强调市场调节或单纯强调政府调节。①

党的十八大后，2013 年的机构改革以简政放权和职能转变的"放管服"为着力点，通过政府改革与治理的顶层设计、政府自身的改革增强政府治理能力，是全方位、多层次的改革，且广度、深度和力度为前几次所未有，以政府为主体的治理体系在党的领导下不断优化。② 2013 年机构改革对各方面有利条件进行了充分利用，在一些重点领域上坚决地推进了机构调整，解决了一些社会高度关注的长期存在的问题。同时，此次改革保持了国务院机构的总体稳定，在面对愈加复杂的经济社会发展形势以及国内外多种风险挑战时更富经验。

2013 年政府机构改革围绕转变政府职能和理顺职责关系进行，其改革重点是稳步推进大部制改革，主要改革内容有③：①实行铁路政企分开。组建中国铁路总公司，将铁道部的企业职责划归中国铁路总公司，实施公司化运营。不再保留铁道部，交通运输部负责接管铁道部拟定铁路发展规划和政策的职能，铁道部其他行政职能由新组建的国家铁路局负责，该局由交通运输部管理。②组建国家卫生和计划生育委员会。撤销卫生部、国

---

① 张新宁：《有效市场和有为政府有机结合——破解"市场失灵"的中国方案》，载《上海经济研究》2021 年第 1 期，第 5～14 页。
② 文宏、林仁镇：《中国特色现代化治理体系构建的实践探索——基于新中国 70 年机构改革的考察》，载《社会科学战线》2020 年第 4 期，第 190～198 页。
③ 新华社：《新一轮国务院机构改革将启动，组成部门减至 25 个》，见中国政府网，http：//www.gov.cn/2013lh/content_2350688.htm。

第六章 从全能到有为：中国市场化进程中的政府职能转变

家人口和计划生育委员会，国家人口和计划生育委员会的相关人口发展战略和政策制定职责由国家发展改革委接管。国家卫生和计划生育委员会负责管理国家中医药管理局。③组建国家食品药品监督管理总局，国家食品药品监督管理局、国务院食品安全委员会办公室不再保留。④组建国家新闻出版广播电影电视总局，撤销国家广播电影电视总局和国家新闻出版总署。⑤重新组建国家海洋局。国家海洋局负责开展海上维权执法行动，该项行动由公安部负责业务指导并以中国海警局的名义进行。⑥重新组建国家能源局。撤销国家电力监管委员会，其职能并入原国家能源局，组建新的国家能源局，新国家能源局由国家发展改革委负责管理。

这次改革后，国务院组织机构减少到 25 个，机构进一步得到精简，职能得到优化。

（八）2018 年政府机构改革

以党的十八届三中全会通过的《中共中央关于全面深化改革若干重大问题的决定》为标志，我国经济体制改革进入全面深化改革的新阶段。党的十八届三中全会指出："经济体制改革是全面深化改革的重点，核心问题是处理好政府和市场的关系，使市场在资源配置中起决定性作用和更好发挥政府作用。"市场对资源配置的作用从党的十四大时的"基础性作用"提升到"决定性作用"，与此同时，强调要更好地发挥政府作用。这是对我国政府与市场关系的顶层设计，指出了我国经济增长由政府和市场双轮驱动的特征事实。

随之而来的 2018 年政府机构改革，以坚决贯彻市场在资源配置中的决定性作用为导向，以进一步转变政府职能、更好地发挥政府作用为着力点，通过对现代化经济体系的建设、对政府经济职能的完善，有效推动经济高质量发展。在重点领域对政府机构职能进行进一步优化，使得政府治理体系更加法制化、科学化，政府服务能力和人民满意度得到提升。

此次国务院机构改革的具体内容有①：①组建自然资源部；②组建生态环境部；③组建农业农村部；④组建文化和旅游部；⑤组建国家卫生健康委员会；⑥组建退役军人事务部；⑦组建应急管理部；⑧重新组建科学

---

① 新华社：《国务院机构改革方案》，见中国政府网，http：//www.gov.cn/xinwen/2018-03/17/content_5275116.htm。

技术部;⑨重新组建司法部;⑩优化水利部职责;⑪优化审计署职责;⑫监察部并入新组建的国家监察委员会。可见,此次机构改革几乎不涉及经济管理部门的调整,实际上,在2013年机构改革中完成了对铁道部的政企分开后,我国政府机构已经基本完成了对实体经济指令性干预的全方位撤出,计划经济时代的"全能政府"已经全面蜕变为市场经济条件下的"有为政府"。当然,政府机构的改革在未来还会继续,但可以预期的是,未来的改革将更加关注各政府部门间职能的协调以及对新时代下出现的新的发展问题如何进行有效处理,这些改革都将在"有效市场"+"有为政府"的框架下推进和实施。

此次改革以后,国务院组成机构数量增加1个,总数合计26个。图6-6给出了1949—2018年间国务院政府机构数量的变化情况。可以看出,在改革开放前,机构数量呈现扩张—缩减—再扩张—再缩减的循环趋势,总体呈增加态势。改革开放后,经过几次重大机构改革,机构数量迅速减少,1998年后达到一个相对稳定的态势。

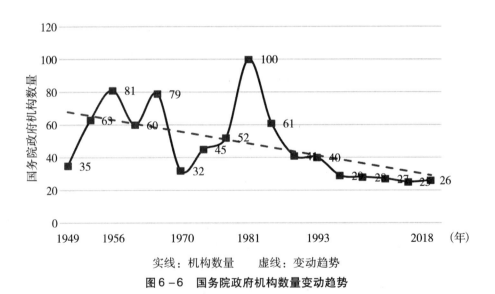

实线:机构数量 虚线:变动趋势

图6-6 国务院政府机构数量变动趋势

二、综合经济管理部门的改革历程

下面,我们对计划经济时代国务院下设综合经济管理部门的改革变迁进行说明。从表6-3可知,1981年时,国务院组织机构中的经济管理部门共计53个，其中属于综合管理部门的有24个，其改革路径如下：

（1）1982年，国务院财贸小组、国家机械工业委员会、国家能源委、国家农业委员会等多个经济主管部门的职能一并划入国家经济委员会，同时，这些经济管理部门不再保留。

（2）在1988年改革时，国家计划委员会与国家经济委员会合并，组成新的国家计划委员会，1994年国家物价总局并入国家计划委员会。国家计划委员会一直存在到2008年，这一年，它与1982年成立的国家经济体制改革委员会合并，统一划入新成立的国家发展和改革委员会，国家计划委员会和国家经济体制改革委员会不再保留。

（3）国家建筑工程总局、国家基本建设委员会和国家城市建设总局于1982年合并成立城乡建设环境保护部，1988年改组为建设部，2008年改组为住房和城乡建设部。

（4）1982年，对外经济贸易部组建，接管对外贸易部、对外经济联络部和外国投资委员会的职能，此3个机构不再保留。2003年，对外经济贸易部与1993年成立的国家经贸委合并组建为商务部。

（5）全国供销合作总社、粮食部和商业部于1982年合并组建了新的商业部，国家物资总局于1988年改组为物资部。商业部与物资部于1993年合并组建为国内贸易部，又于1998年改组为国内贸易局，由国家经贸委归口管理，后依据《国务院办公厅关于印发国家经贸委管理的国家局机构改革和国家经贸委机关内设机构调整方案的通知》（国办发〔2000〕81号）撤销，有关行政职能并入国家经贸委。

（6）国家劳动总局于1982年改组为劳动人事部，1988年改组为人事部，2008年改组为人力资源和社会保障部。

（7）工商行政管理总局于2018年改组为市场监督管理总局。

（8）交通部于2008年改组为交通运输部。

（9）1979年3月，国家外汇管理总局并入中国人民银行，由此成为中国人民银行负责进行管理的国家局。

可以看出，经过一系列改革，原24个综合经济管理部门大部分被裁撤、合并和重组，相应的计划经济时代的经济管理职能也大部分被取消，其他管理职能并入相关部委机构，得以完整保留的仅有中国人民银行和财政部。

三、专业经济管理部门的改革历程

在1981年国务院下设的53个经济管理机构中,属于专业管理部门的有29个,这些专业管理部门的改革路径如下(见表6-4):

(1) 1982年,国家机械工业委员会、第一机械工业部、农业机械部、国家仪器仪表工业总局和国家机械设备成套总局5个机构进行了合并,成立了新的机械工业部,原机构不再保留。

(2) 1982年,第四机械工业部、国家广播电视工业总局和国家电子计算工业总局3个机构合并,成立了电子工业部,原机构不再保留。

(3) 1988年,机械工业部与电子工业部合并,成立了机械电子工业部。1993年,机械电子工业部分拆为机械工业部和电子工业部。

(4) 1998年,机械工业部重组为国家机械工业局,由国家经贸委归口管理,后依据国办发〔2000〕81号撤销,有关行政职能并入国家经贸委。

(5) 1998年,电子工业部与邮电部合并组建信息产业部,2008年,信息产业部重组为工业和信息化部。

(6) 农业部、农垦部和国家水产总局于1982年合并为农牧渔业部,1988年重组为农业部,2018年重组为农业农村部。

(7) 林业部于1998年改组为国家林业局,2018年改组为国家林业和草原局。

(8) 1982年,水利部和电力工业部合并,组建了水利电力部。1988年,水利电力部被拆分,重新组建了水利部,其电力职能与煤炭工业部进行了合并,划入了新成立能源部,同时在能源部下成立了中国统配煤矿总公司。1993年,能源部被拆分,重新组建了电力工业部和煤炭工业部,中国统配煤矿总公司撤销。

(9) 1998年,电力工业部改组为国家电力公司,并在2002年拆分重组为11家电力公司;1998年,煤炭工业部改组为煤炭工业局,由国家经贸委归口管理,全国94个国家重点煤矿被下放到地方政府,后依据国办发〔2000〕81号撤销,有关行政职能并入国家经贸委。

(10) 冶金部于1982年改称冶金工业部,1998年重组为国家冶金工业局,由国家经贸委归口管理,后依据国办发〔2000〕81号撤销,有关行政职能并入国家经贸委。

(11) 第二机械工业部于1982年改称为核工业部,1988年改组为中国核工业总公司,1999年分拆为中国核工业集团有限公司和中国核工业建设集团有限公司,2018年合并为中国核工业集团有限公司。

(12) 1982年,第三机械工业部和第七机械工业部分别改称为航空工业部和航天工业部。1988年,航空工业部和航天工业部合并组建航空航天工业部。1993年,航空航天工业部被分拆,组建了航空工业总公司、航天工业总公司和国家航天局。

(13) 1999年,航空工业总公司被再次分拆,组建了中国航空工业第一集团公司和中国航空工业第二集团公司;航天工业总公司也被分拆,组建了中国航天科技集团有限公司和中国航天机电集团公司,中国航天机电集团公司于2001年7月更名为中国航天科工集团公司,2017年11月又更名为中国航天科工集团有限公司。2008年,中国航空工业第一集团公司和中国航空工业第二集团公司合并成立中国航空工业集团公司。

(14) 第五机械工业部于1982年改称兵器工业部,1988年改组为中国北方工业(集团)总公司,1990年1月更名为中国兵器工业总公司,1999年分拆为中国兵器装备集团公司和中国兵器工业集团公司。

(15) 第六机械工业部于1982年改组为中国船舶工业总公司,1999年分拆为中国船舶工业集团公司和中国船舶重工集团公司,2019年合并为中国船舶集团有限公司。

(16) 石油工业部于1988年改组为中国石油天然气总公司,1998年7月27日改组为中国石油天然气集团公司。

(17) 化学工业部于1998年改组为国家石油和化学工业局,由国家经贸委归口管理,后依据国办发〔2000〕81号撤销,有关行政职能并入国家经贸委。

(18) 建筑材料工业部于1982年并入国家经济委员会。

(19) 纺织工业部于1993年改组为中国纺织总会,1998年改组为国家纺织工业局,由国家经贸委归口管理,后依据国办发〔2000〕81号撤销,有关行政职能并入国家经贸委。

(20) 轻工业部于1993年改组为中国轻工总会,1998年改组为国家轻工业局,由国家经贸委归口管理,后依据国办发〔2000〕81号撤销,有关行政职能并入国家经贸委。

(21) 铁道部于2018年改组为中国铁路总公司。

(22) 中国民用航空总局于 2008 年改组为中国民用航空局，由交通运输部归口管理。

(23) 国家有色金属工业管理总局于 1982 年改建为中国有色金属工业总公司。

从以上改革过程可以看出，这些计划经济时代的专业经济管理部门管理着众多国有企业，在改革开放后，国有企业改革的总体思路是"抓大放小"，一大批中小国有企业被下放到地方，相应的管理机构进行了改组。而大型国有企业，尤其是资源和能源类，则进行了现代化公司制改革。像第一、第三、第五、第六和第七机械工业部等本就管理一个行业的国务院机构，则改组为大型国有企业，直接参与市场竞争。在表 6-4 最左列，我们列出了 1981 年国务院存在的具有经济管理职能的 47 个机构[1]，到 2018 年，这些机构大多被裁撤或改制，改革后具有经济管理职能的机构为：国家发展和改革委员会、商务部、国有资产监督管理委员会、市场监督管理总局、人力资源和社会保障部、工业和信息化部、交通运输部、农业农村部、国家林业和草原局、住房和城乡建设部等十大部、委、局。通过 40 多年的改革，我国资源配置的决定力量已经从政府让渡到市场，但与此同时，政府也保留了发挥作用的空间和能力，这为"有为政府"在经济发展中发挥积极作用提供了必要的基础。

---

[1] 经过多方查阅，在 1981 年的 53 个经济管理机构中，笔者找到了 47 个部门改革过程的相关资料。

第六章 从全能到有为: 中国市场化进程中的政府职能转变

表 6－4 国务院下辖产业管理部门改革历程

1981年12月	1982改革	1988改革	1993年改革	1998年改革	2003年改革	2008年改革	2013年改革	2018年改革
国家计划委员会		国家计划委员会	国家计划委员会	国家计划委员会（1994年，国家物价局并入国家计划委员会）	国家发展和改革委员会	国家发展和改革委员会下设能源局，组织制定煤炭、石油、天然气、电力、新能源和可再生能源等能源，以及炼油、煤制燃料和燃料乙醇的产业政策及相关标准（2008年生能源委员会）		
国家经济委员会								
国家物价总局								
—	国家经济体制改革委员会							
进出口管理委员会	对外经济贸易部							
对外贸易部								
对外经济联络部								
外国投资管理委员会								
—			国家经济贸易委员会		商务部			
工商行政管理总局								市场监督管理总局
国家劳动总局		劳动人事部	人事部				人力资源和社会保障部	
国家物资总局		物资部	国内贸易部	国内贸易局，由国家经贸委归口管理	国有资产监督管理委员会			
全国供销合作总社	商业部							
粮食部								
商业部								
第一机械工业部	机械工业部	机械电子工业部	机械工业部	国家机械工业局，由国家经贸委归口管理，后依据国办发〔2000〕81号撤销，有关行政职能并入国家经贸委		工业和信息化部	有关行政职能并入国家经贸委	
农业机械工业部								
国家仪器仪表工业总局	电子工业部		电子工业部	信息产业部				
国家机械设备成套总局								
第四机械工业部								
国家广播电视工业总局								
国家电子计算机工业总局								
邮电部								
交通部							交通运输部	

续表 6-4

1981年12月	1982改革	1988改革	1993年改革	1998年改革	2003年改革	2008年改革	2013年改革	2018年改革
农业部	农牧渔业部	农业部						农业农村部
农垦部								
国家水产总局								
林业部				国家林业局				国家林业和草原局
铁道部							中国铁路总公司	
中国民用航空总局						中国民用航空局，由交通运输部归口管理		
石油工业部	1983年7月，中国石油化工总公司	1988年6月，中国石油天然气总公司		1998年7月27日，中国石油天然气集团公司成立				
—	1982年1月30日，成立中国海洋石油总公司。依据国务院颁布《中华人民共和国对外合作开采海洋石油资源条例》成立			1998年7月27日，中国石油化工集团公司成立				
第二机械工业部	改称核工业部	中国核工业总公司		1999年7月1日，中国核工业集团公司	2003年，中国核工业建设集团有限公司			2018年1月31日，中国核工业集团有限公司
第五机械工业部	改称兵器工业部	中国北方工业（集团）总公司，1990年1月更名为中国兵器工业总公司		1999年7月1日，中国兵器装备集团公司 / 1999年7月1日，中国兵器工业集团公司				
第六机械工业部	中国船舶工业总公司			1999年7月1日，中国船舶工业集团公司 / 1999年7月1日，中国船舶重工集团公司				2019年，中国船舶集团有限公司
第三机械工业部	改称航空工业部		航空工业总公司	1999年7月1日，中国航空工业第一集团公司 / 1999年7月1日，中国航空工业第二集团公司		2008年，中国航空工业集团公司		
第七机械工业部	改称航天工业部	航天航空工业部	航天工业总公司	1999年7月1日，成立中国航天机电集团公司。2001年7月更名为中国航天科技集团公司。2017年11月更名为中国航天科技集团有限公司。				
			国家航天局					

第六章 从全能到有为：中国市场化进程中的政府职能转变

续表 6-4

1981年12月	1982改革	1988改革	1993年改革	1998年改革	2003年改革	2008年改革	2013年改革	2018年改革
国家建筑工程总局								
国家基本建设委员会	城乡建设环境保护部	建设部				住房和城乡建设部		
国家城市建设总局								
水利部	水利电力部	水利部						
电力工业部		成立能源部，同时组建中国统配煤矿总公司	电力工业部	国家电力公司	2002年12月29日，国家电力公司拆分重组成11家公司①		有关行政职能并入国家经贸委
煤炭工业部			煤炭工业部	国家煤炭工业局，由国家经贸委归口管理，有关行政职能并入国家经贸委	后依据国办发[2000]81号撤销		后依据国办发[2000]81号撤销，全国94个国家重点煤矿下放到地方政府，后依据国办发[2000]81号撤销	有关行政职能并入国家经贸委
纺织工业部			中国纺织总会	国家纺织工业局，由国家经贸委归口管理，后依据国办发[2000]81号撤销				有关行政职能并入国家经贸委
轻工业部			中国轻工总会	国家轻工业局，由国家经贸委归口管理，后依据国办发[2000]81号撤销				有关行政职能并入国家经贸委
化学工业部				国家石油和化学工业局，由国家经贸委归口管理，后依据国办发[2000]81号撤销				有关行政职能并入国家经贸委
冶金部	冶金工业部			国家冶金工业局，由国家经贸委归口管理，后依据国办发[2000]81号撤销				有关行政职能并入国家经贸委
建筑材料工业部	并入国家经济委员会			国家建筑材料工业局，由国家经贸委归口管理，后依据国办发[2000]81号撤销				有关行政职能并入国家经贸委
国家有色金属工业管理总局	改建为中国有色金属工业总公司			国家有色金属工业局，由国家经贸委归口管理，后依据国办发[2000]81号撤销				有关行政职能并入国家经贸委

（数据来源：世界银行数据库，https://data.worldbank.org.cn/。）

① 包括国家电网有限公司，中国南方电网有限责任公司，中国华能集团有限公司，中国大唐集团有限公司，中国华电集团有限责任公司，中国国电集团公司（2017年8月28日，经报国务院批准，中国国电集团公司与神华集团有限责任公司合并重组为国家能源投资集团有限责任公司），中国电力投资集团公司（2015年5月29日，经国务院批准，中国电力投资集团公司与国家核电技术有限公司重组为国家电力投资集团有限公司），中国电力工程顾问集团公司（2011年9月29日划归中国能源建设集团有限公司）（后重组为中国电力建设集团有限公司），中国水电水电建设集团公司（后重组为中国能源建设集团有限公司）和中国葛洲坝集团有限公司（后重组为中国能源建设集团有限公司）。

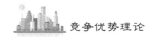

第五节 从"全能政府"到"有为政府"

一、中西方关于政府职能差异的历史与文化溯源

改革开放40多年来,中国经济飞速发展,现已成为世界第二大经济体,建设成就举世瞩目,创造了"中国奇迹"。之所以称为奇迹,是因为中国持续几十年的经济高速增长具有以现有理论难以解释的非常规性——包括自然资源、人力资本、物质资本、科技水平等在内的决定经济增长的关键要素,中国并不比其他发展中国家更具优势。但不可否认的是,中国经济增长过程中的独特之处在于政府对市场的协调和引领,这就使中西方市场经济中的政府角色在理论和实践领域均出现巨大差异。然而,现有文献对政府角色进行了广泛的争论,但却很少探讨这种差异的根本原因。我们认为,这种差异的形成主要是由中西方市场经济的发展轨迹不同导致的:西方市场经济的形成与发展是商人集团同王权和政府不断斗争的结果,而中国的市场经济则是政府主动孵化和引导建立起来的,政府对市场的干预具有历史必然性。

中国的历史、文化与西方存在显著不同:第一,中国历史上是大一统的封建社会,而欧洲中世纪有时甚至连中央权力机关都没有。[1] 因此,中国古代帝国中央集权统治力量比起欧洲早期的领主割据以至16世纪后的王权统治要强大得多,[2] 以至于欧洲封建领主之间频发的战争在我国封建地主之间更为鲜见,统治者与被统治者之间的矛盾相对缓和。第二,自汉代以来的封建科举制赋予了民众读书入仕的机会,这使中国的封建政府"既不是贵族政府,也非军人政府,又非商人政府",而是一个"崇尚文治的政府",即"士人政府"。[3] 这又在客观上缓解了封建势力与民众的对立情绪,商人集团即便能够获得发展,也无法壮大到能够与整个社会规范

---

[1] 钱乘旦:《欧洲国家形态的阶段性发展:从封建到现代》,载《北京大学学报(哲学社会科学版)》2007年第44卷第2期,第36~44页。

[2] 许涤新、吴承明主编《中国资本主义发展史(第一卷):中国资本主义的萌芽》,人民出版社2003年版,第710~711页。

[3] 钱穆:《中国历代政治得失》,生活·读书·新知三联书店2012年版,第16~17页。

抗争。第三，民众已经完全接受了传统文化思想，"爱民如子"与"忠君报国"相互衔接，培养了民众对政府的信任和期待，这与欧洲中世纪领主与民众的尖锐对立极为不同。第四，封建社会在观念上将商人集团封存于社会最底层，即便有着巨大商业利益的驱动，但仍然敌不过"品级"观念的羁绊。① 因此，中国传统社会未能孕育出独立、强大的资产阶级，也无法培育出可以代表商人意愿的资产阶级政府，西方式的自由市场经济也就不可能自然形成。

因此，即使都是通过市场对资源进行配置，政府职能在不同经济体间仍会存在差异。可以这样讲，如果存在一个政府职能的标准的话，那么这个标准一定是以一个区间的形式存在的，不同经济体的最优政府职能就存在于这个区间之中，但其具体位置还要由该经济体的具体国情决定。

二、学界对政府职能的认知历程

经济学经典理论对政府干预的看法是非常谨慎的，自亚当·斯密在《国富论》中概括了政府的"守夜人"角色后，这一思想延续百余年，直到 20 世纪 30 年代美国遭遇大萧条以后，为了迅速摆脱经济危机的影响，凯恩斯主义的国家干预战略才开始占据一席之地。"二战"以后，欧洲国家为了实现战后重建，也普遍加强了政府对经济的干预。但自 20 世纪 70 年代哈耶克等宣扬的新自由主义思潮泛滥以来，西方国家普遍走上强化市场调节、弱化政府干预的道路，经过这一轮放松国家干预的改革，"大市场，小政府"再次成为西方发达经济体流行的市场经济模式，新自由主义即是这一模式的共同价值观。② 2008 年全球金融危机之后，面对缺乏监管的金融公司所造成的灾难性影响，人们对新自由主义提出了更多的质疑，转而主张政府应掌握更多的经济控制权。③ 直到今天，西方主流经济学家尽管承认了政府在经济发展和市场失灵时的作用，但依旧不能认同政府可

---

① 胡晓鹏：《论市场经济的起源、功能与模式——兼论中国特色社会主义市场经济的本质》，载《社会科学》2015 年第 7 期，第 48～59 页。
② 何自力：《对"大市场、小政府"市场经济模式的反思——基于西方和拉美国家教训的研究》，载《政治经济学评论》2014 年第 5 卷第 1 期，第 19～32 页。
③ 刘戒骄：《竞争中性的理论脉络与实践逻辑》，载《中国工业经济》2019 年第 6 期，第 5～21 页。

以介入和影响正常的市场运行逻辑。① 因此，以西方经济理论解释政府行为，往往囿于公共物品和市场失灵的范畴，难以解释中国"有为政府"的伟大实践。

20世纪90年代起，一些学者开始从制度出发寻找"中国模式"的独特之处，他们关注到中国地方政府推动本地经济增长的强激励，并认为这是解释中国经济增长"奇迹"的一个重要因素。于是，两种理论相继发展出来，一是财政分权理论②，二是晋升博弈理论。前者解释了地方官员推动区域经济增长的经济激励，后者解释了地方官员推动区域经济增长的政治激励。这两种理论解释了地方政府官员推动区域经济增长的激励，但仅有激励是不足以实现经济增长的，这正如企业以利润最大化为目的，但却并不是所有的企业都能盈利。地方官员可以通过非正常的机会主义行为实现其目的。例如，有的官员通过腐败来为自身谋取利益，或者通过扩大政府信贷规模来推动投资项目建设以谋求"政绩"。但这些行为对经济增长是有害的，前者会损害营商环境、扭曲资源配置，后者则会导致重复建设和资源浪费，制造虚假的经济增长，这些问题也确实在改革开放后对我国经济社会的可持续发展造成了威胁，也为21世纪初西方出现的"中国崩溃论"提供了一定的现实基础。因此，仅阐明地方政府推动经济增长的激励还不足以全面解释中国经济增长"奇迹"，还必须深入考察中国政府经济干预方式及其效果的独特性。

从现实的角度看，中国政府对经济的干预范围超出了西方经济学说下的"市场失灵"领域③。然而，学界对政府干预方式的研究明显不足，这可能有两方面原因：一是科研人员对现实世界的了解还很不足够，在西方国家流行的"旋转门"并未在我国广泛开启，导致理论与实践脱节比较严

---

① 胡晓鹏：《论市场经济的起源、功能与模式——兼论中国特色社会主义市场经济的本质》，载《社会科学》2015年第7期，第48～59页。

② Christine Wong, *Financing Local Government in the People's Republic of China* (Hong Kong: Oxford University Press, 1997).

③ 实际上，即使是在西方"自由市场"国家，很多政府的干预措施也超出了"市场失灵"的范畴。例如，在克林顿政府、奥巴马政府时期，美国都制定实施了多项产业政策以推动美国经济发展，包括《国家信息基础设施工程计划》《重振美国制造业政策框架》《制造业促进法案》等。到特朗普政府时期，美国更是挥舞起政府干预"大棒"，毫不掩饰地挑起与中国的贸易战，打压中国企业，扭曲市场竞争。这与西方经济学所倡导的"守夜人"小政府相比，显然是格格不入的。

重;二是科研评价体制并未能给予科研人员以足够的激励去深入研究现实问题。这使得中国大多数学者对政府与市场关系的研究仍囿于传统西方经济理论,未能取得应有的突破。

三、对"有为政府"边界的探讨

由于"有为政府"尚缺乏一个能够被各方认可的权威概念,这就给各种观点思潮提供了阐发的空间。

一方面,有学者认为"有为政府"即是要积极发挥政府对市场的调控和干预职能,促进经济发展。胡晨光等认为,政府构成集聚经济圈发挥要素禀赋分工优势、促成产业集聚的外部动力。政府在集聚经济圈的产业集聚过程中所起的作用主要集中在基于比较优势的发展战略、产业与贸易政策、市场制度建设与公共投资等方面;在政府政策干预的推动下,集聚经济圈在国内外分工中具有比较优势的产业充分发挥出自身在世界市场的产业竞争力,促成了区域经济的高速增长和集聚经济圈的产业集聚。① 如朱富强指出,随着市场经济的迅猛发展和社会制度的逐渐成熟,政府的经济功能以及相应的协调机制变得日益重要,政府需要承担积极的经济功能并发挥积极的协调作用。②

但另一方面,也有学者坚持西方经济学的传统看法,提倡西方经济学经典理论中的"有限政府"概念。如费维照和胡宗兵指出,"有限政府"理论是将政府看作一个相对独立的实体,是与社会和个人利益相分离的一套机构和运行过程,这已成为近代西方政府观念和体制的基础。③ 张雅林认为,建立"有限政府"不仅是政治现代化的客观要求,也是中国实现政府现代化的重要内容。④ 田国强认为,"有限政府"才是一个有效市场得以成行的必要条件,而非"有为政府"。"有为政府"与"有限政府"具

---

① 胡晨光、程惠芳、俞斌:《"有为政府"与集聚经济圈的演进——一个基于长三角集聚经济圈的分析框架》,载《管理世界》2011年第2期,第61~69、80页。
② 朱富强:《如何认识有为政府的经济功能:理论基础和实践成效的检视》,载《学术研究》2018年第7期,第87~96、177页。
③ 费维照、胡宗兵:《有限政府论:早期资产阶级的政府观念与政制设定》,载《政治学研究》1998年第1期,第49~55页。
④ 张雅林:《推进行政改革,建立有限政府》,载《中国行政管理》1999年第4期,第41~44页。

有本质上的差别，前者着眼于中长期发展，而后者仅关注短期发展；前者强调改革，而后者则局限于当前利益；前者依靠制度，而后者依靠政策；前者落脚于国家治理，而后者落脚于行政式管理。①

与此同时，还有一些学者试图调和"有限政府"与"有为政府"之间的矛盾，构建一个更加中和的政府行为概念。姜明安认为，我国的"转变政府职能"与西方国家的"放松规制"（deregulation）既有相同之处，又有差别：相同之处在于二者均强调建设"有限政府"，即强调政府应"瘦身""归位"，不再"越位"和"错位"；二者的不同之处在于是否在建设"有限政府"的同时建设"有为政府"，西方学者大都强调"有限""无为"，而我国则是在强调政府"有限"的同时，也强调政府"有为"，即要求政府加强、健全和完善某些职能，管其应该管、管得了和管得好的事。②蒋永甫和谢舜认为，近代西方国家政府理论经历了三次巨大的演变：17—19世纪盛行的政府理念是"有限政府"，它关注个人的自由与权利；19世纪末至20世纪中叶，社会的利益冲突使公平成为人们最为关注的问题，政府干预市场以保障社会公平的"有为政府"成为主流的政府理念；在一个以发展为中心的时代，政府与发展的关系日益明晰，促进发展的"有效政府"成为现时代占主流地位的政府理念。③石佑启则将"有限政府"与"有为政府"进行了有机结合，提出"有限有为政府"的概念，指出"有限有为政府"建设必须置于法治框架下，并寻找其相应的路径，包括推动政府与公民观念的变革，促进政府与市场、社会及公民关系的整合，加强法治保障，以满足社会公众对政府的期待，彰显政府存在的价值。④

在对"有为政府"所进行的讨论中，最针锋相对的莫过于田国强对新结构经济学的批评及新结构经济学研究者对此所做的回应。2016年，田

---

① 田国强：《供给侧结构性改革的重点和难点——建立有效市场和维护服务型有限政府是关键》，载《人民论坛》2016年第14期，第22～32页。
② 姜明安：《建设"有限"与"有为"的政府》，载《法学家》2004年第1期，第13～15页。
③ 蒋永甫、谢舜：《有限政府、有为政府与有效政府——近代以来西方国家政府理念的演变》，载《学习与探索》2008年第5期，第73～76页。
④ 石佑启：《论有限有为政府的法治维度及其实现路径》，载《南京社会科学》2013年第11期，第92～99页。

国强教授对新结构经济学的"有为政府"概念提出了质疑①：①"有为政府"的边界不清，是游离不定的，无限的和无界的，并且有很大误导性；②"不为"不一定就是不好的，新结构经济学将有为与不为混为一谈；③政府干预过多会导致寻租空间巨大、贪污腐败盛行；④信息的不对称、不完全会导致政府制定产业政策失败；⑤"有为政府"的产业政策治标不治本。最终，田国强指出一个有效的市场的必要条件是"有限政府"而不是"有为政府"。

随后，林毅夫教授撰文进行了回应，他指出：①所谓"有为政府"，必然是为国家发展、社会进步做出贡献的政府，从字面上就排除了"无为"和"乱为"。②新结构经济学所主张的"有为政府"是指在市场失灵时采取因势利导行动的政府，这种行动能够帮助市场变得有效。③有限政府论者认为"有限政府"存在清晰的边界，但却并未讨论什么是市场不能做的。④由于资源的有限性，政府必须对基础科研进行选择性支持，这就成为一种产业政策。⑤有限政府论者主张在市场失灵领域实施政府干预，但是，任何需要政府作为的主张都可能成为政府"乱为"的借口。②

之后，田国强教授再一次撰文回应③，他指出：①世界上从来不会犯错误、天使般的"有为政府"是不存在的。②政府存在的意义或者说其本职工作就是提供能够维护市场有序运行的法律环境，同时还要建设具有公共物品属性和外部性属性的基础设施，如果"有为政府"仅是指在这方面有为那是无可置疑的。但是，"有为政府"这一概念的提出具有很强的误导性，它很容易使人们对政府职能的认知超出应用领域而扩展到其他方面。③许多经济学的教材都明确讨论了政府的边界，已经指出了什么是市场不能做的。④政府不应对产业技术发展的方向拥有决定权，这种决定权是属于市场和企业家的。⑤委托—代理理论和机制设计理论已严格证明，信息不对称是资源配置无效率的一种引致条件，即使是政府也无法纠正这

---

① 据田国强《争议产业政策：有限政府，有为政府？》整理，该文发表于《财经》2016年第30期，2016年11月7日出版。
② 据林毅夫《论有为政府和有限政府——答田国强教授》整理，该文发表于《第一财经日报》2016年11月7日。
③ 据田国强《再论有限政府和有为政府——田国强回应林毅夫：政府有为要有边界》整理，该文发表于《第一财经日报》2016年11月8日。

种无效率，次优（second best）在信息不对称条件下成为最好的结果。⑥对于"有限政府"的提倡是为了强调经济发展不能偏离市场化方向，强调通过进一步的放权改革、增量改革、加法式改革，推进经济自由化、市场化和民营化，并驱动国家治理目标向"有限政府"收敛。而林毅夫认为的"有限政府"是以目标代替过程、代替手段，则是对"有限政府"的曲解。

王勇和华秀萍对田国强的批评进行了再次回复，他们指出，新结构经济学中"有为政府"的定义是"在各个不同的经济发展阶段能够因地制宜、因时制宜、因结构制宜地有效培育、监督、保护、补充市场，纠正市场失灵，促进公平，增进全社会各阶层长期福利水平的政府"，"如果将政府所有可选择的行为作为一个全集，那么'不作为'与'乱为'这两个集合的合集的补集，就是'有为'的集合"。①（如图6-7所示）政府要有为，就要避免"不作为"和"乱为"，就"应该遵循一国比较优势原则，实施因势利导的'顺势而为'干预策略"②。随着经济社会的发展，"政府需要在不同的经济发展阶段根据不同的经济结构特征，克服对应的市场不完美、弥补各种各样的市场失灵，干预、增进与补充市场"③。新结构经济学下的"有为政府"，是遵循一国比较优势的动态演变，在每个时点上都应做到"顺势而为"的政府。

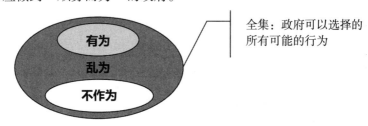

图6-7 新结构经济学下的"有为政府"的集合定义

（图片来源：王勇、华秀萍《详论新结构经济学中的"有为政府"的内涵——兼对田国强教授批评的回复》，载《经济评论》2017年第3期，第17页。）

---

① 王勇、华秀萍：《详论新结构经济学中的"有为政府"的内涵——兼对田国强教授批评的回复》，载《经济评论》2017年第3期，第17~30页。
② 林毅夫：《有为政府参与的中国市场发育之路》，载《广东社会科学》2020年第1期，第5~7、254页。
③ 同第一条。

由以上争论可知,学者们对"有为政府"的边界存在严重分歧,一方认为,"有为政府"即对国家发展、社会进步做出贡献的政府,自然排除了"不作为"和"乱为";而另一方则认为,"有为政府"概念模糊、边界不清,容易成为政府"乱为"的借口。

对于这种争论,笔者认为,"有为政府"并非无边界,相对于计划经济时代的"全能政府"和自由市场经济中的"有限政府"而言,"有为政府"正处于二者之间(如图6-8所示)。"有限政府"的行为空间被限制在市场失灵领域,而"全能政府"则直接管理企业的经营决策。因此,"有为政府"的职能领域超出了市场失灵的领域,但绝不会对企业行为决策进行直接干预。因此,本书认为,"有为政府"是在弥补市场失灵之外,还能够对经济发展发挥引领作用的政府。

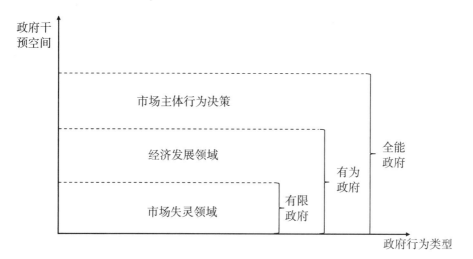

图6-8 对政府职能边界的划分

然而,对于在经济发展领域之内,"有为政府"有没有更加清晰的边界呢?笔者认为,正如市场失灵领域的不断拓展一样,政府对经济发展干预的边界也会随着实践的发展而不断具体化,理论研究的跟进也是需要时间的。因此,对于"有为政府",职能更加明确的界定需要在不断的探索和理论研究中逐渐丰富。

四、"有为政府"概念的划时代意义

(一) 调和中西方政府职能认知的矛盾

党的十九届五中全会指出:"坚持和完善社会主义基本经济制度,充分发挥市场在资源配置中的决定性作用,更好发挥政府作用,推动有效市场和有为政府更好结合。"这就正式提出了"有为政府"的模式,是对我国政府和市场关系实践探索的经验总结。笔者认为,"有为政府"概念的提出具有划时代意义,它当然不同于计划经济时代的"全能政府",同时也有别于西方主流学界所倡导的"守夜人"式政府。实际上,"有为政府"的概念正在实践和理论上发挥着调和中西方对政府职能认知差异的作用,不断地将市场经济中最优政府职能的区间明确化。不论是在学术研究领域还是在现实世界,中西方对政府职能的认知正在从两个极端向中间靠拢,其中,中国的方向是从"全能政府"向"有为政府"趋近,而西方则是从另一端的"守夜人"式政府向"有为政府"趋近。①(如图6-9所示)

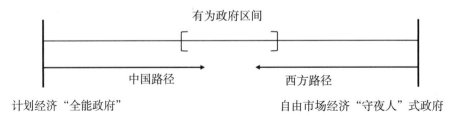

图6-9 中西方市场经济中政府职能的演进趋势

然而,当前学界对政府的职能范围还存在较大争论,导致"有为政府"到目前还没有一个明确的概念和清晰的边界,这需要理论和实践工作者的共同努力,不仅要在逻辑上定义一个合理、自洽的概念,形成有支撑

---

① 正如蒋永甫和谢舜所指出的:19世纪末,由于社会的利益冲突,公平成为人们最为关注的问题,过去在西方盛行的"有限政府"理念已发展为政府通过干预市场来保障社会公平的"有为政府"理念。当然,西方社会所理解的"有为政府"的职能范围与我国有所差异,但其对政府干预的认同却是不断增强的。参见蒋永甫、谢舜《有限政府、有为政府与有效政府——近代以来西方国家政府理念的演变》,载《学习与探索》2008年第5期,第73~76页。

力的理论体系，总结现实的经验证据也必不可少。尤其是对于"有为政府"的边界问题，需要学界不断地进行探索。从西方经济学的演进历程上看，其对政府职能的认知也是逐步深入的。

（二）"有为政府"理论将成为中国经济学理论体系的核心领域

1. 学界对中国经济学的探讨与中国经济学人的历史使命

一直以来，学界对中国经济学的构建都有着广泛的探讨，但正如一些学者指出的：不少研究所指"中国经济学"实质上更贴近"中国的经济学研究"或"经济学在中国"。① 一些学者对此较为认同，认为"中国经济学"的概念是不成立的，"经济学的基本原理和分析方法是无地域和国别区分的"②，中国需要的是"经济科学的现代化与中国化"③。这种观点自然受到了马克思主义理论家的批判，崔之元认为西方经济理论正处于深刻的范式危机之中，④ 而后樊纲的回应则认为目前正处于深刻的范式危机之中的不是西方经济理论，而是马克思主义经济理论。⑤ 这在当时引起了"范式"之争，⑥ 在争论中，诸多学者对"中国经济学"表示赞同，认为西方经济学存在与中国经济发展的适应性问题，导致"对象不一致，方法再一样，也不能形成相同或相近的'范式'"⑦。随着讨论的深入，对中国经济学的相关概念的界定逐渐出现，学者们在研究对象、研究目的和研究立场上也多能达成共识。⑧ 然而，这种争论尽管热烈而广泛，但争论焦点仅集中于"是否"的问题，对于到底怎样构建中国经济学，其核心内容应该是什么，却仍有待进一步探索。

---

① 江小涓：《理论、实践、借鉴与中国经济学的发展——以产业结构理论的研究为例》，载《中国社会科学》1999年第6期，第4~18页。
② 钱颖一：《理解现代经济学》，载《经济社会体制比较》2002年第2期，第1~12页。
③ 樊纲：《经济科学现代化与中国化的再思考》，转引自邓正来主编《〈中国书评〉选集1994—1996》，辽宁大学出版社1998年版，第793~795页。
④ 崔之元：《西方经济理论的范式危机——与樊纲先生商榷》，载《中国书评》1995年第7期，第68页。
⑤ 樊纲：《"苏联范式"批判》，载《经济研究》1995年第10期，第34、70~80页。
⑥ 吴易风：《两种"范式危机"论》，载《当代经济研究》1996年第2期，第31~39页。
⑦ 何炼成、丁文峰：《中国经济学向何处去》，载《经济学动态》1997年第7期，第6~15页。
⑧ 程霖：《中国经济学的探索：一个历史考察》，载《经济研究》2020年第9期，第4~24页。

党的十八大以来，学界对中国经济学的探讨不断升温，对中国经验的总结、对中国智慧和方案的梳理已引起各界的高度重视和广泛争鸣。这既是中国经济学界理论探索长期积累的历史必然结果，也是中国改革开放所取得的伟大成就的内在要求。2015年12月21日，中央经济工作会议在北京举行，会议提出"要坚持中国特色社会主义政治经济学的重大原则"①，这是在中央层面的会议上首次提出"中国特色社会主义政治经济学"，发展中国的经济学理论已受到中央关注。2016年7月8日，习近平总书记在主持经济形势专家座谈会时指出，"要加强研究和探索，加强对规律性认识的总结，不断完善中国特色社会主义政治经济学理论体系，推进充分体现中国特色、中国风格、中国气派的经济学科建设"②。可以说，构建中国经济学理论体系，以中国话语体系讲好中国故事是新时代赋予中国经济学人的历史使命。

2. "有为政府"理论对中国经济学建设的意义

习近平总书记指出："中国特色社会主义政治经济学只能在实践中丰富和发展，又要经受实践的检验，进而指导实践。"③ 在中国共产党的全面领导下，我国从计划经济向市场经济转轨，经历了巨大变革，中国特色社会主义市场经济取得了举世瞩目的伟大成就，这就是中国的实践。从理论意义上讲，中国伟大实践最迷人之处即是构建了中国式的政府与市场关系，党的十九届五中全会指出："坚持和完善社会主义基本经济制度，充分发挥市场在资源配置中的决定性作用，更好发挥政府作用，推动有效市场和有为政府更好结合。"笔者认为，对"有为政府"的理论解释将成为中国经济学理论体系的核心领域，主要原因有如下三点。

第一，历史和文化决定了中国"有为政府"的必然性和合理性。尽管西方式的自由市场经济运行了几百年，但它绝不是一个"完美"的模式，它只是趋近于完美地适应了自己的历史和文化等非正式制度要素，从而将整体的制度效率提升到了一个较高水平。与西方相比，中国的历史和文化并未给商人阶层建立资产阶级政权的机会，西方式的自由市场经济也就无

---

① 《中央经济工作会议在北京举行习近平李克强作重要讲话》，见中国政府网，http://www.gov.cn/xinwen/2015-12/21/content_5026332.htm。

② 《习近平主持召开经济形势专家座谈会》，见新华网，http://www.xinhuanet.com/politics/2016-07/08/c_1119189505.htm。

③ 同上条。

法在中国形成。如前文所述,我国历史和文化的特殊性主要体现在如下几个方面:中国历史上的大一统传统;科举制度与"士人政府"抑制了商人阶层的发展壮大;社会文化对政府行为的认同、接受和期待;社会文化中存在着"品级"观念,无法孕育出西方式的资产阶级政府。因此,西方式的政府与市场关系是不适合我国的历史与文化的,当然,中国也绝不会回到计划经济的轨道上。因此,"有效市场"+"有为政府"将成为中国的历史文化与市场经济体制的交集,衍生出新时代下最具中国特色的资源配置模式,为全球发展提供中国智慧和中国经验。

第二,中国共产党的先进性和纯洁性保证了"有为政府"的优越性。中国共产党是以马克思主义理论为指导思想和行动指南的无产阶级政党,既保持着马克思主义政党无产阶级先锋队的特质,又坚持马克思主义基本原理与中国实际相结合。中国共产党的领导,是历史的选择、人民的选择,是中国人民翻身得解放、致富奔小康的根本所在。"勇于自我革命,善于自我净化、自我完善、自我革新、自我提高,是中国共产党最鲜明的品格。自我革命是保持党的先进性和纯洁性的必然要求,保持先进性和纯洁性是党的自我革命的根本规定。近百年来,中国共产党多次完成自我革命,不断实现自我发展,由小变大、由弱变强。"① 中国共产党以实现中华民族伟大复兴中国梦为使命,秉持以人民为中心的发展观,带领全国各族人民攻坚克难、奋勇前进,多次完成自我革命,不断实现自我发展。中国共产党的这种先进性和纯洁性提升了"有为政府"的制度效率,保证了"有为政府"的优越性。

第三,西方经济理论排斥"有为政府",难以解释中国伟大实践。亚当·斯密在《国富论》中概括了政府的三种职能——保护国家、维护公正与秩序、提供公共物品,也即市场经济体制要维持"小政府"的"守夜人"角色。这一思想延续了百余年,直到"二战"后,为了从战争破坏的阴影中走出来,凯恩斯的国家干预主义得到普遍认同和广泛推广,西方国家才普遍加强了政府对经济的干预。但 20 世纪 70 年代后,西方国家出现了经济发展的滞涨问题,凯恩斯的财政和货币政策对此束手无策,于是哈耶克等宣扬的新自由主义思潮卷土重来,西方国家的主流思潮又回归到

---

① 陈德祥:《自我革命与保持党的先进性和纯洁性》,载《马克思主义理论学科研究》2019年第1期,第120~130页。

"大市场、小政府"的原有轨道之上。尽管2008年金融危机后,西方国家又开始加强政府管制,但政府与市场在社会思想体系中仍是被严格区分和对立的。因此,以西方经济理论解释政府行为,往往囿于公共物品和市场失灵的范畴,而"有为政府"自然是超过了这一范畴,西方经济理论已力不从心,难以解释中国伟大实践,以至于有"谁能正确解释中国改革和发展,谁就能获得诺贝尔经济学奖"的著名论断。

当前,"有为政府"已经成为中国特色社会主义市场经济的巨大优势,亟待理论界对此进行剖析解释,这一研究自然应是中国经济学的核心领域。但是,对于市场经济条件下该如何发挥政府职能,争论从经济学诞生之日起持续至今,正如刘尚希所指出的:"流行的理论总是在政府和市场之间摇摆,或者把政府和市场这两只手看成是对立关系,而不是分工合作的关系。要么就是批评政府干得太多,妨碍了市场,应该让市场多干;要么就是批评市场带来了很多问题,政府发挥作用不够。"[①] 尤其是在国内学界,由于"更好发挥政府作用"的真正内涵并不清晰,各种观点和学说可谓见仁见智。由此可见,学界有关"有为政府"的研究已严重滞后于生动鲜活的政府行为实践。这些争论易使部分理论家在此领域前望而却步,但仍有学者做出了大胆尝试,为中国经济学的发展打下了坚实基础。

✳ 本章小结 ✳

"有为政府"是具有鲜明中国特色的一个理论概念,社会各界已对其形成了越来越多的共识和认同。为了使读者对"有为政府"有更加全面的认识,本章首先深入研究了我国政府机构的形成、发展和改革过程,尤其是对我国改革开放后国务院机构的八次重要改革进行了详细阐述,并分别对综合经济管理部门和专业经济管理部门的改革过程进行了系统回顾,由此厘清我国"有为政府"建设的起点和优势。而后对我国"有为政府"建设的历史和文化基础进行了分析,探讨了学界对政府职能的认知历程,指出了"有为政府"概念的划时代意义。

---

① 刘尚希:《流行的经济理论已不适应现实发展需要》,载《北京日报》2015年4月20日,第17版。

第六章 从全能到有为：中国市场化进程中的政府职能转变

思考讨论题

1. 请对计划经济和市场经济条件下的政府职能进行比较。
2. 如何评价计划经济时代的赶超战略？
3. 请简述我国政府机构的改革历程。
4. "有为政府"概念有何重大意义？

第七章 区域政府竞争:"聚点"供给与经济福利

本章将构建一个两地区、两企业和两政府的博弈模型,并在此框架下考察生产活动空间分布的福利意义。依据运输成本所代表的离心力和规模报酬所代表的向心力之间对比关系的不同,博弈均衡会有以下几种情况:①企业选择集聚,且集聚在社会总福利水平上也是更优的,但企业的行动需要协调,此时政府的作用在于制定区域产业发展规划,为博弈提供一个聚点,从而实现成功协调。②企业选择分散,但集聚却在总福利水平上更优,此时政府需要以一定的补贴引领企业集聚,这时的政府干预能够提升经济效率,改善经济活动的空间分布均衡结果。③企业选择分散,分散会提高支付水平,且分散在社会总福利水平上也是更优的,此时政府无须施加产业政策以引导企业集聚,但应加强基础设施建设以不断降低运输成本从而提升经济活动的向心力。通过模型分析,本章能够证明,政府对生产的空间分布进行规划和引领是合理的和必要的。在这一过程中,区域政府间的有效协调是重要的,否则不仅对产业集聚的形成没有帮助,还会导致严重的重复建设、恶性竞争和资源浪费。这需要在区域政府间建立有效的沟通机制,更需要上级政府的整体规划和协调。

第一节 政府对经济发展的引领作用

党的十九届五中全会审议通过的《中共中央关于制定国民经济和社会发展第十四个五年规划和二○三五年远景目标的建议》提出"坚持和完善社会主义基本经济制度,充分发挥市场在资源配置中的决定性作用,更好发挥政府作用,推动有效市场和有为政府更好结合",这就在中央层面正式地提出了"有为政府"的概念,为我国政府与市场关系的进一步发展指明了方向。从现有文献看,"有为政府"首先是在对实践经验的总结中被提出的,而后学界的探讨不断跟进,① 其中有代表性、成体系的是林毅夫创立的新结构经济学与陈云贤创立的中观经济学中的有为政府理论。尽管两种理论都强调政府干预的重要性②,但二者在理论基础、发展脉络、政策主张等方面均有较大差异。

新结构经济学从比较优势出发,认为政府"应该遵循一国比较优势原则,实施因势利导的'顺势而为'干预策略"③。随着经济社会的发展,政府需要在不同的经济发展阶段根据不同的经济结构特征,克服对应的市场不完美、弥补各种各样的市场失灵,干预、增进与补充市场。④ 陈云贤基于多年理论与实践工作经验,对王慎之等学者于20世纪80年代创立的早期中观经济理论进行了重要发展:以生成性资源为基础,以区域政府竞争为主要研究对象,主张政府应该实施"超前引领"。⑤ "政府超前引领运行模式的典型特征是'政府引领(干预)'+供给侧推动,即在市场决定资源配置的基础上,政府发挥引导、调节、监督作用,全方位、全过程地引领区域经济科学、可持续发展。"⑥ 本章并不谋求对两种理论进行深入的比较,仅从"因势利导"和"超前引领"所展现的字面含义看,前者更加强调政府应进行事后协调,而后者则更加强调政府应进行事前引领,从政府干预力度上看,"超前引领"明显强于"顺势而为"。而从中国市场经济中的政府行为实践看,相关经验证据表明,在区域间激烈竞争的格局下,地方政府为了经济增长目标或财政目标而干预产业布局时,会通过

---

① 石佑启:《论有限有为政府的法治维度及其实现路径》,载《南京社会科学》2013年第11期,第92~99页;付才辉:《发展战略的成本与收益:一个分析框架——对新结构经济学的目标、争议与拓展的探讨》,载《南方经济》2014年第1期,第29~48页;朱富强:《如何认识有为政府的经济功能:理论基础和实践成效的检视》,载《学术研究》2018年第7期,第87~96、177页;张新宁:《有效市场和有为政府有机结合——破解"市场失灵"的中国方案》,载《上海经济研究》2021年第1期,第5~14页。

② 新结构经济学与中观经济学都主张政府应对市场实施积极干预,且二者均强调政府干预应以尊重市场规律为前提条件,这是两种理论的共同点。

③ 林毅夫:《有为政府参与的中国市场发育之路》,载《广东社会科学》2020年第1期,第5~7、254页。

④ 王勇、华秀萍:《详论新结构经济学中的"有为政府"的内涵——兼对田国强教授批评的回复》,载《经济评论》2017年第3期,第17~30页。

⑤ 陈云贤:《论政府超前引领》,载《财经界》2017年第9期,第29~33页。

⑥ 陈云贤:《市场竞争双重主体论:兼谈中观经济学的创立与发展》,北京大学出版社2020年版,第21~22页。

差异化的特色产业政策促进地区分工的深化。① 显然，政府的这种主动干预有助于区域经济的健康可持续发展。

然而，尽管"有为政府"实践已取得伟大成就，但新古典经济学的传统思想对政府干预却并不友好。尤其在国内学界，由于"更好发挥政府作用"的真正内涵并不清晰，足以让各种观点思潮找到阐发的空间。② 坚持西方经济学说的学者对政府干预更加谨慎，认为政府的作用仅在于弥补市场失灵、熨平经济周期和调节收入分配。而坚持马克思主义学说的经济学家则主张放大政府职能，甚至将其渗透到市场经济的方方面面，进而引申到政府计划论的思维逻辑。本书认为，市场经济条件下要更好地发挥政府的作用，关键是要找到市场机制无法实现资源有效配置的领域。新古典经济学的问题就在于，它尚未在弥补市场失灵、熨平经济周期和调节收入分配之外发现政府干预的合理空间。因此，不论是新结构经济学还是中观经济学，均未能够从资源配置效率也即福利的角度论证政府干预的合理性和必要性，这导致"有为政府"的理论根基并不坚实。本章将以一个两地区、两企业和两政府的博弈模型，分析政府在企业生产区位选择中的引领作用，并将至少在以下两个方面对此领域研究做出贡献：一是以协调博弈和聚点（focal point）均衡解释政府引领的机制；二是通过对政府行为福利效应的分析，论证政府引领的合理性和必要性。本书拓展了政府行为的合理边界，既是对现有文献的重要补充，也为"有为政府"实践提供了重要的理论支持。

第二节　西方经济理论中的政府职能及其可能的突破

一、西方经济理论对政府职能的认知历程

以英国、美国为代表的西方国家，对政府行为的认知起点是放任自流，而后随着实践与理论的不断发展，才逐渐扩充了政府干预的合理空

---

① 马草原、朱玉飞、李廷瑞：《地方政府竞争下的区域产业布局》，载《经济研究》2021年第2期，第141～156页。
② 胡晓鹏：《论市场经济的起源、功能与模式——兼论中国特色社会主义市场经济的本质》，载《社会科学》2015年第7期，第48～59页。

第七章 区域政府竞争:"聚点" 供给与经济福利

间。在亚当·斯密的《国富论》中,政府的职能仅限于保护国家、维护公正与秩序、提供公共物品。除此之外,一切皆可交予市场,"看不见的手"自会理顺经济秩序,政府无须干预。这种自由放任思想在其后的李嘉图和穆勒(John Stuart Mill)等古典经济学家的观点中得到延续,他们强调政府应该退出经济活动的舞台,限制政府的税负,由充分竞争的自由市场决定资源配置、劳动分工和收入分配。他们的思想大大促进了当时英、美等先进国家的经济发展。[①] 但是,随着经济活动越来越复杂,微观和宏观领域中都出现了自由市场难以解决的问题,迫使经济学家对市场经济中的政府作用做出更多的探讨。

在微观领域中,马歇尔、庇古(Arthur Cecil Pigou)、哈伯格(Arnold C. Harberger)、萨缪尔森、马斯格雷夫(Richard Abel Musgrave)、斯蒂格利茨等经济学家先后在外部性、垄断、公共物品和不完全信息等领域进行了正式的理论分析,在"市场失灵"的范畴下解释了政府干预的合理性[②],本章对此过程作简要回顾:第一,外部性。1890 年,马歇尔在《经济学原理》中阐述了工业组织外部经济的思想,即由于企业外部的各种因素所导致的生产费用减少,这些影响因素包括企业离原材料供应地和产品销售市场远近、市场容量的大小、运输通信的便利程度、其他相关企业的发展水平等。1920 年,马歇尔的学生庇古出版了《福利经济学》,指出外部性是企业或居民的经济活动对其他企业或居民所造成的影响,并提出政府应通过对造成负外部性的经济活动征税来加以矫正。第二,垄断。19 世纪下半叶,美国市场的垄断程度不断提高,推动了 1890 年《谢尔曼法》的颁布。到 20 世纪 30—40 年代,哈佛学派的结构主义主张使得美国政府加大了反垄断的力度。而对垄断带来的福利损失的正式分析则是由哈伯格进行的,[③] 他以哈伯格三角度量垄断的福利净损失,并表示这一损失约占

[①] 文贯中:《市场机制、政府定位和法治——对市场失灵和政府失灵的匡正之法的回顾与展望》,载《经济社会体制比较》2002 年第 1 期,第 1~11 页。

[②] "市场失灵"这一概念是由哈佛大学教授巴托(F. M. Bator)最早提出的,他在 1958 年发表的《市场失灵的剖析》(The Anatomy of Market Failure)一文中指出,所谓市场失灵,即在满足阿罗 - 德布鲁市场均衡(Arrow-Debreu general equilibrium model)所要求的一系列严格假定下,最终的均衡结果与帕累托有效不一致的情况。

[③] A. C. Harberger, "Monopoly and Resource Allocation," *American Economic Review* 44, no. 2 (1954): 77 – 87.

国民生产总值的 0.1%。① 然而，自由市场并不排斥垄断，需要政府主动作为。于是，美国政府在 20 世纪 50 年代起掀起了一轮反垄断高潮，扩大了反垄断政策的适用范围。第三，公共物品。现代公共物品理论的诞生以萨缪尔森发表《公共支出的纯理论》② 为标志，将公共物品与帕累托效率联系起来，并给出了公共物品有效提供的边际条件。③ 在此之后，马斯格雷夫明确将公共财政划分为三种职能——配置职能、分配职能、稳定职能，并提出了有益物品（merit goods）④ 的概念。⑤ 以萨缪尔森和马斯格雷夫的开创性贡献为标志，现代公共物品理论建立在新古典范式的基础上，得出公共物品市场自发供给不足的结论。⑥ 因此，应通过政府代表的社会福利函数来提供公共物品，以此来解决公共物品导致的市场失灵。第四，不对称信息。20 世纪 80 年代后，斯蒂格利茨基于信息经济学的发展，指出基于不完全信息的新的市场失灵的重要性，⑦ 这种市场失灵在保险市场的逆向选择中得到集中体现，因此，政府应在社会基础保险领域有所作为。

---

① 其他学者采用不同的估算方法对垄断的福利损失进行计算的结果表明，这一比例能够达到 7%，不可小觑。See K. Cowling and D. Mueller, "The Social Costs of Monopoly Power," *Economic Journal* 88 (1978): 724 – 748; F. Jenny and A. Weber, "Aggregate Welfare Loss due to Monopoly Power in the French Economy: Some Tentative Estimates," *Journal of Industrial Economics* 32 (1983): 113 – 130.

② P. A. Samuelson, "The Pure Theory of Public Expenditure," *Review of Economics and Statistics* 36, no.4 (1954): 387 – 389.

③ 更早期的公共物品理论以 Wicksell 和 Lindahl 所论为代表，他们探讨了公共物品由使用者自发提供的办法，但并未论述政府在公共物品供给中的作用。See K. Wicksell, "A New Principle of Just Taxation," the initial edition published in 1896; E. Lindahl, "Just Taxation: A Positive Solution," the initial edition published in 1919, reprinted in R. A. Musgrave and A. T. Peacock eds. *Classics in the Theory of Public Finance* (St. Martin Press, 1967).

④ 即使消费者对商品或服务的属性拥有完全信息，也可能做出"坏的"决策，如吸烟、酗酒、不系安全带等。有学者认为，政府应该对这种情况进行干预，且这种干预必须强于简单地提供信息。政府强迫人们消费的物品，例如安全带，被称为有益物品（merit good）。

⑤ R. A. Musgrave, *The Theory of Public Finance: A Study in Public Economy* (New York: McGraw-Hill, 1959).

⑥ 张琦：《公共物品理论的分歧与融合》，载《经济学动态》2015 年第 11 期，第 147～158 页。

⑦ B. Greenwald and J. E. Stiglitz, "Externalities in Economics with Imperfect Information and Incomplete Markets," *Quarterly Journal of Economics* 101 (1986): 229 – 264; J. E. Stiglitz and A. Weiss, "Credit Rationing in Markets with Imperfect Information," *American Economics Review* 71 (1981): 393 – 410; J. E. Stiglitz, "Markets, Market Failures and Development," *American Economic Review* 79, no. 2 (1989): 197 – 203.

在宏观领域中,政府作用主要在于熨平经济周期和调节收入分配:第一,熨平经济周期。1929 年美国的失业率高达 25%,与高峰期相比,国民产出下降了 1/3[①],大萧条彻底改变了人们对政府职能的看法。凯恩斯认为就业水平的高低取决于总需求水平,而调节总需求水平的有效手段就是财政政策。[②] 这种信念最终影响了美国的立法,1946 年的《充分就业法》(Full Employment Act of 1946)体现了政府促进就业的职能,同时成立了经济顾问委员会,其职责是向总统就如何最完美地实现这些目标提出建议。第二,调节收入分配。第二次世界大战之后,美国经历了前所未有的繁荣。但经济繁荣的成果并不是所有人都能够享受,收入不均的问题越来越严重。帕累托效率的市场均衡并不会顾及公平分配,因此需要政府执行有效的再分配政策。20 世纪 60 年代实施的许多政府项目的推动力就源于这些不平等,如对穷人提供食品补贴、医疗援助、就业再培训等,目的在于为弱势群体提供更多的经济机会。[③]

可以看出,不论是在微观经济学中的市场失灵领域,还是在宏观经济学中的熨平经济周期和调节收入分配方面,政府行为的边界均被清晰地界定,即政府干预的空间是那些依靠自由市场自身力量无法解决的经济问题。但需要我们明确的是,经济学家对政府在市场经济中职能的认知不是一蹴而就的,而是在经济学理论两百余年的发展历程中不断探索出来的。可以预见的是,随着政府和市场关系的进一步演进,还会有新的理论诞生,政府职能的边界还可能进一步扩大。尤其在我国,中国特色社会主义市场经济体系发展过程中,"有效市场"+"有为政府"的制度架构不断完善,政府与市场实现了互补合作共同推进经济发展。[④] 而怎样解释这一发展模式中"有为政府"的行为实践,为全球提供中国智慧和中国方案,则成为新时代赋予中国经济学界的历史使命。

---

① [美]约瑟夫·E. 斯蒂格利茨:《公共部门经济学(第三版)》,郭庆旺、刘晓路、张德勇译,中国人民大学出版社 2013 年版,第 6 页。

② J. M. Keynes, *The General Theory of Employment, Interest and Money* (London: Macmillan, 1936).

③ 同第一条。

④ 陈健、郭冠清:《政府与市场:对中国改革开放后工业化过程的回顾》,载《经济与管理评论》2021 年第 3 期,第 20~30 页。

二、聚点均衡视角下的政府职能边界

本章将构建一个两地区、两企业和两政府的复合博弈模型,以此论证政府引领产业集聚、推动区域经济发展的合理性和必要性。在模型中,企业之间进行生产区位选择的协调博弈,借鉴克鲁格曼和藤田昌久等经济学家开创的空间经济学(spatial economics)的建模方式①构建生产活动的向心力与离心力,企业对生产区位的选择即是两种力相互作用的结果。政府之间进行招商博弈时,政府的策略选择乃是基于最大化本地社会福利的目标,其博弈结果会影响到企业的策略选择,影响的机制是为企业间的协调博弈提供有效的聚点。下面我们对协调博弈和聚点理论进行简要的介绍,以阐明本章的建模思路。

Cooper等给出的协调博弈的定义是,具有多重纳什均衡且纳什均衡是可帕累托排序的完全信息静态博弈。② Crawford认为协调博弈是有多个纳什均衡的非合作静态博弈或重复博弈,最优均衡的实现取决于参与者的一致性预期。③ Camerer将协调博弈归纳为三类:匹配博弈、不对称参与者博弈和不对称支付博弈。④ 李建标等认为,在博弈中,风险占优决策比支付占优决策更保险,如果参与人之间没有建立足够的信任,风险占优决策机制会导致帕累托次优结果,而协调的目的就是让决策人相信对方选择支付占优的行动是可信的。⑤ 在上述观点基础上,本章将以下面的形式表达一个两参与人的协调博弈,当然,这一表述很容易扩展到 n 个人:参与人

---

① P. Krugman, "Increasing Returns and Economic Geography," *Journal of Political Economy* 99, no. 3 (1991): 483 – 499; K. Matsuyama "Increasing Returns, Industrialization, and Indeterminacy of Equilibrium," *The Quarterly Journal of Economics* 165, no. 2 (1991): 617 – 650.

② R. W. Cooper, et al., "Selection Criteria in Coordination Games: Some Experimental Results," *American Economic Review* 80, no. 1 (1990): 218 – 233.

③ V. Crawford, "Adaptive Dynamics in Coordination Games," *Econometrica* 63, no. 1 (1995): 103 – 143.

④ 匹配博弈中每一个纳什均衡给参与者带来的收益都是相等的,实现的均衡可能是"聚点的"或是"心理凸显的";不对称参与者博弈中,每个纳什均衡的支付总额相等,但参与者在不同均衡里获得的支付此多彼少,均衡的实现取决于不对称参与者之间的协调;不对称支付博弈中,不同均衡的支付总额不同,但每个参与人在每个均衡中获得的支付都是相等的。See C. Camerer, *Behavior Games Theory: Experiments in Strategic Interactions* (Princeton: Princeton University Press, 2003).

⑤ 李建标、汪敏达、刘家琦:《协调博弈实验研究概览》,载《首都经济贸易大学学报》2010年第2期,第48~53页。

1 的策略集为 $\{s_{11},s_{12},\cdots,s_{1n}\}$，参与人 2 的策略集为 $\{s_{21},s_{22},\cdots,s_{2n}\}$，其中 $n \geq 2$。令被选的策略组合为 (s_{1g},s_{2h})，如果有 $g=h$，则每个参与人将得到的支付为 1，否则，支付为 0。这里有 n 个纯策略纳什均衡，且两个参与人对所有的纯策略纳什均衡都是无差异的，在这一博弈结构里，参与人之间、策略之间和均衡之间都是完全对称的。基于这一定义，我们认为企业在决定厂址时面临的两难选择将使企业进入这种协调博弈当中：一方面，两地之间的运输成本促使企业靠近市场；但另一方面，集聚外部性又会带给企业扎堆的激励。当运输成本较低而集聚力足够大时，两个企业的集聚就会带来更高的支付，这就形成了一个协调博弈。在默式谈判（tacit bargaining）下①，理性参与人实现有效协调是一个概率问题，但托马斯·谢林（Thomas C. Schelling）却提出了不同的观点。

1960 年，谢林首次出版了他的代表作《冲突的策略》（*The Strategy of Conflict*）。书中，谢林提出了著名的"聚点"（focal point）概念。在谢林看来，聚点可以解释为博弈局中所有行为人都认可的历史的、文化的或者其他的一些具有突显特征（property of salience）的偶然因素。当博弈行为人之间没有正式的信息交流时，他们存在于其中的"环境"往往可以提供某种暗示（clue），使得他们不约而同地选择与各自条件相称的策略（聚点），从而达到均衡。② 在对"聚点"的讨论中，策略的标注方式是重要的。③ 例如，如果以数字对两位参与人的策略进行标注，两位参与人的策略集就变为 $\{1,2,\cdots,n\}$，如果两位参与人选择了从 1 到 n 中的相同数字，则支付为 1，否则支付为 0。显然，n 个策略对于参与人来说是对称的，因此，如果参与人随机选择策略，则每个策略被选择的概率都是 $1/n$，参与人的期望支付即为 $1/n$。然而，谢林声称：在这种博弈中，真实的人类参与者总是会比理论推测的结果做得更好。④ 一些标签会具有凸显特征（salience），它们将会受到参与人的青睐，这些凸显特征经常与参与人的共同

---

① 所谓"默式谈判"，即谈判双方信息沟通不完全或无效情况下的谈判模式。

② 谢林在《冲突的战略》一书中报告了一些运用聚点实现成功协调的实验例子，包括要求参与人在"Heads"和"Tails"之间进行选择，大部分实验被试者选择"Heads"；当被要求将 A、B、C 三个字母进行排序时，大部分实验被试者会选择 A—B—C 的顺序等。

③ J. Mehta, C. Starmer, and R. Sugden, "The Nature of Salience: An Experimental Investigation of Pure Coordination Games," *American Economic Review* 84, no. 3 (1994): 658–673.

④ T. C. Schelling, *The Strategy of Conflict* (Cambridge, MA: Harvard University Press, 1960).

经历、文化和心理因素相联系。如果参与人选择了具有凸显特征的策略，那么由此带来的均衡结果就是聚点。

幸运的是，聚点也可以由第三方提供，并能取得更理想的效果①，这无疑扩大了市场经济中政府有效干预的空间。罗素·W.库珀（2001）阐释了政府在宏观经济领域的协调作用，例如通过承诺为存款提供保险而防止挤兑，通过降低通胀水平而提升求职者信心等。②但是，此类研究仍集中于为宏观经济中的政府行为建立理论基础，而对于政府如何积极有为地引领区域经济发展则没有进行深入的探讨，在政府引领区域经济发展的实践中，首先是制定区域经济发展规划，划定重点支持区域并制定支持政策框架，进而通过实施减税、补贴等多种措施支持区域内企业发展。然而，减税和补贴等政策无疑是具有成本的，从微观经济学的视角看，它会导致资源配置扭曲，进而造成福利损失。但是，如果在协调博弈的框架下去考察，则能发现企业之间对区位的策略选择具有互补性（strategic complementarity）和正溢出（positive spillovers）的特点，即一个企业选定了某个生产区位后，会增加其他企业选定这个生产区位的支付水平，而这种策略的互补性和正溢出即来自规模经济。因此，当把区位纳入经济分析，政府干预的资源配置扭曲效应也可能变为生产集聚带来规模经济进而增进福利，政府区域发展政策乃至产业发展政策的合理性和必要性就取决于对政策成本和规模收益之间的权衡选择。下面将在此思路下构建博弈模型，论证政府引领生产集聚，推动区域经济发展的合理性和必要性。

---

① 考虑谢林给出的一个例子：A 和 B 合租一个房子，B 捡到 A 丢掉的 16 美元。根据房东契约，除非 A 向对方给予一定报酬，否则 A 不能索要 B 捡到的钱；反之，除非 A 同意，否则 B 也不能将捡到的钱据为己有。如果双方无法达成协议，B 捡到的钱将归房东所有。于是，双方为此争吵不休，并引起房东的干涉。房东提出建议，A 和 B 在不进行沟通的前提下一次性地将各自所希望得到的金额写在纸上，如果双方金额加起来不大于 16 美元，每人都得到自己写下的金额；否则，该笔钱归房东所有。这时，一位调解人出现，他表示自己不会涉入谈判，只会提出一个"公平"的建议。他对 A 说："在现有条件下，最好的分配方法是失主得到全部金额的三分之二，拾到者得到三分之一。我也会向 B 提出同样的建议。"之后，他将对 A 说的话也向 B 进行了重复。这样，一个具有第三方调解人的协调博弈就被建立起来。而真实的实验结果表明：丢钱的 8 人和拾到钱的 7 人全部同意调解人的建议，接受 5 美元的报酬。

② 罗素·W.库珀：《协调博弈——互补性与宏观经济学》，张军、李池译，中国人民大学出版社 2001 年版，第 148~150 页。

第三节 博弈模型设计、均衡分析与数值示例

一、模型设计与均衡结果

假设有两个企业,即企业 A 和企业 B,它们生产一种同质的产品。有两个地区,即地区 1 和地区 2,两地区对该产品拥有一致的需求,记为 $P_j = a - Q_j$。其中,P_j 为地区 j 产品价格,Q_j 为地区 j 产品的总销售量。$Q_j = q_{A,j} + q_{B,j}$,其中,$q_{A,j}$ 和 $q_{B,j}$ 分别表示企业 A 和企业 B 在地区 j 的销售量($j = 1,2$)。企业的生产成本由两部分构成:一是企业所在区域为企业入驻而构建基础设施的成本,该成本为一固定值 γ,并由区域内所有企业平均分摊;二是企业将产品销往外地而产生运输成本,每单位产品的运输成本为 t。

1. 考虑两个企业分别在两个地区生产的情况

令企业 A 在地区 1 生产,企业 B 在地区 2 生产。则企业 A 和企业 B 的利润分别为

$$\pi_A = P_1 q_{A,1} + P_2 q_{A,2} - \gamma - t q_{A,2} \tag{7-1}$$

$$\pi_B = P_1 q_{B,1} + P_2 q_{B,2} - \gamma - t q_{B,1} \tag{7-2}$$

求解利润最大化问题可以得到:

企业 A 在地区 1、地区 2 的销量以及企业 A 的总利润

$$q_{A,1} = \frac{a+t}{3}, \quad q_{A,2} = \frac{a-2t}{3}$$

$$\pi_A = \frac{(a+t)^2 + (a-2t)^2 - 9\gamma}{9}$$

企业 B 在地区 1、地区 2 的销量以及企业 B 的总利润

$$q_{B,1} = \frac{a-2t}{3}, \quad q_{B,2} = \frac{a+t}{3}$$

$$\pi_B = \frac{(a+t)^2 + (a-2t)^2 - 9\gamma}{9}$$

两地区的总销量分别为

$$Q_i = \frac{2a-t}{3}, \quad i = 1,2 \tag{7-3}$$

两地区的商品价格分别为

$$P_i = \frac{a+t}{3}, \quad i = 1, 2 \tag{7-4}$$

两地区的消费者剩余分别为

$$CS_i = \frac{(2a-t)^2}{18}, \quad i = 1, 2 \tag{7-5}$$

两地区的社会总福利为

$$WF = \pi_A + \pi_B + CS_1 + CS_2 = \frac{8a^2 - 8at + 11t^2 - 18\gamma}{9} \tag{7-6}$$

同样的，当企业 A 在地区 2 进行生产，而企业 B 在地区 1 进行生产时，通过计算亦可得到企业 A 和企业 B 各自在两个地区的销量和利润，以及两个地区的总产量、价格、消费者剩余和社会总福利。

2. 考虑两个企业在同一地区生产的情况

当两企业同时在地区 1 生产时，则企业 A 和企业 B 的利润分别为

$$\pi_A = P_1 q_{A,1} + P_2 q_{A,2} - \gamma - t q_{A,2} \tag{7-7}$$

$$\pi_B = P_1 q_{B,1} + P_2 q_{B,2} - \gamma - t q_{B,2} \tag{7-8}$$

求解利润最大化问题，可以得到：

企业 A 在地区 1、地区 2 的销量以及企业 A 的总利润

$$q_{A,1} = \frac{a}{3}, \quad q_{A,2} = \frac{a-t}{3}$$

$$\pi_A = \frac{4a^2 - 4at + 2t^2 - 9\gamma}{18}$$

企业 B 在地区 1、地区 2 的销量以及企业 B 的总利润

$$q_{B,1} = \frac{a}{3}, \quad q_{B,2} = \frac{a-t}{3}$$

$$\pi_B = \frac{4a^2 - 4at + 2t^2 - 9\gamma}{18}$$

两地区的总销量分别为

$$Q_1 = \frac{2a}{3}, \quad Q_2 = \frac{2(a-t)}{3} \tag{7-9}$$

两地区的商品价格分别为

$$P_1 = \frac{a}{3}, \quad P_2 = \frac{a+2t}{3} \tag{7-10}$$

两地区的消费者剩余分别为

$$CS_1 = \frac{2a^2}{9}, \quad CS_2 = \frac{2(a-t)^2}{9} \qquad (7-11)$$

两地区的社会总福利为

$$WF = \pi_A + \pi_B + CS_1 + CS_2 = \frac{8a^2 - 8at + 4t^2 - 9\gamma}{9} \qquad (7-12)$$

同样的,当两企业同时在地区 2 进行生产时,通过计算亦可得到企业 A 和企业 B 各自在两个地区的销量和利润,以及两个地区的总产量、价格、消费者剩余和社会总福利。这样,当两个企业分散生产时,社会总福利为 $\frac{8a^2 - 8at + 11t^2 - 18\gamma}{9}$;当两个企业集中生产时,社会总福利为 $\frac{8a^2 - 8at + 4t^2 - 9\gamma}{9}$。将二者作差,可得,当 $t < \frac{3\sqrt{7\gamma}}{7}$ 时,两企业在同一地区生产将使社会总福利更大。

图 7-1 展示两企业博弈矩阵,并得出企业竞争均衡条件。

		企业 B	
		地区 1	地区 2
企业 A	地区 1	$\frac{4a^2-4at+2t^2-9\gamma}{18}$; $\frac{4a^2-4at+2t^2-9\gamma}{18}$	$\frac{(a+t)^2+(a-2t)^2-9\gamma}{9}$; $\frac{(a+t)^2+(a-2t)^2-9\gamma}{9}$
	地区 2	$\frac{(a+t)^2+(a-2t)^2-9\gamma}{9}$; $\frac{(a+t)^2+(a-2t)^2-9\gamma}{9}$	$\frac{4a^2-4at+2t^2-9\gamma}{18}$; $\frac{4a^2-4at+2t^2-9\gamma}{18}$

图 7-1 两地区、两企业博弈矩阵

在此博弈中:当 $\frac{4a^2-4at+2t^2-9\gamma}{18} > \frac{(a+t)^2+(a-2t)^2-9\gamma}{9}$ 时,即 $0 < t < \frac{3\sqrt{2\gamma}}{4}$ 时,两企业在同一地区生产为纳什均衡,否则两企业将选择分别在两地区生产。这样,在这一博弈中形成了两个临界点,临界点一是 $t = \frac{3\sqrt{7\gamma}}{7}$,临界点二是 $t = \frac{3\sqrt{2\gamma}}{4}$。这两个临界点将企业最优策略选择与社会福利水平分为三个区间(如图 7-2 所示),在第一区间($0 < t < \frac{3\sqrt{2\gamma}}{4}$),企业的最优选择为集聚,且集聚的总福利水平高于分散;在第二区间($\frac{3\sqrt{2\gamma}}{4} < t < \frac{3\sqrt{7\gamma}}{7}$),企业的最优选择为分散,但分散的总福利水

平低于集聚,形成了企业最优选择与社会最优选择的非一致性;在第三区间($t > \frac{3\sqrt{7\gamma}}{7}$),企业的最优选择为分散,且分散的总福利水平高于集聚。下面将通过具体的数值例子对几种情况进行更具体的阐释,同时分析地方政府间博弈对企业行为的影响。

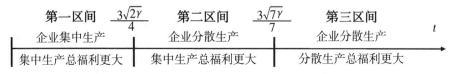

图7-2 企业生产区位选择与社会总福利

3. 考虑政府间的博弈

两地政府的博弈支付为本地总福利水平①,备选策略为是否实施招商政策,如果实施招商政策,则会产生 δ 的成本。当两地政府均实施招商政策或均不实施招商政策时,由于企业之间不存在沟通机制,因此两企业对两地区是无差异的,基于企业博弈矩阵的对称结构,两企业在混合策略中选择每个地区的概率均为 $\frac{1}{2}$,因此,两地政府同时实施招商政策时的期望支付为 $\frac{16a^2 - 16at + 15t^2 - 27\gamma - 36\delta}{36}$,两地政府同时不实施招商政策时的期望支付为 $\frac{16a^2 - 16at + 15t^2 - 27\gamma}{36}$。

如果两地政府中只有一个实施了招商政策,则两企业将都进入该地区生产,而未实施招商政策的地区则不会有企业进入。此时,实施了招商政策的政府的支付为 $\frac{6a^2 - 4at + 2t^2 - 9\gamma - 9\delta}{9}$,未实施招商政策的政府的支付为 $\frac{2(a-t)^2}{9}$。由此,两地区政府间的博弈矩阵如图7-3所示。

---

① 当然,政府的目标是多元的,而地区福利最大化目标能够与经济增长、财政收入最大化等其他类型政府目标相容,同时使模型计算更加简便。

		政府 Ⅱ	
		有	无
政府 Ⅰ	有	$\frac{16a^2-16at+15t^2-27\gamma-36\delta}{36}$; $\frac{16a^2-16at+15t^2-27\gamma-36\delta}{36}$	$\frac{6a^2-4at+2t^2-9\gamma-9\delta}{9}$; $\frac{2(a-t)^2}{9}$
	无	$\frac{2(a-t)^2}{9}$; $\frac{6a^2-4at+2t^2-9\gamma-9\delta}{9}$	$\frac{16a^2-16at+15t^2-27\gamma}{36}$; $\frac{16a^2-16at+15t^2-27\gamma}{36}$

图 7-3 两地区、两政府博弈矩阵

不难发现，在企业的产出和利润均不小于 0 的限制条件下，有 $\frac{16a^2-16at+15t^2-27\gamma-36\delta}{36} > \frac{2(a-t)^2}{9}$，且 $\frac{6a^2-4at+2t^2-9\gamma-9\delta}{9} > \frac{16a^2-16at+15t^2-27\gamma}{36}$，因此实施招商政策是两地政府的占优策略。同时，由于 $\delta > 0$，因此有 $\frac{16a^2-16at+15t^2-27\gamma-36\delta}{36} < \frac{16a^2-16at+15t^2-27\gamma}{36}$，所以两地政府间进行的是囚徒困境式的博弈，区域之间的招商竞争是很激烈的，这对现实情况具有较高的解释力。下面，我们将依据图 7-2 三个区间的划分，以更加直观的数值方法对博弈均衡进行分析。

二、数值示例分析

第一，取 $a=10$，$t=2$，$\gamma=18$，博弈在第一区间中进行。则两企业之间的博弈矩阵如图 7-4（a）所示，两个纯策略纳什均衡分别为（地区 1，地区 1）和（地区 2，地区 2），企业具有集中生产的意愿，如果能够有效协调，生产的集聚能够提高企业利润。而从图 7-4（b）所示政府竞争的角度看，当两地政府都实施招商政策时，期望支付均为 $23.72-\delta$；两地政府均未实施招商政策时，期望支付均为 23.72。当一个政府实施了招商政策而另一政府未实施招商政策，就为企业竞争博弈提供了一个聚点，实施招商政策的地区将形成产业集聚区，支付提高到 $40.67-\delta$，而未实施招商政策的地区支付将下降到 14.22。因此，实施招商政策是一个占优策略，政府对于将本地打造成产业集聚区是有较高激励的。而从社会总福利水平看，两企业集聚时的总福利水平为 54.89，两企业分散时的总福利水平为 47.44。那么，当 $54.89-\delta > 47.44$，即 $\delta < 7.45$ 时，一个地

区实施招商政策而另一个地区不实施招商政策在总福利意义上是最优的。然而,由于两地都实施招商政策是一个占优策略均衡,因此上级政府的协调就非常重要。一个有效的办法是实施招商政策的地区为另一地区提供不小于 $9.5-\delta$($=23.72-\delta-14.22$)的补偿①,这是实现帕累托改进的必要条件,而具体的补偿数额则取决于上级政府的意愿和两地政府的谈判力。

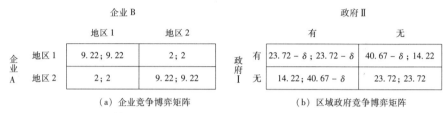

图7-4 第一区间中企业竞争博弈和政府竞争博弈的数值示例

第二,取 $a=10$,$t=4.6$,$\gamma=18$,博弈在第二区间中进行。从图7-5(a)的企业竞争博弈中可以看出,此博弈中的两个均衡为(地区1,地区2)和(地区2,地区1),在较高的运输成本作用下,两企业都希望分散生产。而从图7-5(b)的政府博弈中可以看出,两地政府对成为生产集聚区仍有较高激励,生产集聚时的总福利水平为39.40,高于生产分散时的总福利水平37.86。此时,当 $39.40-\delta>37.86$,即 $\delta<1.54$ 时,一个地区实施招商政策而另一个地区不实施招商政策在总福利意义上是最优的。在这种情况下,实施招商政策的地区不但要给予另一地区不少于 $12.84-\delta$($=19.32-\delta-6.48$)的补偿,还要支付企业不少于0.41的补贴以弥补运输成本,两地政府间的谈判空间更加狭小,协调变得更加困难,上级政府的有效干预变得更加重要。

		企业 B				政府 II	
		地区 1	地区 2			有	无
企业 A	地区 1	5.35;5.35	5.76;5.76	政府 I	有	$19.32-\delta$;$19.32-\delta$	$32.92-\delta$;6.48
	地区 2	5.76;5.76	5.35;5.35		无	6.48;$32.92-\delta$	19.32;19.32
	(a) 企业竞争博弈矩阵				(b) 区域政府竞争博弈矩阵		

---

① 至少有一个企业在本地生产时,本地总福利为20;没有企业在本地生产时,本地总福利为14.22。而下降了5.78则是需要生产集聚区政府给予补偿的最低数额。

第七章 区域政府竞争:"聚点"供给与经济福利

图 7-5 第二区间中企业竞争博弈和政府竞争博弈的数值示例

第三,取 $a=10$,$t=5$,$\gamma=18$,博弈在第三区间中进行,此时两企业之间的博弈矩阵如图 7-6(a)所示。由于高昂的运输成本,企业分散生产并专注于供应本地市场是最优选择。在图 7-6(b)所示政府博弈方面,实施招商政策仍然是地方政府的严格占优策略,但从总福利水平上看,分散生产已经高于集聚生产。此时,实施招商政策已不再是区域政府的首要工作,政府更应该做的是加强交通基础设施投资,降低两地间运输成本以增进福利水平。

(a)企业竞争博弈矩阵　　　　　　　　(b)区域政府竞争博弈矩阵

图 7-6 第三区间中企业竞争博弈和政府竞争博弈的数值示例

在加入区域这一要素后,我们发现在两区域、两企业和两政府的博弈模型中,当地区间的运输成本满足一定条件时,企业希望分散生产,但分散生产会导致整体福利损失。因此,自由竞争导致的结果将是帕累托无效的。为了改进这一均衡结果,需要政府进行必要干预。即使在运输成本更低的情况下,由于企业间的协调存在困难,政府的有效干预能够为企业博弈提供聚点,从而提升企业间的协调效率。因此,政府通过制定区域发展规划,实施一定的招商引资政策既是合理的也是必要的。而在这一过程中,区域政府间的有效协调是重要的,否则不仅对产业集聚的形成没有帮助,还会导致严重的重复建设、恶性竞争和资源浪费,这需要在区域政府间建立有效的沟通机制,更需要上级政府的整体规划和协调。

第四节　经验事实与政府有效引领的条件分析

从第三节的模型分析中可以看出,当博弈在第一和第二区间进行时,也即地区间的运输成本与基础设施固定成本相比足够小,且政府实施招商引资政策的成本也较小时,最优的政策就是一个地区实施招商政策而另一个不实施。这样,通过政府实施的招商政策,为企业的协调博弈提供一个明确的聚点,引领企业选择在同一个地区生产,从而既实现规模经济以提高利润,也增强竞争以扩大消费者剩余,使社会总福利达到最大。

一、政府有效引领驱动经济高质量发展

从实践方面来看,中国改革开放后政府对区域经济发展的规划与引领,区域政府间对投资的竞争是对模型结论的有力证明,政府发挥的作用远大于西方学界所推崇的华盛顿共识①中所阐述的政府的作用。政府引领区域经济发展在实践中有很多成功的范例,突出表现为东南沿海地区在国家政策支持下,先是在经济特区,而后在对外开放的沿海城市,形成了国内外产业投资"聚点",生产集聚效应不断累积,使沿海地区经济社会得以持续地高速、高质量发展。图7-7展示了1952—2018年我国GDP排名

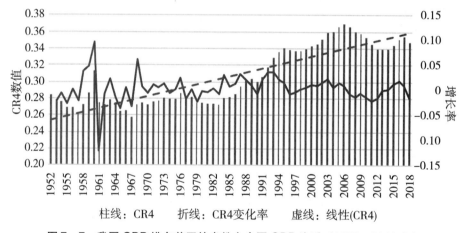

柱线:CR4　　折线:CR4变化率　　虚线:线性(CR4)

图7-7　我国GDP排名前四的省份占全国GDP比重(1952—2018年)

(资料来源:依据《新中国60年统计资料汇编》及所需年份《中国统计年鉴》数据整理。)

---

① 华盛顿共识是20世纪80年代以来由美国主导的一系列政策主张,往往成为发展中国家从美国及国际货币基金组织和世界银行等国际机构取得援助的前置条件。这些政策主张包括要求危机中的国家实施紧缩性的财政政策和货币政策,强调私有化和金融自由化,主张发展经济必须通过自由市场机制,政府干预应被严格限制。东亚国家(地区)政府所采取的政策,尤其是政府对市场的干预很大程度上偏离了华盛顿共识所确定的原则,但却取得了巨大的经济发展成就,2008年金融危机中中国的成功应对更使华盛顿共识遭到了广泛的质疑。可参见约瑟夫·斯蒂格利茨:《发展与发展政策》,纪沫、仝冰、海荣译,中国金融出版社2009年版,第167页。

第七章　区域政府竞争："聚点"供给与经济福利

前四的省份占全国 GDP 比重的动态演变轨迹。可以看出，该比重在改革开放后迅速提升，展现了经济活动向沿海发达地区集聚的趋势特征，而这与政府开放政策所带来的聚点效应是分不开的。"有为政府"对市场施加的有效引领，是中国经济增长的强劲驱动力，这是我国制度优势的集中体现。

在这些成功演进为集聚区的城市中，深圳是最具代表意义的。1978年12月，中国共产党召开了第十一届三中全会，改革开放由此开始。1979年1月，交通部驻港机构招商局根据对外开放的精神，在与香港只有一水之隔的深圳蛇口公社划出一块土地创办工业区。同年2月，国务院批转广东省《关于宝安、珠海两县外贸基地和市政建设规划的报告》，要求深圳、珠海在3～5年内"建成对港澳的出口商品基地、吸引港澳游客的游览区和新型的边防城市"。同年4月，在中央工作会议期间，当时广东省主要负责人谈到要发挥广东的优势。邓小平同志首先提出办特区的议题。同年7月，中央批转广东省委、福建省委关于对外经济活动和灵活措施的两个报告，决定在深圳、珠海、汕头和厦门试办特区。1980年5月，中央又明确提出："广东省先集中精力把深圳经济特区建设好，其次是珠海。""汕头、厦门两个特区，可先进行规划，做好准备，逐步实施"。同年8月，全国人大常委会第十五次会议通过《广东省经济特区条例》，这标志着深圳等经济特区的正式诞生。① 深圳经济特区的创立，为国内外投资者提供了一个明确的聚点，产业的集聚推动经济社会迅猛发展，1980年深圳 GDP 只有 2.70 亿元，1992 年提升到 317.32 亿元，1996 年突破 1000 亿元，2005 年突破 5000 亿元，2010 年突破万亿元，2016 年突破两万亿元，2020 年达到 27670 亿元，位居内地城市第三。

二、区域政府协调失效，加剧区域经济发展失衡

从实践层面看，并不是每一次政府干预都能取得理想效果。例如，2003 年 10 月 5 日，中共中央发布了《中共中央、国务院关于实施东北地区等老工业基地振兴战略的若干意见》（中发〔2003〕11 号），振兴东北的国家战略落地实施。但东北振兴战略的聚点效应却并不明显，未能有效

---

① 钟坚：《深圳经济特区改革开放的历史进程与经验启示》，载《深圳大学学报（人文社会科学版）》，2008 年第 25 卷第 4 期，第 17～23 页。

拉动生产集聚。另外,改革开放以来,我国各类开发区在改善投资环境、促进产业结构调整和发展经济中发挥了重要作用,但在开发区建设过程中也存在土地大量闲置、利用低效等严重问题,① 成为区域政府协调失效的例证。在这些政府干预低效的案例中,我们可以看到三个特征:一是划定的聚点范围过大,二是竞争性聚点过多,三是上级政府的协调机制缺位。在这种情况下,聚点效应难以真正形成,处于竞争关系中的地方政府协调失效,政府对市场的引领作用未能有效发挥。当然,由于政府对未来产业发展方向所拥有的是不完全信息,因此产业规划失误也可能导致聚点效应失效,但这种风险是可以承受的。而地方政府间囚徒困境式的竞次竞争不仅难以为企业博弈提供聚点,还造成资源浪费,导致社会福利损失,加剧了区域经济发展失衡,这是必须加以避免的。

然而,地方政府推动区域经济发展具有强激励,这在增强区域经济发展动能的同时,也提高了区域间协调的困难程度,多个区域争抢一个产业或企业的情况时有发生,竞争异常激烈。以智能制造装备产业为例②,随着新科技革命的不断推进,制造业智能化发展趋势愈加明显,智能制造装备在这一趋势下成为热点。在我国 31 个省级行政区的"十四五"规划中,有 18 个省市明确提出将重点发展智能制造装备产业。③ 尽管智能制造装备的市场规模迅速增长,但 18 个省市的激烈竞争仍然存在囚徒困境式的竞次趋势,因此,为了避免在智能制造装备领域形成新一轮产能过剩,国家相关部门应对各省产业发展政策进行适度协调,以快速形成有效聚点,优化产业空间分布。

三、区域政府实施有效引领的条件分析

那么,政府如何提高聚点供给水平呢?通过对协调博弈性质的分析,并结合对实践经验的总结,本书提出以下几点建议:第一,唯一性能够产

---

① 龙开胜、秦洁、陈利根:《开发区闲置土地成因及其治理路径——以北方 A 市高新技术产业开发区为例》,载《中国人口·资源与环境》2014 年第 24 卷第 1 期,第 126~131 页。
② 2018 年 11 月,国家统计局发布了《战略性新兴产业分类(2018)》,智能制造装备产业被纳入战略性新兴产业,具体包括:机器人与增材设备制造、重大成套设备制造、智能测控装备制造、其他智能设备制造、智能关键基础零部件制造和智能制造相关服务等六大产业。
③ 这 18 个省市包括:北京、天津、河北、辽宁、黑龙江、上海、浙江、安徽、河南、湖北、湖南、广东、广西、海南、重庆、四川、贵州、陕西。

生独特性，从而吸引人们的注意力。① 因此，应尽可能减少同类聚点的数量。地方政府应做好产业和区域规划的前期准备工作，与邻近地方政府做好协调与沟通，细分产业类型，结合区域特色制订发展规划，这样能够提高产业集聚力，提升政府干预效率。第二，地方政府应抢抓先动优势，尽早出台区域发展规划，吸引企业入驻。当有企业先进入时，由于规模经济的影响，后续的企业选择进入同一地区的概率就会提高。这时静态博弈就变为动态博弈，能很好地解决协调失效问题。第三，上级政府为避免区域政府的无效竞争，应做好统筹规划和协调工作。从模型分析中可以看到，地方政府间的竞争是囚徒困境式的博弈，出台鼓励政策是地方政府的占优策略，可见竞争是激烈的。因此，上级政府应做好统筹协调，结合不同地区的竞争优势制定适合的产业发展规划，从而减少区域政府间的无效竞争，提升聚点效率。

四、可拓展的研究方向

本书将政府干预领域的研究向经济活动的空间布局方向进行了拓展，未来可在以下几个方面继续深入：①本书仅考察了两地区、两企业和两政府的情况，未来应向更加一般的 n 个地区扩展，并运用演化分析工具考察企业和政府在不完全理性条件下的行为选择，同时可在地区间具有差异的条件下考察企业的位置选择。②本书的集聚收益仅来自基础设施成本的分摊，并未考虑集聚所带来的在创新、人力资本等方面的提升，以及集聚区对其他区域产生的外溢效应。近期有一些研究关注劳动力集聚和知识溢出带来的影响②以及集聚的产业结构多样化效应③，后续可在这些方面继续深入。③本书的理论观点需要进一步实证检验，需在政府干预、产业集聚和经济绩效几个主要变量间的关系上找到科学严谨的经验证据，同时基于经验数据找到博弈三区间的边界。在这一方向上的进一步研究将加强经济学对经济活动空间分布的分析能力，为政府对经济活动实施科学引领提供

---

① ［美］托马斯·谢林：《冲突的战略》，赵华等译，华夏出版社 2006 年版，第 51 页。
② D. Diodato, F. Neffke, N. O. Clery, "Why Do Industries Coagglomerate? How Marshallian Externalities Differ by Industry and Have Evolved Over Time," *Journal of Urban Economics* 106, no. 7 (2018): 1–26.
③ A. O. Sullivan and W. C. Strange, "The Emergence of Coagglomeration," *Journal of Economic Geography* 18, no. 2 (2018): 293–317.

更好的支持。

✱ 本章小结 ✱

新古典经济学的基本架构中没有对经济活动空间分布的福利意义的探讨,因此,在这一体系下,现代经济学并不具备对政府干预经济活动空间布局的合理性进行科学研究的有效工具,故政府对市场进行干预的合理范围仅限于公共物品、外部性、垄断和不对称信息等在自由市场下无法实现帕累托有效的市场失灵领域,以及宏观经济学当中的经济周期和收入分配领域。尽管由克鲁格曼和藤田昌久等学者建立起的空间经济学能够考察经济活动空间分布的动因,但对政府作用及其福利意义的探讨仍很薄弱。本章构建了一个两地区、两企业和两政府的博弈模型,在此框架下考察了生产活动空间分布的福利意义,依据运输成本所代表的离心力和规模报酬所代表的向心力之间对比关系的不同,博弈均衡会有以下几种情况(见表7-1):①企业选择集聚,且集聚在社会总福利水平上也是更优的,但企业的行动需要协调,此时政府的作用在于制订区域产业发展规划,为博弈提供一个聚点,从而实现成功协调。②企业选择分散,但集聚却在总福利水平上更优,此时政府需要以一定的补贴引领企业集聚。③企业选择分散,分散可提高支付水平,且分散在社会总福利水平上也是更优的,此时政府无须施加产业政策引导企业集聚,但应加强基础设施建设以不断降低运输成本,从而提升经济活动的向心力。通过模型分析,本章证明了政府对生产的空间分布进行规划和引领是合理且必要的,同时也指出了上级政府统筹协调的必要性。

表7-1 两地区、两企业和两政府博弈均衡结果分情况汇总

博弈区间	向心力	离心力	企业选择	社会选择	政府区域经济发展政策建议
一	强	弱	集聚	集聚	制订区域产业发展规划,上级政府有效协调
二	中	中	分散	集聚	为企业投资提供补贴,上级政府有效协调
三	弱	强	分散	分散	加强交通基础设施建设,增强向心力

思考讨论题

1. 西方经济理论中，政府干预的主要领域有哪些？
2. 什么是协调博弈？什么是聚点均衡？
3. 政府为企业生产区位选择博弈提供聚点会对经济福利产生怎样的影响？
4. 上级政府为什么需要对区域政府竞争进行有效协调？
5. 区域政府对经济实施的有效引领有哪些实现条件？

第八章 区域政府竞争：政府补贴与产业空间分布

通过在新经济地理学中心—外围模型（C-P模型）中加入独立的政府部门，本章将分析政府的制造业补贴对产业集聚和转移的影响：以C-P模型的标准情形为参照，比较制造业在存在政府干预的地区和不存在政府干预的地区、政府偏好不同的地区的空间分布状态。通过模型分析，我们可以知道政府对制造业的补贴能够降低本地市场效应、提高制造业的集聚力，使制造业更倾向于集中在一个地区；增加政府部门后，支撑点和突变点有所提高，这正是政府干预对提升制造业集聚力的作用的印证。

第一节 政府引领、规模经济与产业空间分布

改革开放以来，东部地区凭借区位、政策等优势，成为国际产业转移的最早受益者，通过大力发展劳动密集型产业，为我国的经济高速增长做出了巨大贡献。然而，随着东部地区产业升级进程的逐步加快，传统制造业不断向其他地区转移。为了承接这种产业转移，各地政府制定了多种优惠政策以期在本地形成产业集聚。其中，最重要也是最直接的一个政策就是对投资的政府补贴。当然，补贴的形式是多样的，有些是以超低的地价吸引投资者，有些是给予投资企业以税收减免，有些是为投资企业免费提供标准化厂房，这种区域间的竞争加速了产业转移，也推动了珠三角和长三角等地区的产业升级。

经典的产业转移理论如劳动密集型产业转移理论、边际产业转移理论、产品生命周期理论、国际生产折中理论和"雁行模式"理论等分别从产品、企业、产业的角度考察了产业转移的原因。不过，上述理论仍然没有摆脱"比较优势"理论及新古典分析框架的束缚，它们在规模报酬不变

第八章 区域政府竞争：政府补贴与产业空间分布

和完全竞争市场结构的假设条件下，把产业转移的根本动因归结为不同区域比较优势的差异性，或者不同产业在特定发展阶段对所在地区要素条件的不同要求。Fujita 和 Krugman 开创的新经济地理学（new economic geography）以 Dixit 和 Stiglitz 的垄断竞争模型为基础，首次把规模报酬递增引入一般均衡框架，在向心力（centripetal forces）和离心力（centrifugal forces）的共同作用下，经济产生了循环累积的因果过程（cumulative process），从而出现生产集聚区，即一个中心与外围（core-periphery）的产业集聚模式。这为研究生产集聚区的迁移问题提供了一个很好的工具。

但是，新经济地理学经典的 C-P 模型并没有探讨政府部门对产业集聚的作用，这些工作是由后续学者们不断尝试的。其中，具有代表性的包括 Luis Fernando Lanaspa 等、Steven Brakman 等、Richard E. Baldwin 和 Paul Krugman、Cristela Goce-Dakila 和 S. Mizokami、徐雷等的研究。① 然而，尽管这些研究中引入了政府干预，但对政府部门独特的偏好以及这种偏好对产业转移的影响却没能进行详尽的分析。实际上，根据政府角色的支持之手和掠夺之手的理论，政府对经济的干预存在二重性：一方面，政府希望经济能够快速发展；另一方面，政府希望最大化自己在经济增长中的收益。基于此，我们在 C-P 模型的框架下设立了独立的政府部门，并令政府部门的效用函数中包含公共支出和私人消费两方面，从而考察不同的政府偏好对产业集聚和转移的影响，以此解释政府在产业转移方面的影响并给出相关政策建议。

---

① L. F. Lanaspa, F. Pueyo, and F. Sanz, "The Public Sector and Core-Periphery Models," *Urban Studies* 38, no. 10 (2001): 1639 – 1649; S. Brakman, H. Garretsen, and C. van Marrewijk, "Locational Competition and Agglomeration: The Role of Government Spending," *Cesifo Working Paper*, no. 775, 2002; R. E. Baldwin and P. Krugman, "Agglomeration, Integration and Tax Harmonization," *NBER Working Paper*, no. 9290, 2002; G. -D. Cristela and S. Mizokami, "Core-Periphery Relations and Urban Transport Infrastructure Investment," *Journal of the Eastern Asia Society for Transportation Studies* 8 (2010): 216 – 231; 徐雷：《运输成本、土地价格与生产集聚区迁移》，载《科学决策》2011 年第 4 期，第 47～58 页。

第二节 规模经济条件下政府
对产业分布的引领机制

在本节，我们将构建具有独立政府部门的 C－P 模型，模型中包括三个部门，分别是消费者部门、政府部门和制造业部门。我们将运用这一模型分析政府在产业集聚和转移中发挥的重要作用。

一、消费者部门

对于制造业产品和农业产品来说，所有的消费者都具有相同的偏好，效用由柯布－道格拉斯函数表示：

$$U = M^\mu A^{1-\mu} \qquad (8-1)$$

其中，A 是农产品的消费量；μ 是一常量，表示制成品的支出份额；M 表示工业制成品的综合消费指数，符合不变替代弹性函数（constant elasticity of substitution，CES）：

$$M = \left[\int_0^n m(i)^\rho \mathrm{d}i\right]^{1/\rho}, \quad \rho \in (0,1) \qquad (8-2)$$

其中，$m(i)$ 表示每种可得制成品的消费量；n 表示制成品种类的范围；参数 ρ 表示消费者对制成品多样性的偏好程度。当 ρ 趋近于 1 时，差异化产品几乎是可完全替代的；当 ρ 趋近于 0 时，消费更多种类差异化产品的愿望越来越强。令 $\sigma = 1/(1-\rho)$，则 σ 表示任意两种制成品之间的替代弹性。

给定收入 Y 和一组价格：p^A 是农产品的价格，$p(i)$ 是每种制成品的价格，那么消费者的预算约束就是 $p^A A + \int_0^n p(i)m(i)\mathrm{d}i = Y$。消费者的问题就是在这个预算约束下实现效用最大化。我们通过两步法解决这个问题：第一步，不论制成品组合 M 是多少，我们都需要选定每一个 $m(i)$，使制成品组合 M 的成本最低，继而由效用最大化的一阶条件可得产品的需求为

$$m(j) = \mu Y \frac{p(j)^{-\sigma}}{G^{-(\sigma-1)}}, \quad j \in [0,n] \qquad (8-3)$$

其中，G 为一单位工业制成品组合的最小成本，也即价格指数：

$$G = \left[\int_0^n p(i)^{\rho/(\rho-1)} di \right]^{(\rho-1)/\rho} = \left[\int_0^n p(i)^{\rho/(\rho-1)} di \right]^{1/(1-\sigma)} \quad (8-4)$$

我们还可得到间接效用函数：

$$U = \mu^\mu (1-\mu)^{1-\mu} Y G^{-\mu} (p^A)^{-(1-\mu)} \quad (8-5)$$

其中，$G^{-\mu}(p^A)^{-(1-\mu)}$ 是该经济体的生活费用指数。

这里，我们引入冯·杜能和萨缪尔森引进的"冰山"形式来衡量工业制成品的运输成本。具体来讲，如果把一单位制成品从地区 r 运至地区 s，那么只有其中一部分即 $1/\tau_{rs}$ 能够到达 ($\tau \geq 1$)；其余部分都在运输途中"融化"掉了。于是，有

$$p_{rs}^M = p_r^M \tau_{rs}^M \quad (8-6)$$

各个地区制成品的价格指数可能都有区别，我们把地区 s 的价格指数记为 G_s 来表示这种区别：

$$G_s = \left[\sum_{r=1}^R n_r (p_r^M \tau_{rs}^M)^{1-\sigma} \right]^{1/(1-\sigma)}, \quad s = 1, 2, \cdots, R \quad (8-7)$$

于是，地区 s 对地区 r 生产的一种产品的消费需求为

$$\mu Y_s (p_r^M \tau_{rs}^M)^{-\sigma} G_s^{\sigma-1} \quad (8-8)$$

把这种产品在各地区的消费量相加，就可得到地区 r 此种产品的总销售量

$$q_r^M = \mu \sum_{s=1}^R Y_s (p_r^M \tau_{rs}^M)^{-\sigma} G_s^{\sigma-1} \tau_{rs}^M \quad (8-9)$$

二、政府部门

政府官员的效用函数：

$$V = E^T C^{1-T} \quad (8-10)$$

约束条件为：

$$E + C = R \quad (8-11)$$

其次，R 为政府收入，来自本地区工人和农民的税收。令税率为 t，则 $R_r = tY_r$。由此可得，政府的公共支出为 $E = TR$，政府官员的私人消费为 $C = (1-T)R$。这里，我们假定政府官员的偏好与我们前面设定的消费者的偏好完全一致。

三、制造业部门

工业制成品的生产存在规模经济，假设规模经济只在产品种类水平上存

在，不考虑范围经济与协作经济。假设所有地区所有工业制成品的边际投入都相同，为 c^M，但固定投入不同，为 F_r。假设生产中只有一种要素投入即劳动，在给定地区生产数量为 q^M 的任何产品需要的劳动投入为 l^M，即

$$l_r^M = F_r + c^M q_r^M \tag{8-12}$$

1. 利润最大化

考虑一家位于地区 r 的厂商生产一种特定产品，该特定厂商支付给制造业工人的工资率是给定的 w_r^M，产品的出厂价为 p_r^M，则利润为

$$\pi_r = p_r^M q_r^M - w_r^M (F_r + c^M q_r^M)_r \tag{8-13}$$

其中，$q_r^M = \mu \sum_{s=1}^{R} Y_s (p_r^M \tau_{rs}^M)^{-\sigma} G_s^{\sigma-1} \tau_{rs}^M$。在 G_s 给定的情况下，假定所有厂商都选定各自的产品价格，则需求弹性就是 σ。根据利润最大化原则可知，对于所有地区 r 生产的产品种类有

$$p_r^M \left(1 - \frac{1}{\sigma}\right) = c^M w_r^M \quad \text{或} \quad p_r^M = \frac{c^M w_r^M}{\rho} \tag{8-14}$$

我们假设当厂商盈利或亏损时，可以自由进入或退出。如果定价原则是给定的，那么地区 r 的厂商的利润为

$$\pi_r = w_r^M \left(\frac{q_r^M c_r^M}{\sigma - 1} - F\right) \tag{8-15}$$

所以，零利润条件意味着任何自由厂商的均衡产出为

$$q_r^* = \frac{F(\sigma - 1)}{c^M} \tag{8-16}$$

相应的均衡劳动投入为

$$l_r^* = F + c^M q_r^* = \frac{F\sigma}{w_r} \tag{8-17}$$

在该经济体中，所有自由厂商的 q_r^* 和 l_r^* 都是常量。因此，如果 L_r^M 表示地区 r 的制造业工人数量，n_r 表示地区 r 的制造业厂商数目（恒等于制造业的产品种类数），那么

$$n_r = \frac{L_r^M}{l_r^*} = \frac{L_r^M}{F\sigma} \tag{8-18}$$

2. 制造业工资方程

根据式（8-9），有

$$q_r^* = \mu \sum_{s=1}^{R} Y_s (p_r^M)^{-\sigma} (\tau_{rs}^M)^{1-\sigma} G_s^{\sigma-1} \tag{8-19}$$

对上面的方程变形后可知，自由厂商的定价当且仅当满足下面的条件时才能达到收支平衡：

$$(p_r^M)^\sigma = \frac{\mu}{q_r^*} \sum_{s=1}^{R} Y_s (\tau_{rs}^M)^{1-\sigma} G_s^{\sigma-1} \quad (8-20)$$

于是，我们能够得到

$$w_r^M = \left(\frac{\sigma-1}{\sigma c^M}\right) \left[\frac{\mu}{q_r^*} \sum_{s=1}^{R} Y_s (\tau_{rs}^M)^{1-\sigma} G_s^{\sigma-1}\right]^{1/\sigma} \quad (8-21)$$

此即制造业工资方程。

实际工资方程为

$$W_r^M = (w_r^M + E_r) G_r^{-\mu} (p_r^A)^{-(1-\mu)} \quad (8-22)$$

以上，我们构建了完整的具有独立政府部门的 C-P 模型。下面我们将以此模型为基础，分析政府在产业集聚和转移中发挥的重要作用。

第三节　两区域空间均衡

一、均衡方程

我们首先选择合适的计量单位对模型进行简化。令

$$c^M = \frac{\sigma-1}{\sigma} \quad (8-23)$$

这一标准化使定价方程（8-20）变为

$$p_r^M = w_r^M \quad (8-24)$$

同时，产量方程变为

$$q_r^* = l_r^* + \frac{R_r}{w_r}$$

令固定投入需求 F 满足下列方程：

$$F = \frac{\mu}{\sigma} \quad (8-25)$$

这样，我们可以得到价格指数方程

$$G_r = \left[\sum_{s=1}^{R} \frac{L_r^M}{\mu} (w_r^M \tau_{sr}^M)^{1-\sigma}\right]^{1/(1-\sigma)} \quad (8-26)$$

由于农产品的运输是免费的且生产收益不变，因此各地区农民的工资

率相同。然而，各地区制造业工人的名义工资和实际工资都可能会有所不同。我们将 w_r 和 W_r 分别定义为地区 r 制造业工人的名义工资和实际工资。那么，是什么决定了两个地区间工人的流动呢？我们简单地假定工人会从实际工资较低的地区流向实际工资较高的地区。我们将平均工资定义为

$$\bar{w} = \sum_r \lambda w_r \qquad (8-27)$$

我们用 λ_r 表示地区 r 在任何时点上的制造业劳动力份额。适当地选择单位，令 $L^A = 1 - \mu$，于是，$L_r^M = \lambda_r L^M = \lambda_r \mu$。

假定 λ 的动态调整过程为

$$\dot{\lambda}_r = \gamma(w_r - \bar{w})\lambda_r \qquad (8-28)$$

经过以上的简化处理，我们可以用下面一组方程来描述两地区的空间均衡情况：

两地区消费者的可支配收入方程为

$$Y_1^d = (1-t)\left(\mu\lambda w_1 + \frac{1-\mu}{2}\right) \qquad (8-29)$$

$$Y_2^d = (1-t)\left[\mu(1-\lambda)w_2 + \frac{1-\mu}{2}\right] \qquad (8-30)$$

两地区的总收入方程为①

$$Y_1^s = Y_1^d + C_1 = (1-t)\left(\mu\lambda w_1 + \frac{1-\mu}{2}\right) + (1-T_1)R_1 \qquad (8-31)$$

$$Y_2^s = Y_2^d + C_2 = (1-t)\left[\mu(1-\lambda)w_2 + \frac{1-\mu}{2}\right] + (1-T_2)R_2 \qquad (8-32)$$

两地区消费的工业制成品的价格指数为

$$G_1 = \left[\lambda w_1^{1-\sigma} + (1-\lambda)(w_2\tau)^{1-\sigma}\right]^{1/(1-\sigma)} \qquad (8-33)$$

$$G_2 = \left[\lambda(w_1\tau)^{1-\sigma} + (1-\lambda)w_2^{1-\sigma}\right]^{1/(1-\sigma)} \qquad (8-34)$$

两地区工人的名义工资率为

$$w_1 = \left[Y_1^s G_1^{\sigma-1} + Y_2^s \tau^{1-\sigma} G_2^{\sigma-1}\right]^{1/\sigma} \qquad (8-35)$$

$$w_2 = \left[Y_1^s \tau^{1-\sigma} G_1^{\sigma-1} + Y_2^s G_2^{\sigma-1}\right]^{1/\sigma} \qquad (8-36)$$

两地区工人的实际工资为

---

① 由于政府官员的偏好与普通消费者的偏好完全一致，因此政府官员的私人消费 C 就构成了社会总收入的一部分。

$$W_1 = (w_1 + E_1)G_1^{-\mu} \qquad (8-37)$$
$$W_2 = (w_2 + E_2)G_2^{-\mu} \qquad (8-38)$$

二、均衡情况的数值示例

与新经济地理学模型分析的方法一样,我们运用计算机对由式(8-29)至式(8-38)组成的空间模型进行数值模拟,考察地区间实际工资差异($W_1 - W_2$)与地区制造业份额(λ)之间的关系。我们令 $\mu = 0.4$,$\sigma = 5$,在此条件下分别考察 $\tau = 2.1$、$\tau = 1.5$ 和 $\tau = 1.7$ 时的情况。

情况一:$\mu = 0.4$,$\sigma = 5$,$\tau = 2.1$。首先看标准情况,即没有政府部门时的情况。此时,$t_1 = t_2 = 0$,$T_1 = T_2 = 0$,由图 8-1 可以看出,此时制造业在两地区间均匀分布。再看地区 1 有政府而地区 2 没有政府的情况,令 $t_1 = 0.3$,$t_2 = 0$,$T_1 = 0.5$,$T_2 = 0$,即地区 1 的政府对总收入征收 30% 的税收,税收中的 50% 用于对制造业工人的工资补贴,另外 50% 则构成政府官员的私人消费。从图 8-1 中可以看出,此时出现了两个均衡点,一个是制造业均匀分布的稳定均衡 $\lambda = 0.55$,另一个是不稳定均衡 $\lambda = 0.9$。可见,政府部门对制造业的补贴能够使制造业更倾向于向该地区集中,并有可能形成中心—外围的制造业空间布局模式。设定两地区都有政府存在并发挥作用的情况为 $t_1 = t_2 = 0.3$,$T_1 = T_2 = 0.5$,此时与两地区

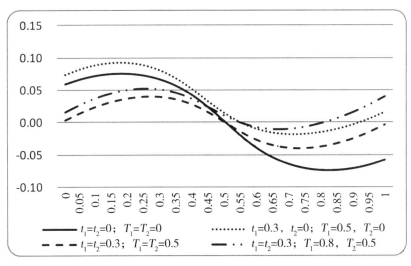

图 8-1 $\mu = 0.4$,$\sigma = 5$,$\tau = 2.1$ 时的空间均衡

没有政府的标准情况相似,制造业在两地区间均匀分布。但是,我们可以看出,与标准情况相比,当两地区都有政府时,地区间制造业工人的工资差异将降低,也就是说政府的出现提高了产业的向心力,使集聚更容易发生,这一点在后面的分析中还将得到印证。最后,看地区1政府比地区2政府更偏好公共支出的情况,令 $t_1 = t_2 = 0.3$,$T_1 = 0.8$,$T_2 = 0.5$,此时,地区1政府把收入中的80%用于公共支出,即对工人工资进行补贴,而地区2政府的这一花费只占其收入的50%。图8-1反映出这种情况也会形成两个均衡点,一个是制造业均匀分布的稳定均衡 $\lambda = 0.55$,另一个是不稳定均衡 $\lambda = 0.8$。也就是说,当地区1政府对制造业补贴更强时,该地区形成制造业中心的触发点更低,使制造业分布比例在55%的均衡点上再提高25%。当然,这需要进一步的刺激政策。

情况二:$\mu = 0.4$,$\sigma = 5$,$\tau = 1.5$。与前面一样,还是首先看标准情况,即没有政府部门时的情况。图8-2显示,当 $\tau = 1.5$ 时形成了中心—外围的空间均衡。当两个地区都存在政府且政府的税率和政府的偏好相同时,同样会形成中心—外围的空间均衡模式,只是此时两地工资差额更高,经济的集聚力更强。当只有一个地区有政府时,或者是一个地区的政府比另一个地区的政府更偏好公共支出时,制造业更容易向该地区集聚。

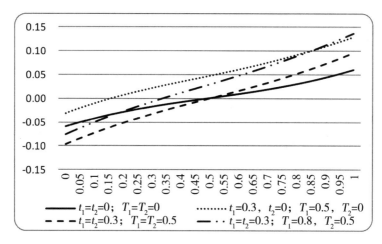

图8-2 $\mu = 0.4$,$\sigma = 5$,$\tau = 1.5$ 时的空间均衡

情况三:$\mu = 0.4$,$\sigma = 5$,$\tau = 1.7$。此时,标准情况下的空间均衡有3个均衡点,分别是一个稳定的均匀分布均衡点和两个不稳定的中心—外

围均衡点。如图 8-3 所示,当 $\lambda < 0.15$ 时,制造业会向地区 2 集聚;当 $\lambda > 0.85$ 时,制造业会向地区 1 集聚;当地区 1 的制造业份额在 0.15 与 0.85 之间时,制造业在两地区会趋向均匀分布。其他三种情况下都会导致中心—外围均衡,并且,制造业会更倾向于向政府作用更大的地区集聚。

至此,我们通过数值模拟的方式分析了在不同运输成本条件下,政府作用对产业集聚的影响。下面,我们将继续探讨引入政府部门后的支撑点与突变点。

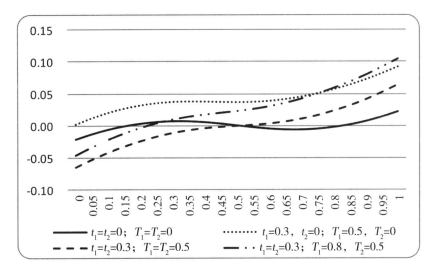

图 8-3 $\mu = 0.4$,$\sigma = 5$,$\tau = 1.7$ 时的空间均衡

第四节 引入政府部门后的支撑点与突变点

一、引入政府部门后的支撑点情况

我们假定,开始时所有制造业都集中于一个地区(如地区 1)。为了确定这种情况是否达到了均衡,我们需要考虑以下问题:如果有一小批工人从地区 1 迁往地区 2,那么比起留下的工人,他们是否可以得到更高的实际工资?如果答案是肯定的,那么中心—外围的地理分布就不是一种均

衡，因为制造业会不断向外围地区转移。反之，中心—外围模式就是一种均衡，因为制造业的集中可以自我维持。

简言之，为了考察中心—外围模式是否可以维持下去，我们需要假定一种情况，使 $\lambda = 1$，并在此条件下比较 w_1 和 w_2 的大小。如果 $w_1 \geq w_2$，那么中心—外围模式就是可以持续的，因为此时制造业工人不会迁离地区 1。

首先看没有政府部门时的情况。令 $\lambda = 1$，均衡时有 $w_1 = 1$，并且

$$Y_1 = \frac{1+\mu}{2}, \quad Y_2 = \frac{1-\mu}{2}$$

$$G_1 = 1, \quad G_2 = T \qquad (8-39)$$

由此，我们可以得到地区 2 的实际工资方程：

$$W_2 = \tau^{-\mu}\left(\frac{1+\mu}{2}T^{1-\sigma} + \frac{1-\mu}{2}T^{\sigma-1}\right) \qquad (8-40)$$

由于 $w_1 = 1$、$G_1 = 1$，因此 $W_1 = 1$。所以，当 $W_2 > 1$ 时，我们就说中心—外围模式是不稳定的。

再来看有政府部门存在的情况。这里，我们只考虑两地区都有政府部门且两个政府部门偏好相同的情况。仍然令 $\lambda = 1$，此时均衡时有 $w_1 = 0.7727$，并赋值 $\mu = 0.4$，$\sigma = 5$，$t_1 = t_2 = 0.3$，$T_1 = T_2 = 0.5$，我们得到

$$W_2 = (2.8\tau^{-4})^{0.1}\left[(0.18\tau^{-4} + 0.09\tau^4)^{0.2} + 0.045\right] \qquad (8-41)$$

在同样的赋值条件下，我们可以得到没有政府时地区 2 的实际工资，即式（8-40）转化为

$$W_2 = (0.7\tau^{-4} + 0.3\tau^4)^{0.2}\tau^{0.4} \qquad (8-42)$$

从支撑点图（如图 8-4 所示）中我们可以看到，当有政府时，即两地间不存在运输成本（$\tau = 1$）时，两地的实际工资也存在差异。图中反映出，当两个地区存在政府且政府偏好相同并有 $\tau = 1$ 时，$W_1 > W_2$，此时有一个中心—外围均衡。但是，当不存在运输成本的时候，也就是两地区没有区位差异的时候，是不会出现中心—外围模式的。实际上，从数值模拟的结果上看，当 $\tau = 1$ 时，有政府存在的两个地区的名义工资 w 和价格指数 G 都是相同的，有差异的地方在于 Y、R、C、E 和 W。这种情况是这样形成的：政府的存在使得公共财政支出提供了公共物品和公共服务，这些公共品提高了工人的实际工资，并且，当地区间的收入差距 Y 越大

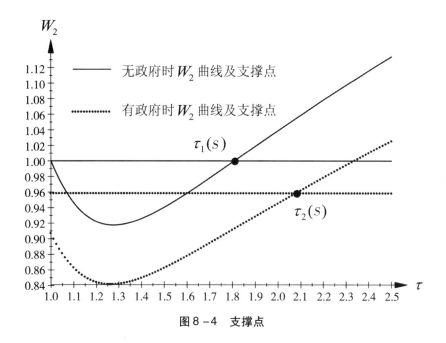

图 8-4 支撑点

时，这种实际工资上的差距也就越大。因此，即使不考虑运输成本，也会形成中心—外围模式。

二、引入政府部门后的突变点情况

我们再来看突变点的情况。所谓突变点，就是对称均衡被打破时运输成本的最小值点，也就是在对称均衡确立的条件下，随着运输成本的减少，对称均衡变得不稳定而被打破的临界点。为了考察突变点，我们需要在对称均衡的条件下考察 $\dfrac{\mathrm{d}(W_1 - W_2)}{\mathrm{d}\lambda}$。由于是就对称均衡求微分，因此可以作进一步简化，即地区 1 的任何一个内生变量发生变化，地区 2 的对应变量也会作出相应变化，二者大小相同，符号相反，这就意味着我们只需考察 $\dfrac{\mathrm{d}W_1}{\mathrm{d}\lambda}$ 的数值即可。

首先，在没有政府部门的情况下，我们可以得到：

$$\frac{\mathrm{d}W}{\mathrm{d}\lambda} = 2ZG^{-\mu}\left(\frac{1-\rho}{\rho}\right)\left[\frac{\mu(1+\rho) - Z(\mu^2 + \rho)}{1 - \mu Z(1-\rho) - \rho Z^2}\right]$$

其中,
$$Z = \frac{1-\tau^{1-\sigma}}{1+\tau^{1-\sigma}}, \quad \rho = \frac{\sigma-1}{\sigma} \qquad (8-43)$$

在对称均衡条件下,有 $\lambda = 1/2$,$Y = 1/2$,$w = 1$,$G = \frac{(1+\tau^{1-\sigma})}{2}$。对各参数进行赋值:$\mu = 0.4$,$\sigma = 5$。于是可以得到一条 $\frac{\mathrm{d}W}{\mathrm{d}\lambda}$ 与运输成本 τ 之间的曲线关系图。基于同样的方法和赋值条件,我们可以得到在两地区都有政府部门时 $\frac{\mathrm{d}W}{\mathrm{d}\lambda}$ 与运输成本 τ 之间的曲线关系图。我们把两条曲线绘制在同一坐标图中。(如图 8-5 所示)

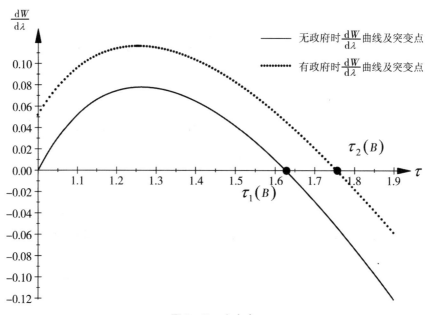

图 8-5 突变点

由图中可以看出,政府存在时的突变点比没有政府时的突变点更高。也就是说,政府对制造业的补贴会使制造业的集聚更容易发生,这也印证了我们前面提到的政府作用会带来更高的产业集聚力。

表 8-1 给出了不同参数赋值条件下没有政府和有政府时的支撑点与突变点。从表中可以看出，随着 μ 值的提高，强大的本地市场效应会提高支撑点和突变点。而随着 σ 值的提高，支撑点和突变点均会下降。同时，我们也看到，政府对制造业的补贴会提高支撑点和突变点。

表 8-1 支撑点与突变点

变量	$\mu=0.2$		$\mu=0.4$		$\mu=0.6$	
支撑点	$\tau_1(S)$	$\tau_2(S)$	$\tau_1(S)$	$\tau_2(S)$	$\tau_1(S)$	$\tau_2(S)$
$\sigma=5$	1.27	1.37	1.81	2.08	5.0	7.19
$\sigma=7$	1.16	1.25	1.44	1.64	2.44	3.30
突变点	$\tau_1(B)$	$\tau_2(B)$	$\tau_1(B)$	$\tau_2(B)$	$\tau_1(B)$	$\tau_2(B)$
$\sigma=5$	1.26	1.34	1.63	1.75	2.30	2.66
$\sigma=7$	1.16	1.22	1.36	1.45	1.68	1.85

本章小结

通过在 C-P 模型中引入独立的政府部门，我们得以分析政府干预对制造业空间分布的影响。本章研究表明，政府干预的存在，尤其是政府对制造业的补贴，降低了本地市场效应，提高了制造业的集聚力，使制造业更倾向于向一个地区集中。增加政府部门后支撑点和突变点会提高，印证了政府干预对提升制造业集聚的作用。

新经济地理学认为产业集聚的决定因素主要有两个，即历史偶然和循环累积的因果过程。具体来讲，一次偶然事件使得某个地区建立了一个行业，在此之后，累积过程便开始发挥作用。一系列互为因果的事件在经过一次波动之后会迅速地收敛到最初的稳定均衡，或收敛到其他的稳定均衡点。这种相互作用会随着时间的变化而变化，使最初的偶然事件产生大而持久的影响的，就是累积过程。我们的分析表明，政府作用是使得一个产业在某一地区形成的一种重要力量。同时，政府的强大力量也可使已经产生的循环累积过程发生逆转。当然，如何正确地实施政府干预，使不同的产业在地区间合理布局，是我们要进一步研究的问题。

竞争优势理论

思考讨论题

1. 规模经济在产业集聚中发挥了怎样的作用?
2. 新经济地理学中产业空间分布的向心力和离心力是什么?
3. 政府补贴对产业集聚发挥了怎样的作用?
4. 试将本章内容与第七章内容相结合,讨论政府对区域经济发展的引领作用。

第九章　区域政府竞争：人才引进政策与区域经济发展

随着我国步入经济社会高质量发展阶段，人才竞争已经成为区域竞争的焦点。本章将鼓励劳动者进行专业技能投资的人才政策划分为两种类型，一是高端人才激励政策，二是普惠性补贴政策。在一个信号传递模型中对这两种人才政策进行比较，以期揭示政府人才政策推动区域经济发展的机理，进一步展示政府在增强区域竞争力中的重要作用。

第一节　人才竞争与区域经济发展

一、我国区域间人才竞争态势

2017年，武汉市启动实施"双百万工程"①，拉开"抢人大战"序幕。此后，国内人才竞争日趋激烈，城市"人才争夺战"蓬勃兴起，我国出现了一个全国性的"抢才""抢人"浪潮。据统计，截至2020年底，全国共有240多个地级及以上城市先后发布了以争夺人才为主旨的"人才新政"。各地"人才新政"主要以提供购房或安家补贴、给予创新创业资助、开放户籍等为核心内容，优惠政策比拼激烈，且不断升级加码。

学界对于我国区域竞争中出现的这种新现象进行了解释，如赵全军认为，当前地方政府竞争指向已从"增长"发展到"高质量增长"，而支撑高质量增长的核心资源就是人才，因此地方政府的竞争就从"为增长而竞

---

① 具体指2017年武汉市启动实施的"百万大学生留汉创业就业工程"和"百万校友资智回汉工程"。

争"转向"为人才而竞争"。① 各地人才新政背后的竞争逻辑促使各区域政府将吸引人才流入设定为首要目标。这是对存量人才资源的一种市场化再分配,但却造成区域人才竞争出现"内卷化"倾向,各地人才政策设计结构失衡,对原有人才重视不够、行为主体角色错位、制度规范滞后、政策效用单一及同质化严重等问题。② 尽管如此,由于人才对企业创新活动和区域经济增长的促进效应,③ 以及人才政策对人才集聚的显著促进效应,④ 地方政府实施这类人才政策显然是一种理性的选择。

二、区域政府人才政策类型

从现有文献对此类人才新政的评价上看,相关研究多聚焦于人才新政对城市创新能力[5]、区域经济发展[6]、商品房价格[7]等几个方面的影响,这些研究仍以经济发展指标作为评价人才政策的核心变量,但人才政策实施的直接客体是人才资源自身,这一点却被现有文献忽略了。实际上,人才政策的根本目的是通过优惠和支持政策鼓励劳动者进行学习和培训,成为掌握专业技能的人才。这是人才政策背后有别于引进人才的另一逻辑主线,即通过扩大人才绝对规模和提升人才质量,推动经济高质量发展。这是更具整体经济福利提升意义的政策目标。改革开放40多年来,我国正

---

① 赵全军:《"为人才而竞争":理解地方政府行为的一个新视角》,载《中国行政管理》2021年第4期,第40~45页。
② 张媛:《城市人才战略的提升路径》,载《人民论坛》2018年第19期,第60~61页;陈新明、萧鸣政、张睿超:《城市"抢人大战"的政策特征、效力测度及优化建议》,载《中国人力资源开发》2020年第37卷第5期,第59~69页;袁方成:《城市人才政策转向的创新路径》,载《人民论坛》2020年第21期,第73~75页。
③ 于源、苑德宇:《"新常态"下补贴和人才对企业自主创新的影响》,载《技术经济与管理研究》2016年第9期,第39~45页;刘春林、田玲:《人才政策"背书"能否促进企业创新》,载《中国工业经济》2021年第3期,第156~173页。
④ 李慷、黄辰、邓大胜:《省级科技人才政策对科技人才集聚的影响分析》,载《调研世界》2021年第7期,第41~47页。
⑤ 毛丰付、郑芳、何慧竹:《"以房抢人"提高了城市创新能力吗?》,载《财经科学》2019年第7期,第108~121页。
⑥ 孙文浩、张益丰:《城市抢"人"大战有利于地区新旧动能转换吗?》,载《科学学研究》2019年第37卷第7期,第1220~1230页。
⑦ 杨成刚、李海滨:《人口迁移、住宅供需变化与区域经济发展——对当前国内城市"抢人大战"的经济学分析》,载《理论探讨》2019年第3期,第93~98页;陈新明、刘丰榕、朱玉慧兰:《"抢人大战"会推高城市房价吗?——基于"人才新政"的政策效应检验》,载《管理现代化》2020年第40卷第3期,第90~94页。

第九章　区域政府竞争：人才引进政策与区域经济发展

是因为在人才引进和人才培养两个方面均实施了有效的促进政策，才使我国成为全球人力资源第一大国。① 而从地方政府的层面看，如何实施有效的人才政策鼓励劳动者进行专业技术投资，从而扩大人才规模、提升人才质量是与引进人才同等重要的政策着力点。

本章以一个信号传递模型比较了两种人才政策对工人专业技术投资决策的影响。模型中，两种人才政策均简化为货币性资助，第一种人才政策发生在工人进行专业技术投资以后，即对已经取得专业技术而成为人才的工人进行资助，我们称之为高端人才激励性事后资助；第二种人才政策发生在工人进行专业技术投资以前，即对工人进行专业技术投资所产生的成本进行补贴，我们称之为普惠性事前补贴。模型中，工人被分为两种能力类型，即高能力工人和低能力工人：高能力工人能够通过专业技术投资而掌握必需的专业技能，从而能够利用新的技术设备以实现更高的产出水平，高能力工人依据专业技术投资成本又分为低成本类型和高成本类型。低能力工人即使进行了专业技术投资也无法掌握操作新设备的技能，因此不能实现更高的产出水平。通过模型演绎和数值示例，我们对不存在低能力工人和存在低能力工人这两种情况下的两种人才政策进行比较分析，这一方面是对经典信号传递模型的应用和发展，另一方面也是为完善我国各级政府人才政策提供理论支持。

第二节　不对称信息下的信号传递模型

本章将构建一个信号传递模型，以分析政府人才政策对工人专业技术投资决策的影响。Akerlof 最早阐述了信息不对称导致的逆向选择最终造成市场失灵的问题，② Spence 最早构建了劳动力市场的信号传递模型，③ 后续 Spence、Coate 和 Loury、Fang、Fang 和 Norman 以及 Rege 等对劳动力市

---

① 李燕萍等：《我国改革开放 40 年来科技人才政策演变、趋势与展望》，载《科技进步与对策》2019 年第 5 期，第 108～117 页。

② G. A. Akerlof, "The Market for 'Lemons': Quality Uncertainty and the Market Mechanism," *The Quarterly Journal of Economics* 84, no. 3 (1970): 488–500.

③ M. A. Spence, "Job Market Signaling," *Quarterly Journal of Economics* 87, no. 3 (1973): 355–374.

场中的信号传递模型作出了重要发展。① 本章的模型建构借鉴了这些经典文献,在此基础上加入了一个独立的政府部门,以最大化总产出为目标,以实施何种人才政策为策略集。此部分分析不存在低能力工人的基准情况,在本章第四节我们还将加入低能力工人,以对政府的两种人才政策进行更深入的比较。下面首先设定博弈参与人,之后阐明参与人行动的时间线,继而以逆向归纳法分析参与人的策略选择,最后对博弈均衡进行讨论。

一、博弈参与人

1. 企业

企业有两种生产技术,一种是传统技术,一种是新技术。如果使用传统技术,那么所有工人都将生产 1 单位的产出;如果使用新技术,则投资了专业技术的工人能够生产 $v_q > 1$ 的产出,而没有投资专业技术的工人使用新技术的产出为 0。本章假设企业是风险中性的,并以最大化利润为目标。

2. 工人

工人均是高能力的,即能够通专业技术投资获取操作新技术设备的能力。但高能力工人在获取专业技术的成本上存在差异,我们假设有两种类型,即低成本类型 C_L 和高成本类型 C_H,满足 $0 < C_L < C_H$。其中,低成本类型工人和高成本类型工人占工人总数的比例分别为 λ_L 和 λ_H,且 $\lambda_L + \lambda_H = 1$。工人的成本类型是其私人信息。

假设 A1:工人是否投资专业技术不能被直接观察。

该假设意味着,工人是否投资专业技术是工人自己的私人信息,但企业可以通过一个不完美的信号测试来推断工人是否进行了专业技术投资,这种信号测试可以是某种考试或试用期考核等。同时,我们也假设工人是风险中性的,并且他们并不直接关注自己被分配到哪种技术设备。

---

① M. A. Spence, *Market Signaling: Information Transfer in Hiring and Related Screening Processes* (Cambridge, MA: Harvard University Press, 1974); S. Coate and G. C. Loury, "Will Affirmative - Action Policies Eliminate Negative Stereotypes?" *American Economic Review* 83, no. 5 (1983): 1220 – 1240; Fang Hanming, "Social Culture and Economic Performance," *American Economic Review* 91, no. 4 (2001): 924 – 937; Fang Hanming and P. Norman, "Government-mandated Discriminatory Policies: Theory and Evidence," *International Economic Review* 47, no. 2 (2006): 361 – 389; Mari Rege, "Why do people care about social status," *Journal of Economic Behavior & Organization* 66, no. 2 (2008): 233 – 242.

假设 A2：$v_q - C_H > 1$。

假设 A2 意味着，不论工人是高成本类型还是低成本类型，他们进行专业技术投资都能够提升社会福利水平，因此，社会的最优选择就是所有工人都进行专业技术投资。

3. 政府

政府并不直接参与生产，但政府可以通过为工人提供补贴以扩大投资专业技术的工人数量，从而提升社会福利水平。政府有两种补贴形式：第一，为已经掌握专业技术的一部分"最优秀"工人提供奖励性资助。这种政策形式的作用主要体现为对工人投资专业技术的"事后"奖励，可看作高端人才的激励政策。第二，为全体工人提供普惠性补贴，这种补贴的主要作用体现为对工人投资专业技术的成本补偿效应。

假设 A3：政府以最大化社会总福利为目标。

在假设 A2 下，假设 A3 表明，政府的目标即是让全体高能力工人均能够进行专业技术投资，此时社会总福利达到最大。

二、参与人行动的时间线

第 0 阶段，自然对工人的成本类型进行选择，也就是决定一个工人是低成本类型还是高成本类型。

第 1 阶段，政府宣布其人才政策，同时企业宣布其工资方案。这样，人才政策和工资方案成为博弈的共同知识。

第 2 阶段，工人进行专业技术投资决定。

第 3 阶段，工人得到一个信号 $\theta \in [0,1]$，其概率密度函数依是否进行专业技术投资而不同，分别为 f_q（进行了专业技术投资的工人）和 f_u（没有进行专业技术投资的工人）。假设 f_q 和 f_u 连续可微，且满足严格单调似然比性质（strict monotone likelihood ration property, Strict MLRP），即

假设 A4：$\dfrac{f_q(\theta)}{f_u(\theta)} > \dfrac{f_q(\theta')}{f_u(\theta')}$，如果有 $\theta > \theta'$。

这一假设意味着已取得专业技术的工人更容易得到一个更高的信号。按照贝叶斯法则，当一个工人得到了一个更高的信号，那么他更有可能是取得了专业技术的工人。

第 4 阶段，工人依据企业提供的工资方案，决定与哪家企业签订雇佣协议。

第5阶段，企业依据工人传递的信号 θ 将工人分配到其适合的技术设备。

第6阶段，企业付给工人相应的工资，同时政府将许诺的人才补贴支付给工人（如图9-1所示）。

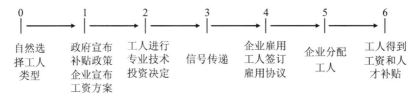

图9-1 参与人行动时间线

三、参与人的策略选择

1. 企业部门

设企业按工人发送的信号 θ 作工资安排，一个可测度的工资函数为 $w:[0,1] \to \mathbf{R}_+$，这里具体设定为

$$w(\theta) = \max\left\{1, \frac{\pi f_q(\theta)}{\pi f_q(\theta) + (1-\pi) f_u(\theta)} v_q\right\} \quad (9-1)$$

进行这一设定是基于这样的考虑：企业之间在劳动力市场上进行伯川德式竞争，也即企业给予工人的工资应等于其带来的期望产出。而当期望产出大于1时，这名工人就应该被分配到新技术设备以实现更高的产出水平。因此，一个工人，当且仅当其传递的信号 θ 满足下面的条件时，他将被分配到新的技术设备：

$$\frac{\pi f_q(\theta)}{\pi f_q(\theta) + (1-\pi) f_u(\theta)} v_q \geq 1 \quad (9-2)$$

因此，工人投资于专业技术而在企业中能够被分配到新技术设备以实现更高产出，从而得到更高工资的期望收益由下式给出：

$$B_f(\pi) = \int_0^1 w(\theta)[f_q(\theta) - f_u(\theta)]\mathrm{d}\theta \quad (9-3)$$

定义1：将工人被分配到新技术设备所需的最低 θ 定义为 $\hat{\theta}$。

由式（9-2）可知，$\hat{\theta}$ 应满足①

---

① 注意：当 $\pi = 0$ 时，$\hat{\theta} \to +\infty$；当 $\pi = 1$ 时，$\hat{\theta} = 0$。

第九章 区域政府竞争：人才引进政策与区域经济发展

$$\frac{\pi f_q(\hat{\theta})}{\pi f_q(\hat{\theta}) + (1-\pi) f_u(\hat{\theta})} v_q \geq 1$$

从而式（9-3）可被写为

$$B_f(\pi) = \int_{\hat{\theta}}^{1} w(\theta)[f_q(\theta) - f_u(\theta)] d\theta \qquad (9-4)$$

因此，在被分配到新技术设备的所有工人中，进行了专业技术投资的工人数量为

$$\pi \int_{\hat{\theta}}^{1} f_q(\theta) d\theta \qquad (9-5)$$

他们利用新技术带来的产出为 v_q，其余没有进行专业技术投资而被分配到新技术设备的工人，尽管拿到了大于 1 的工资，但产出为 0。被分配到传统技术的工人不论是否投资了专业技术，其产出均为 1。

定义 2：当均衡中投资了专业技术的工人比例为 π 时，经济的总产出为 $TP(\pi)$。

$$TP(\pi) = \left(\pi \int_{\hat{\theta}}^{1} f_q(\theta) d\theta\right) v_q + \pi \int_{0}^{\hat{\theta}} f_q(\theta) d\theta + (1-\pi) \int_{0}^{\hat{\theta}} f_u(\theta) d\theta$$
$$(9-6)$$

2. 政府部门

第一种情况，如果政府要对"最优秀"的工人进行激励性补贴，那么政府应首先设定补贴的范围，我们设这一补贴覆盖全部工人中的 α（$\alpha \in [0,1]$）部分，补贴额为 μ。得到政府补贴的工人的总收入可记为 w_s，它等于在企业工作获得的工资与政府补贴收入之和。政府实施人才政策的总成本可记为 $\alpha\mu$。政府部门所要做的就是对 α 和 μ 进行设定，以最大化社会总福利。由于工人的专业技术投资决策不能被直接观察（A1），因此，政府也只能通过工人传递的信号遴选"最优秀"的工人，继而给予补贴。将某个均衡中进行了专业技术投资的工人的比例设定为 π。

定义 3：政府将对信号值 θ 最高的 α 部分的工人给予补贴，将进入前 α 部分的 θ 的门槛值定义为 $\bar{\theta}$。

它应满足：

$$\int_{\bar{\theta}}^{1} [\pi f_q(\theta) + (1-\pi) f_u(\theta)] d\theta = \alpha \qquad (9-7)$$

因此，得到信号值大于 $\bar{\theta}$ 的工人都获取政府补贴，则通过投资专业技术而

获取补贴所带来的期望收益为

$$B_g(\alpha,\mu) = \int_\theta^1 \mu[f_q(\theta) - f_u(\theta)]d\theta \quad (9-8)$$

第二种情况，政府对全体工人的专业技术投资活动进行普惠性补贴。由于工人的成本类型是其私人信息，因此政府的补贴政策无法依工人类型实现差别化。我们设这一补贴额度为 ψ，此时，低成本类型工人的专业技术投资成本变为 $C_L - \psi$，高成本类型工人的专业技术投资成本变为 $C_H - \psi$。

3. 工人的投资决策

一个工人进行专业技术投资的激励来自他从投资专业技术中获取的总收益，该总收益由下式给出：

$$B = B_g + B_f \quad (9-9)$$

因为工人是否投资专业技术是不能被直接观察到的（假设A1），所以投资专业技术的收益直接来自工人能够因此获取一个更高水平信号 θ 的概率。当 $B > C_L$（或者 $C_L - \psi$）时，低成本类型工人将进行专业技术投资；当 $B > C_H$（或者 $C_H - \psi$）时，高成本类型工人将进行专业技术投资。①

四、贝叶斯纳什均衡与社会福利

本章关注政府补贴如何改变工人的专业技术投资决策，并将对两种补贴形式进行比较。因此，在均衡分析中，我们也将重点考察当经济中存在政府补贴时，它对博弈参与人策略选择和均衡的影响，及其最终如何改善了市场失灵。下面，我们以逆向归纳法对贝叶斯均衡进行分析。

1. 不存在政府补贴时的唯一均衡

引理1：如果不存在政府补贴，即 $\mu = \psi = 0$ 时，$B(\pi = 0) = B(\pi = 1) = 0$。

引理1（证明见本章附录）意味着，当全体工人中投资专业技术的比例为0时，工人个体进行专业技术投资的收益即为0。这是由于工人是否投资专业技术是不能被直接观察到的，因此，当全体工人都没有进行专业技术投资时，一个单独的工人不论其是否进行了专业技术投资，都会被视为未做投资的，他的专业技术投资是无用的，即收益为0。同理，当全体工人都进行了专业技术投资时，一个单独的工人不论其是否进行了专业技

---

① 注意：在普惠性补贴制度下，$B_g = 0$。

术投资，都会被视为已经进行了投资，因此，他的专业技术投资也是无用的，收益为0。由此我们还应注意到，当 $\alpha = 0$ 时，收益函数 $B(\pi)$ 是先增后减的倒 "U" 形曲线。

假设 A5：给定任意的参数组合 $\{f_q, f_u, v_q, \lambda_L, \lambda_H\}$，$C_L$ 满足 $B(\mu = \psi = 0, \pi) < C_L$。

假设 A5 给定了 C_L 的一个取值范围，在该假设条件下，我们有命题 1 成立。

命题 1：当不存在政府补贴时，经济中的唯一均衡是所有工人都不进行专业技术投资。

命题 1（证明见本章附录）意味着，如果不存在政府补贴，企业为工人提供的工资安排对于工人的专业技术投资决策是激励不足的，尽管有 $v_q - C_H > 1$，但由于信息不对称，工人个体的期望收益小于成本，使得工人的理性选择与社会最优选择相矛盾，从而导致由广义的柠檬市场问题带来的市场失灵。

2. 政府人才补贴对市场失灵的改善

以上分析给定了一个经济环境，在该经济中，当不存在人才补贴政策时，唯一的均衡就是所有工人都不进行专业技术投资。那么，当经济中存在人才补贴政策时，它是否能够解决这一柠檬市场问题，并诱导经济实现社会最优，也即全体工人都进行专业技术投资的均衡结果呢？下面将对此进行分析。

第一种情况，激励性补贴（事后补贴）。

引理 2：$B(\alpha > 0) > B(\alpha = 0)$。

引理 2（证明见本章附录）表明，政府提供的人才补贴能够增强工人投资专业技术的激励。

命题 2：给定 C_L 和 C_H，存在 $\alpha \in (0,1)$ 和 $\mu \in \mathbf{R}_+$，使得 $B(\alpha = 0) < C_L < C_H < B(\alpha > 0)$。

命题 2（证明见本章附录）表明，当给定 C_L 和 C_H 满足假设 A5 时，如果没有政府的人才补贴政策，那么唯一的均衡就是所有工人都不进行技术投资。而政府提供人才补贴后，可以通过设定补贴范围 α 和补贴强度 μ 来使激励足够大，以诱导全部工人都进行技术投资。可见，公共部门能够有效解决市场失灵问题。

第二种情况，普惠性补贴（事前补贴）。

如前所述，普惠性补贴意味着政府对工人的专业技术投资进行补贴，也即无差别地降低了专业技术的投资成本。因此，只要补贴额度足够高，即可使得 $B_f \geq C_L - \psi$（或者 $C_H - \psi$），从而诱导低成本类型工人（或者高成本类型工人）进行专业技术投资。

3. 社会福利与补贴绩效

我们将对两种补贴形式在三种均衡情况下进行比较分析，即没有工人进行专业技术投资的情况（$\pi = 0$）、只有低成本类型工人进行专业技术投资的情况（$\pi = \lambda_L$）和全体工人都进行专业技术投资的情况（$\pi = 1$）。

对于人才如何影响社会福利及怎样评价补贴绩效等问题，我们希望能够得到一个一般的结论，但这是非常困难而冗长的，尤其是我们难以得到 α 与 μ 之间的显性关系。因此，在下一节中，我们将通过一个数值例子对公共部门介入后的均衡和福利进行解释。

第三节 数值算例：对两种补贴形式的比较

为了更加直观地对模型均衡进行解释，考察政府部门如何解决了市场失灵问题，我们给出一个数值例子。考虑这样一个经济，$v_q = 2$，$\lambda_L = 0.5$，$C_L = 0.5$，$C_H = 0.8$，进行了专业技术投资和未进行专业技术投资的信号分布概率密度函数分别为

$$f_q(\theta) = \theta + 0.5 \qquad (9-10)$$

$$f_u(\theta) = 1.5 - \theta \qquad (9-11)$$

一、均衡为 $\pi = 0$ 的情况

当 $\pi = 0$ 为均衡时，如前所述，在没有政府补贴的条件下，这一均衡即可实现自我维持。此时，由于没有工人进行专业技术投资，因此专业技术投资成本总额为 0，总产出为 1，政府补贴总额为 0，补贴绩效①为 0。此外，我们还希望知道如果这一均衡已经形成，政府需要最少付出多少补贴才能扭转这一市场失灵情况。

---

① 这里将补贴产出定义为"总产出 − 1"，将补贴绩效（PFS）定义为"补贴产出/最小补贴总额"。

第一,从激励性事后补贴看。我们依据式(9-9),在给定不同的 μ 取值条件下,绘制出 B 和 α 之间的关系曲线(如图9-2所示)。从图中可以看出,随着补贴额度的提高,工人从投资专业技术中获取的期望收益也有所提高,当 $\mu = 2$ 时, $\max B(\alpha) = 0.5 = C_L$,已经达到突破市场失灵的临界值,而此时 $\alpha = 0.375$,这意味着补贴总额为 0.75($=0.375 \times 2$)。这里,我们希望能够获取突破市场失灵的最小补贴总额,也就是能够使得 $B \geq 0.5$ 的最小 $\alpha\mu$。

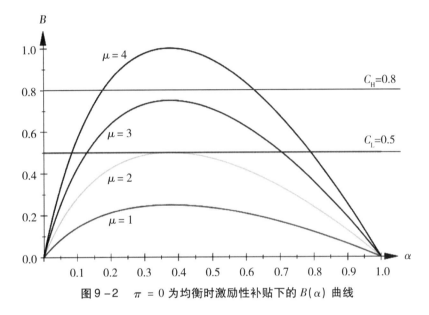

图9-2 $\pi = 0$ 为均衡时激励性补贴下的 $B(\alpha)$ 曲线

由 $B(\alpha) = 0.5$ 可得:

$$\mu = -\frac{0.5}{2\alpha - 2\sqrt{2\alpha + 0.25} + 1}$$

因此,可计算得到补贴总额 $\alpha\mu$ 的极小值为 0.25[①]。

第二,从普惠性事前补贴来看,为了突破 $\pi = 0$ 的市场失灵状态,需要使得 $B \geq C_L$,因此,最小补贴额为 0.5。此时,低成本类型工人会进行专业技术投资,由于低成本类型工人占比为 $\lambda_L = 0.5$,因此补贴总额 $\lambda_L \psi = 0.25$。这

---

① 这里需要注意的是,这一最小补贴额是在 α 趋于0时计算得到的极限值,因此不具有现实意义。我们可以设定一个更具现实可行性的 α 值,如 0.01,也即给予 θ 信号值排在前1%的工人补贴,此时 $\mu = 0.26$,因此补贴总额 $\alpha\mu = 0.26$。

与激励性事后补贴的最小补贴总额是相等的。但是我们能够很容易地发现,普惠性事前补贴的最小补贴总额严格依赖低成本类型工人比例 λ_L,当 $\lambda_L < 0.5$ 时,普惠性补贴更有效率,而在 $\lambda_L > 0.5$ 时,激励性补贴更有效率。

二、均衡为 $\pi = \lambda_L$ 的情况

当 $\pi = \lambda_L$ 为均衡时,要求 $C_L \leq B \leq C_H$。依据式(9-4)计算可得,$B_f = 1/3$。由于 $B_f < C_L$,因此在没有政府补贴的条件下,$\pi = \lambda_L$ 无法自我维持,这一均衡是不能实现的。

第一,在激励性补贴条件下,依据式(9-9)计算可得:

$$B = -\mu\alpha(\alpha - 1) + \frac{1}{3}$$

在给定不同的 μ 值条件下,绘制出 B 和 α 之间的关系曲线(如图9-3所示)。

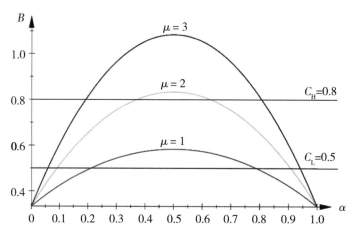

图9-3 $\pi = \lambda_L = 0.5$ 为均衡时激励性补贴下的 $B(\alpha)$ 曲线

当 $B = 0.5$ 时,计算可得:

$$\mu = \frac{1}{6(\alpha - \alpha^2)}$$

由此可得到补贴总额 $\alpha\mu$ 的极小值为 $1/6$。

第二,在普惠性补贴条件下。由于 $B_f = 1/3$,为使得 $B_f \geq C_L - \psi$,ψ

的极小值应为 1/6，由此，补贴总额的最小值为 1/12（$=\lambda_L\psi$）。

依据式（9-6），可以计算得到 $\pi=\lambda_L$ 均衡下的总产出为 1.125。由此可知，尽管实施激励性补贴能够引导低成本类型工人进行专业技术投资，但从政府的投入—产出看，补贴成本为 1/6 时社会福利仅增加了 0.125，因此激励性补贴是低效的。同理，普惠性补贴效率更高，产出大于投入，具有更好的可实施性。

三、均衡为 $\pi=1$ 的情况

当 $\pi=1$ 为均衡时，要求 $B\geqslant C_H$。显然，在本例中，此条件无法满足，均衡不能实现。下面我们对两种补贴进行分析。

第一，在激励性补贴条件下，依据式（9-9）计算可得：

$$B=\mu(2\alpha+2\sqrt{2.25-2\alpha}-3)$$

在给定不同的 μ 取值的条件下，绘制出 B 和 α 之间的关系曲线（如图 9-4 所示）。

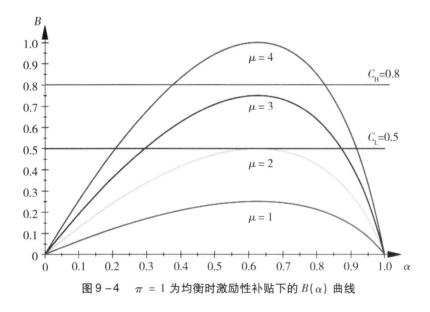

图 9-4　$\pi=1$ 为均衡时激励性补贴下的 $B(\alpha)$ 曲线

当 $B=0.8$ 时，计算可得：

$$\mu=\frac{0.8}{2\alpha+2\sqrt{2.25-2\alpha}-3}$$

由此可得到补贴总额 $\alpha\mu$ 的极小值为 1.2。

第二,在普惠性补贴条件下,为使 $B_f \geqslant C_H - \psi$,有 $\psi \geqslant 0.8$。尽管低成本类型工人专业技术投资成本仅为 0.5,但由于政府无法区分工人的成本类型,因此为了实现 $\pi = 1$ 的均衡,对全体工人的补贴额度均为 0.8,故补贴总额为 0.8。此时,由于全体工人均进行了专业技术投资,企业会将全部工人分配到新技术设备,因此工人产出均为 2,经济的总产出为 2。

表 9 – 1 汇总了两种人才补贴形式,通过比较可知,普惠性补贴的效率高于激励性补贴。不论是在 $\pi = \lambda_L = 0.5$ 均衡中还是在 $\pi = 1$ 均衡中,普惠性补贴下均衡实现所需的最小补贴总额总是小于激励性补贴。从补贴产出看,要实现 $\pi = \lambda_L = 0.5$ 的均衡,补贴产出为负,因为产出增量不足以弥补工人的专业技术投资成本。而对于 $\pi = 1$ 的均衡,补贴后产出增量足以弥补工人的专业技术投资成本,在这一均衡下,激励性补贴绩效为 1.125,普惠性补贴绩效为 1.588,普惠性补贴优于激励性补贴。

表 9 – 1 不同均衡下两种人才补贴形式的比较

均衡类型	补贴类型	总产出	工人成本	最小补贴总额	补贴产出	补贴绩效
均衡一: $\pi = 0$	激励性事后补贴	1	0	0	0	0
	普惠性事前补贴	1	0	0	0	0
均衡二: $\pi = \lambda_L = 0.5$	激励性事后补贴	1.125	0.25	0.167	-0.125	-0.749
	普惠性事前补贴	1.125	0.25	0.083	-0.125	-1.506
均衡三: $\pi = 1$	激励性事后补贴	2	0.65	1.2	1.35	1.125
	普惠性事前补贴	2	0.65	0.8	1.35	1.588

第九章　区域政府竞争：人才引进政策与区域经济发展

第四节　模型修正与政府人才政策选择的进一步探讨

一、在模型中加入低能力工人

在上一节中，我们看到普惠性补贴是更有效率的。但是，我们忽略了普惠性补贴会存在的一个问题，即低能力工人会大幅度增加普惠性补贴的成本，并降低其效果。在本章中，低能力工人投资专业技术的成本为 C_H，但即使进行了专业技术投资，低能力工人也无法获取操作新技术设备所需的技术，也不会因为投资了专业技术而提高其获取更高信号值的概率，因此，低能力工人专业技术投资的期望收益为 0。低能力工人数量相对于高能力工人的比例为 λ_U。与高能力工人一样，低能力工人的类型为其私人信息。

假设 A6：令 $\hat{\theta} = \min\{\bar{\theta}, \hat{\theta}\}$，低能力工人的信号服从 $(0, \hat{\theta})$ 上的均匀分布。

依据定义 1 和定义 3，$\bar{\theta}$ 为进入政府补贴范围的最低信号值，$\hat{\theta}$ 为被企业分配到新技术设备的最低信号值。因此，假设 A6 意味着不论低能力工人是否进行专业技术投资，其传递的信号都无法使他获得政府补贴，也不会被企业分配到新的技术设备。

1. 低能力工人对激励性补贴的影响

由于低能力工人即使进行了专业技术投资也不能获取操作新技术设备的技能，因此为了节省激励成本，政府不应将低能力工人纳入激励范畴。

命题 3：低能力工人不会影响激励性补贴的产出和绩效。

命题 3（证明见本章附录）表明，在激励性补贴制度下，政府无须考虑低能力工人的激励问题，在决定补贴范围 α 时，也是基于高能力工人数量。因此，低能力工人对政府激励性补贴政策的产出和绩效不产生影响。由于激励性补贴下专业技术投资成本仍由工人负担，因此低能力工人不会进行专业技术投资，对专业技术投资总成本也不会产生影响。

2. 低能力工人对普惠性补贴的影响

在普惠性补贴下，工人进行专业技术投资的成本由政府负担。在 $\pi = \lambda_L$

的均衡条件下，政府仅负担高能力工人中低成本类型的专业技术投资成本，因此补贴总额、补贴产出和补贴绩效与不存在低能力工人时是一致的。

在 $\pi = 1$ 的均衡条件下，由于此时的补贴额度为 C_H，已经能够覆盖到低能力工人的专业技术投资成本，因此低能力工人也会进行专业技术投资。由于低能力工人进行专业技术投资的个人与社会收益均为0，因此带来了专业技术上的过度投资，并导致政府人才补贴总额由 C_H 增加到 $C_H + \lambda_u C_H$，但总产出却并未因低能力工人进行了专业技术投资而增加，因此补贴绩效会下降。由此可见，在有低能力工人存在的条件下，普惠性补贴要实现全部高能力工人都进行专业技术投资的高水平均衡也会面临由低能力工人带来的广义的柠檬市场问题，这可能最终导致高水平均衡无法实现。

二、数值算例

1. 对三种均衡情况下两种补贴形式的再次比较

继续上面的模型，现在假设在低成本类型和高成本类型的高能力工人之外存在着低能力工人，其相对于高能力工人的比例为 $\lambda_u = 1$。

在激励性补贴制度下，由命题3可知，对于 $\pi = 0, \pi = \lambda_L = 0.5$ 和 $\pi = 1$ 三种均衡情况，政府人才补贴额度、补贴总额和补贴绩效均不发生变化。在普惠性补贴政策中，如前文所述，对于 $\pi = 0$ 和 $\pi = \lambda_L = 0.5$ 两种均衡情况，补贴额度、补贴总额和补贴绩效也不发生改变。但如果要实现 $\pi = 1$ 的高质量均衡，则政府提供的补贴额度需要覆盖高成本类型工人的专业技术投资成本，也即 $C_H = 0.8$，而此时低能力工人也会选择进行专业技术投资。因此，经济中工人进行专业技术投资的总成本上升为 1.45（$= \lambda_L C_L + \lambda_H C_H + \lambda_u C_H$），而补贴产出则下降为 -0.45（$= 3 - 2 - 1.45$），补贴总额为1.8，因此补贴绩效下降为 -0.25（$= -0.45/1.8$）。我们将两种补贴制度的结果汇总在表9-2中，通过比较可知，当经济中存在低能力工人时，由于普惠性补贴无法排除对低能力工人的无效补贴，导致在 $\pi = 1$ 的高质量均衡中补贴总额提高，补贴绩效下降为负，普惠性补贴不再是可实施的。

表9-2 加入低能力工人后不同均衡下两种人才补贴形式的比较

均衡类型	补贴类型	总产出	工人成本	最小补贴总额	补贴产出	补贴绩效
均衡一：$\pi=0$	激励性事后补贴	2	0	0	0	0
	普惠性事前补贴	2	0	0	0	0
均衡二：$\pi=\lambda_L=0.5$	激励性事后补贴	2.125	0.25	0.167	-0.125	-0.749
	普惠性事前补贴	2.125	0.25	0.083	-0.125	-1.506
均衡三：$\pi=1$	激励性事后补贴	3	0.65	1.2	1.35	1.125
	普惠性事前补贴	3	1.45	1.8	-0.45	-0.25

2. 对普惠性补贴制度下最优补贴比例的探讨

由上述分析可知，当经济中存在低能力工人时，普惠性补贴无法实现全体高能力工人都进行专业技术投资的高水平均衡，那么，是否存在一个"次优"的均衡结果呢？此时，我们将政府目标由最大化社会总福利修订为最大化补贴绩效，那么根据式（9-1），可以得到企业的工资安排为

$$w(\theta) = \max\left\{1, \frac{2\pi(\theta+0.5)}{\pi(\theta+0.5)+(1-\pi)(1.5-\theta)}\right\}$$

由式（9-3）可得，当

$$\frac{2\pi(\hat{\theta}+0.5)}{\pi(\hat{\theta}+0.5)+(1-\pi)(1.5-\hat{\theta})} \geq 1$$

得到

$$\hat{\theta} = 1.5 - 2\pi, \quad \pi \in (0.25, 0.75)$$

由式（9-4）可计算得出 $B_f(\pi)$，其图形如图9-5所示①。

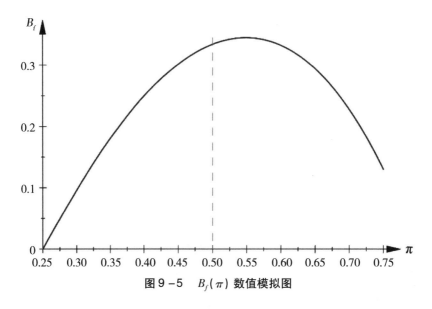

图9-5　$B_f(\pi)$ 数值模拟图

首先，当 $\pi \leq 0.5$ 和 $\pi = 1$ 时，普惠性补贴绩效均为负，因此，我们需要考察均衡为 $0.5 < \pi < 1$ 时的情况，其是否存在着一个能够使补贴绩效最大的补贴额度。当 $\pi = 0.549$ 时，$B_f(\pi)$ 取极大值，因此能够使补贴绩效达到极大的均衡的 π 在 0.549 右侧。设 π^* 为均衡时的 π，则补贴额度 $= 0.8 - B_f(\pi^*)$，补贴总额 $= \pi^*[0.8 - B_f(\pi^*)]$。总产出 $= TP + 1$。由此，补贴绩效为

$$PFS(\pi^*) = \frac{TP - 1}{\pi^*[0.8 - B_f(\pi^*)]}$$

我们画出 $PFS(\pi^*)$ 的图形如图9-6所示。

通过计算可得，当 $\pi^* = 0.708$ 时，补贴绩效取极大值，为 1.012，$B_f(0.708) = 0.214$，补贴额度 $= 0.586$，总产出 $TP(\pi) = 2.42$，补贴总额 $= 0.415$。由此可见，当经济中存在低能力工人时，由于工人类型是私人信息，因此，为了避免专业技术投资过度，普惠性人才政策应降低补贴额度。然而，这一策略选择又会带来另一个问题，即愿意进行技术投资的

---

① 由于 $B_f(\pi)$ 表达式过于冗长，这里未进行展示。另外，$\hat{\theta}$ 实际上是一个分段函数，当 $\pi > 0.75$ 时，有 $\hat{\theta} = 0$，在此区间内，$B_f(\pi)$ 为单调递减函数，且有 $B_f(1) = 0$。

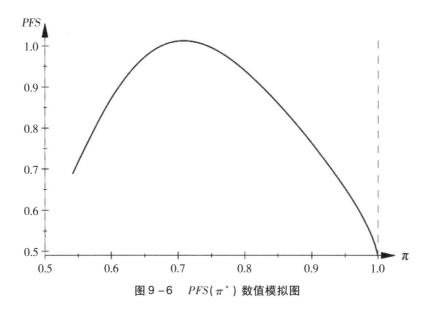

图 9-6　$PFS(\pi^*)$ 数值模拟图

工人数量超过补贴名额,因此需要设计一个可行的遴选机制或进入门槛,同时增加可选的专业技术补贴类别,以弥补由于补贴名额减少导致的福利水平下降。

三、对政府人才政策选择的探讨

第一,地方政府应加大对人才培养的支持力度,关注人才资源的长期发展。习近平总书记指出,"我国要建设世界科技强国,关键是要建设一支规模宏大、结构合理、素质优良的创新人才队伍"。党的十九大报告提出:"要培养造就一大批具有国际水平的战略科技人才、科技领军人才、青年科技人才和高水平创新团队。"人才引进固然是壮大人才队伍的重要途径,但从地方政府层面看,其政策着力点更应置于人才培养。制订长期的人才资源发展规划,通过激励和补贴等多种手段提高人才培养质量、降低人才培养成本,不断扩大人才规模、提升人才水平,为实现高质量发展、实现"十四五"规划目标和2035年远景目标提供人才保障。

第二,在普惠性技能培训项目中设立必要的甄选机制。我国各级政府设立了为数众多的普惠性技能培训项目,这些项目对促进就业、提升经济发展水平发挥了重要作用。然而,在此类项目中,一些培训机构存在机会主义的策略化反应倾向，只重培训规模而忽略培训效果，不能高质量地完成政府政策目标，导致资源浪费。因此，应在此类普惠性技能培训项目中设立必要的甄选机制或准入门槛，即向"最优"补贴比例"收敛"，同时还应扩大技能培训种类以补充由于设立准入门槛而导致的培训规模下降。以此为手段，在实现普惠的同时不断提升培训效果，推动此类项目不断完善，切实服务于民。

第三，应加强对人才政策的制订、实施及考核评价的全流程管理。在人才政策制订环节，各地人才政策制订者应注意对两类人才政策进行搭配使用，对本地区发展趋势及人才需求情况进行全面了解，在设定人才标准时可据城市现有条件而差异化处理，因城市未来发展方向的不同而有所侧重。[①] 在人才政策实施环节，应积极加强人才政策实施过程管理，可利用大数据、互联网、人工智能等新科技手段，实现对人才政策实施过程的全面监控，建立人才政策实施过程即时反应机制，提升人才政策实施效率。最后，要加强对人才政策实施效果的评价和考核。我国不同层级、不同部门对人才政策的评价存在目标异质性，评价结果难以相互匹配和支持。[②] 因此，应着力构建科学的考核和评价体系，主动发现人才政策存在的不足，并进行及时的完善和修正，以使人才政策能够更好地服务于地区高质量发展需要。

❋ 本章小结 ❋

即使工人进行专业技术投资的成本小于其能够带来的产出增量，但考虑到信息不对称带来的逆向选择问题，工人仍可能拒绝进行专业技术投资。本章对这种情况下的两种人才政策的作用效果进行了比较：第一，当经济中不存在低能力工人时，普惠性补贴政策具有更直接的作用效果，政策成本更低、绩效更好，能够更有效地实现全体工人都进行专业技术投资的高水平均衡结果。第二，当经济中存在低能力工人时，普惠性补贴政策在工人类型识别上存在困难，会导致政策成本大幅提高并引发专业技能投

---

① 耿强：《从城市定位与竞争战略看"抢人大战"》，载《人民论坛》2018年第15期，第12～14页。

② 孙悦：《国家人才战略规划绩效评估相关问题研究》，载《中国科技论坛》2013年第12期，第92～96页。

资过度，在低能力工人比例足够大时，全体工人都进行专业技术投资的高水平均衡变得无法实现。而当政策目标由最大化产出修订为最大化补贴绩效后，普惠性补贴存在一个"最优"的补贴比例，但这又带来了另一个问题，即通过何种机制对参与技能培训的工人进行资格遴选。因此，在不同环境条件下应该酌情使用两种人才政策。

思考讨论题

1. 区域政府人才政策可分为哪两种类型？
2. 信息不对称会对企业工资安排造成怎样的影响？
3. 高端人才激励政策与普惠性补贴政策的作用机理分别是什么？
4. 政府的人才政策会对区域经济带来怎样的影响？
5. 政府应该怎样酌情使用两种人才政策？

本章附录

1. 对引理 1 的证明

如果不存在公共部门，即 $\alpha = 0$，依据定义 1，有 $\bar{\theta} = 1$。因此：

$$B = B_g + B_f = \int_1^1 \mu[f_q(\theta) - f_u(\theta)]d\theta + \int_0^1 w[f_q(\theta) - f_u(\theta)]d\theta$$

$$= \int_0^1 w[f_q(\theta) - f_u(\theta)]d\theta$$

依据式 (9-5)，$w(\pi = 0) = 1$，$w(\pi = 1) = v_q$。因此：

$$B(\pi = 0) = \int_0^1 [f_q(\theta) - f_u(\theta)]d\theta = 0$$

$$B(\pi = 1) = \int_0^1 v_q[f_q(\theta) - f_u(\theta)]d\theta = 0$$

引理得证。

2. 对命题 1 的证明

如果低成本类型工人进行专业技术投资是一个均衡，意味着 $\pi = \lambda_L$，要求 $B(\alpha = 0, \lambda_L) \geq C_L$。依据假设 A6，这是不可能实现的。

如果全体工人都进行专业技术投资是一个均衡，意味着 $\pi = 1$，要求

$B(\alpha=0, \pi=1) > C_H$,依据引理1,$B(\alpha=0, \pi=1) = 0$,这也是不可能实现的。

如果全体工人都不进行专业技术投资是一个均衡,意味着$\pi=0$,$B(\alpha=0, \pi=0) < C_L$,由引理1,$B(\alpha=0, \pi=0) = 0$,此均衡条件得到满足。

由此,命题得证。

3. 对引理2的证明

当$\alpha=0$时,有

$$B = \int_0^1 w[f_q(\theta) - f_u(\theta)] \mathrm{d}\theta$$

当$0 < \alpha < 1$,依据定义1,$0 < \bar{\theta} < 1$。因此,有

$$B = B_g + B_f = \int_{\bar{\theta}}^1 \mu[f_q(\theta) - f_u(\theta)] \mathrm{d}\theta + \int_0^{\bar{\theta}} w[f_q(\theta) - f_u(\theta)] \mathrm{d}\theta$$

其中,

$$B_g = \int_{\bar{\theta}}^1 \mu[f_q(\theta) - f_u(\theta)] \mathrm{d}\theta = \mu\left[\int_{\bar{\theta}}^1 f_q(\theta)\mathrm{d}\theta - \int_{\bar{\theta}}^1 f_u(\theta)\mathrm{d}\theta\right]$$

由假设A4可知,

$$\int_{\bar{\theta}}^1 f_q(\theta)\mathrm{d}\theta - \int_{\bar{\theta}}^1 f_u(\theta)\mathrm{d}\theta > 0$$

因此,$B_g > 0$。

因此,$B(\alpha>0) > B(\alpha=0)$,引理得证。

4. 对命题2的证明

依据命题1,$B(\alpha=0) < C_L < C_H$;依据引理2,$B(\alpha=0) < B(\alpha>0)$。

依据式(9-8),

$$\frac{\partial B}{\partial w_s} = \frac{\partial\left(\int_{\bar{\theta}}^1 \mu[f_q(\theta)-f_u(\theta)]\mathrm{d}\theta + \int_0^{\bar{\theta}} w[f_q(\theta)-f_u(\theta)]\mathrm{d}\theta\right)}{\partial \mu}$$

$$= \frac{\partial \int_{\bar{\theta}}^1 \mu[f_q(\theta)-f_u(\theta)]\mathrm{d}\theta}{\partial w_s} > 0$$

当μ趋于正无穷时,有$\lim\limits_{\mu \to +\infty} B = +\infty$。

因此，存在 $\alpha \in (0, 1)$ 和 $\mu \in \mathbf{R}_+$，使得 $C_L < C_H < B$。

由此，命题得证。

5. 对命题 3 的证明

依据假设 A6，即使低能力工人进行专业技术投资，其传递的信号值仍小于得到政府激励性补贴所需的最小信号值，因此政府可在确定 $\bar{\theta}$ 时，将低能力工人所占权重设为 0。即此时的式（9-8）变为

$$\int_{\theta}^{1}\left[\pi f_q(\theta) + (1-\pi)f_u(\theta) + \frac{0}{\min\{\bar{\theta}, \hat{\theta}\}}\right]d\theta = \alpha$$

因此，得到的 $\bar{\theta}(\alpha)$ 与原式（9-8）相同。

同样，依据假设 A6，由于低能力工人传递的低信号值使他们不能被企业分配到新技术设备，因此其在企业工作的产出总为 1，不会因为激励性补贴而发生改变。

由此，命题得证。

第四编

中观经济学竞争型经济增长理论与实践

第十章 中观经济学竞争型经济增长理论

本章将对中观经济学框架下的竞争型经济增长理论和区域经济竞争梯度推移模型进行介绍,这是中观经济学对波特竞争优势理论的重要突破。更进一步,本章将阐述中观经济学经济发展新引擎理论,为区域政府在各增长阶段的重点施政方向提供指引。

第一节 理论概述

新中观经济学认为,经济学发展至今,对经济增长的理论探讨仍主要局限在产业经济领域,认为推动经济增长的主体是企业,经济增长的动力来自要素投入的增加和生产技术的进步;对于经济发展的另一重要动力——城市经济及其主体区域政府的作用,传统经济学理论或忽略,或表述模糊。但现实世界的实际情况是,一国的经济增长是由双动力驱动的,企业和区域政府都是推动经济增长的主体,经济增长不仅来自企业竞争力的提升,更是区域政府竞争优势的体现。因此,在新中观经济学中,经济增长是企业和区域政府竞争力驱动的竞争型经济增长,其对传统理论的重大突破就在于将区域政府竞争力作为区域经济增长的另一个支点,并对其进行了系统的解构。新中观经济学将经济增长划分为四个阶段,即由产业经济竞争主导的增长阶段、由城市经济竞争主导的增长阶段、由创新经济竞争主导的增长阶段以及由共享经济竞争与合作主导的增长阶段。下面,笔者分别对这四个增长阶段中企业和区域政府如何发挥对经济增长的驱动作用进行介绍和阐释。

一、由产业经济竞争主导的增长阶段

对于区域政府来说,产业经济竞争主要表现为区域产业链配套与产业

集群发展程度和区域产业政策的竞争。产业经济竞争主要是在区域经济增长的初始阶段，即要素驱动占据主导地位的阶段。

1. 对原生性资源的竞争

产业经济竞争的实质是区域生产要素配置的竞争，是区域政府对原生性资源的一种调配与争夺。在这一阶段，原生性资源主要包括土地、劳动力和资本等，几乎所有企业或产业都依赖于本区域的基本生产要素，其竞争优势主要体现在能否以更低的价格供给产品。因此，在这一阶段，一个区域的经济增长就取决于该区域是否能够在这些原生性资源的获取上取得竞争优势，也即以更低的成本取得这些资源。而处于此阶段的本地企业，其产品技术含量、功能种类和差异化等尚未得到更好的发展。

此阶段产业经济竞争所需的主要生产要素中，劳动力相对容易获取，本地企业的生产技术则主要依赖国外引进，或者是对在本区域投资的外商技术的模仿。也就是说，本地企业拥有的较高级的产品设计和技术，大多数或是由选择该区域作为生产网点的外商投资兴建的一体化作业工厂提供的，或是由本地制造企业以半成品加工方式学习而来的。所以，此阶段产业经济竞争所需要的关键原生性资源是土地和资本。因此，区域政府的竞争就体现在怎样为产业发展提供充足的土地和资本，当然，公路、水、电、通信等基础设施也是非常必要的。这就决定了在这一阶段区域政府应该采取有效措施，大力招商引资，开展项目竞争，完善产业链配套，形成产业集群，鼓励进出口贸易，发挥生产要素优势，驱动资源配置，不断推动区域经济增长。

也就是说，在经济发展的初始阶段，技术水平是较低的，且长期内不会有显著提高，资本也缺少有效积累，常常不足，所以区域更多依靠劳动力、自然资源等生产要素在数量上的简单扩张来获得和维持经济增长的动力。这种经济增长的驱动方式比较简单易行，短期效果也比较显著。因此，在这一阶段，各国区域政府通过努力创造条件，推动区域招商引资，有效开展区域生产要素优化配置的竞争，就能对经济增长起到很大的促进作用。

2. 产业经济竞争主导的增长阶段的三个过程

由产业经济竞争主导的增长阶段，本质上又是区域经济增长的要素驱动阶段。这一时期的经济发展大致会经历三个过程。第一个过程是区域依赖本地资源发展的阶段。最初的区域经济发达地区多半都是在地大物博、自然资源和劳动力丰富的区域。区域经济发展的起步和产业的短期崛起都依赖生产要素的大量投入及其规模的粗放式扩大。但从长期来看，这种仅仅依靠本地资源的要素驱动式增长后继乏力，只是一种初级的、短期扩张的手段。因此，从本地要资源的发展模式终究会转向从域外争夺资源的模式。这就是第二个过程，区域全力开展招商引资、招才引智的阶段。此时区域的产业发展就不仅仅依赖于争夺项目、完善产业链配套、形成产业集群、扩大进出口贸易、占领国内外市场等竞争，更依赖于科技人才和环境配套的竞争。在此阶段，工业园区、科技园区、产业孵化园区等陆续涌现。这些竞争将很快推动区域经济发展进入到下一个过程，在此过程中，区域政府要展开政策配套和环境优化的竞争，这对招商引资、招才引智的成效具有重要影响。因此，各区域需要在项目政策、土地政策、产业补贴政策、人才支撑政策、科技投资政策、担保贴息政策，甚至相关的子女就学、父母就医政策等方面展开竞争，提升本区域对原生性资源的竞争能力，推动区域经济持续增长。

3. 产业经济竞争主导阶段的区域产业政策配套

对于产业政策问题，学界尚存在广泛争论，其主要集中于以下三点：一是要不要产业政策；二是需要什么样的产业政策；三是支持产业政策的基础理论是什么。

新中观经济学认为：第一，支持产业政策的理论框架来源于现实存在的由产业经济竞争主导的经济增长的需求。第二，现实的发展需要政府运用三个层面的产业政策来克服市场失灵。一是通过规划与引导，克服市场机制缺陷性失灵；二是通过扶持与调节，克服市场机制空白性失灵；三是通过监督与管理，克服市场机制障碍性失灵。第三，产业政策不只包括产业补贴，政府还必须摒弃脱离市场规则的干预行为。产业政策应该建立在让市场决定产业资源配置与更好地发挥政府规划引导、扶持调节和监督管理作用的基础上。在这一由产业经济竞争主导的增长阶段，区域政府的财政支出将侧重在财政转移支付项目上，区域政府的作用将主要体现在"三类九要素竞争理论"中第一类的三个要素的竞争上。

二、由城市经济竞争主导的增长阶段

对于区域政府来说，城市经济竞争主要表现为城市基础设施软硬件乃至智能城市开发建设，以及与之配套的政策措施的竞争。城市经济竞争主要是在区域经济增长的第二阶段,即投资驱动占据主导地位的阶段。进入这一增长阶段后,区域发展已经突破由生产要素驱动经济增长的局限,迈向由投资驱动增长的过程,区域政府也从第一阶段中着重于原生性资源的竞争转向对次生性资源的开发与争夺。

1. 投资驱动增长的过程是区域政府对次生性资源的开发与争夺

首先需要指出的是,新中观经济学所指的投资驱动,是城市基础设施的投资,而非广义上的固定资产投资。城市基础设施包括:城市硬件基础设施,即城市能源供应系统、供水排水系统、交通运输系统、邮电通信系统、环保环卫系统和防卫防灾安全系统六大工程性基础设施;城市软件基础设施,即行政管理、文化教育、医疗卫生、商业服务、金融保险和社会福利等社会性基础设施;随着城乡一体化进程,这类基础设施还包括乡村生产、生活、生态环境建设和社会发展四大类基础设施;伴随着城市现代化的进程,开发和建设智能城市系列工程也成为城市基础设施建设的新内容。

对于区域政府来说,城市经济竞争首先表现为对城市基础设施投资、开发、建设的竞争,也即对次生性资源的开发与争夺。在产业经济竞争主导的经济发展早期阶段,劳动者收入水平低,消费需求自然集中在满足生存所需的衣食住行等基本商品。但当经济发展进入城市经济竞争主导阶段后,随着工业化进程的推进,劳动者收入普遍提高,消费需求也随之升级,尤其是对那些需求收入弹性更高的城市软硬件基础设施的需求就会迅速增加,包括宜居的环境、便利的出行条件、高水平的教育和医疗设施、运作良好的文化和体育场馆等硬件基础设施,以及公平公正的法治环境、运转良好的城市管理体系等软件基础设施。在此阶段,政府需要在这些领域加大投入力度,保障城市软硬件基础设施的高水平供应,才能保持并提升区域竞争力,进一步吸引高水平要素向本地集聚,从而推动区域经济持续增长。

实际上,世界一些国家陷入低层次、低水平的"比较优势陷阱",很大程度上就是因为区域政府没有能够适时有效地提升城市软硬件基础设施供应水平,仅依赖低成本劳动力参与国际产业分工,从而使区域经济发展停滞不前。因此,政府在产业经济主导阶段的后期实施"有为"的超前引领战略,加大城市软硬件基础设施的完善以及智能城市的开发力度,既能改善区域经济投资环境,又能促进区域突破以生产要素驱动

经济增长的瓶颈，转向以投资驱动，从而进入由城市经济竞争主导的增长阶段。

在城市经济竞争主导的增长阶段，低成本仍是本地产业经济的重要特征，政府招商引资"聚点"效应带来的规模经济和不断完善的产业链条，在不断完善的城市软硬件基础设施的保障下，仍能够持续地提升本地产业的竞争优势。但与此同时，随着人力成本、土地成本等要素的提高，产业经济也面临越来越大的竞争压力。而且，随着本地收入水平的提高，也产生了对更多种类产品和服务的需求，这些新的产品和服务往往需要新的技术和掌握专业技术的人才，因此，本地经济发展能否顺利进入下一个发展阶段，要看区域政府是否能够实施进一步的超前引领。

2. 城市经济竞争主导阶段的区域政府配套政策

在由城市经济竞争主导的增长阶段，区域政府发挥着"规划布局、参与建设、有序管理"三重作用。

第一，城市经济的规划布局涉及区域资源配置的三个层次：第一层次是区域经济发展的概念规划，它体现了一个区域的主要经济和社会功能的界定，其目标是使区域朝着宜居、宜业、宜游的方向，实现包容发展、协调发展、绿色发展、开放发展和共享发展；第二层次是区域经济发展的城乡规划，它侧重城乡一体化软硬件基础设施的布局、开发、投资与建设，这将直接影响城市经济的竞争力；第三层次是区域经济发展的土地规划，政府应严格按照用地性质区分不同的投资项目，制定严格的准入制度，构建科学合理的城市资源配置格局。概念规划、城乡规划和土地规划三位一体，划定了城市经济竞争的政策范围，区域政府可在城市经济的战略规划、实施标准、项目评估、市场准入、法治保障等方面制定细则，发挥作用，促进城市经济发展。

第二，区域政府为了在城市基础设施投资建设中获得收益，既会对原有的存量资产进行股权改造，也会对增量资产进行股权结构优化，使其符合市场竞争规则，并通过资本市场的各种融资方式以及收费权、定价权等手段，运用设计—建设—经营（design – build – operate，DBO）、建设—经营—移交（build – operate – transfer，BOT）、建设—拥有—经营（build – own – operate，BOO）、建设—拥有—经营—转让（build – own – operate – transfer，BOOT）、建设—租赁—转让（build – lease – transfer，BLT）、建设—转让—经营（build – transfer – operate，BTO）、转让—经营—移交

(transfer – operate – transfer，TOT) 等方式实施特许经营权的资本运营。同时，区域政府还需根据城市基础设施项目的不同特点和条件，采取不同的资本运营方式，或交叉运用不同的资本运营方式，进一步把城市基础设施项目做大做强，从而使区域政府克服资金瓶颈，提升城市基础设施投资、开发、运营、管理的能力，使其科学、可持续发展，用有限的区域财政"四两拨千斤"，更加有效地满足区域社会民众日益增长的对公共物品和公益事业的需求。在投资驱动阶段，区域政府参与城市经济力度的大小，财政投资性支出和社会消费性支出的规模与结构，市场开放的程度及相关政策措施，都将直接影响区域的经济增长状况。

第三，有序管理是城市基础设施建设得以高效实施的保障。正如存在不同类型的市场失灵一样，国家或区域也存在三种不同类型的政府失灵：第一种是"民生经济不足型"政府失灵；第二种是"产业政策缺失型"政府失灵；第三种是"城市建设空白型"政府失灵。其中，第三种政府失灵集中表现在以下几个方面：一是推动城市基础设施建设的政策措施几乎空白；二是政府既没有作为城市建设的竞争主体参与其中，又没有发挥规划、监管、调节城市建设的作用；三是政府参与城市建设，但在过程中没有遵循市场规则。这些问题从另一个方面阻碍着区域经济在投资驱动阶段的可持续增长，只有加强有序管理，才能保障城市基础设施建设高效实施、提档升级。

三、由创新经济竞争主导的增长阶段

在城市经济竞争主导的增长阶段，区域已能够进入中等收入水平。但此时，产业经济继续向价值链两端突破会遇到极大阻力，向上突破会遇到发达国家的技术封锁，向下突破也会遇到全球高端品牌的打压。此时，从利益最大化角度出发，产业自身就会规避风险、安于现状，这也是很多国家陷入"中等收入陷阱"的重要原因。此时，区域政府是否能够再次发挥超前引领作用是区域经济能否进入到创新经济竞争主导的增长阶段的关键。对区域政府来说，创新经济竞争主要表现为区域政府促进理念、技术、管理以及制度的创新政策措施的竞争。创新经济竞争主要是在区域经济增长的第三阶段，即创新驱动占据主导地位的阶段。

1. 区域政府理念创新

在四类创新中，区域政府理念创新是区域竞争的焦点。如前所述，在

区域经济发展处于要素驱动和投资驱动阶段时，经济增长以拼资源、拼成本为主，容易产生过分掠夺而致使的产业资源和城市资源枯竭、生产效率低下、技术滞后、人才流失、社会矛盾激化等问题，必须尽快转型。这时，区域下一阶段的发展思路、方向和方式就至关重要，需要先进理念来引领。区域政府的理念创新既包括对区域资源的整体把握和调控，对区域未来发展战略的定位和发展模式的全面规划，也包括在顶层设计上解决好发展方式和发展动力等问题。在要素驱动阶段和投资驱动阶段之后，区域政府应该用创新发展、协调发展、绿色发展、开放发展、共享发展等理念超前引领，推动区域经济可持续发展。

2. 区域政府技术创新

在创新驱动阶段，区域政府技术创新是区域竞争的制胜点。技术创新对经济发展的驱动作用是爆发式的，能够推动区域经济产生从量变到质变的飞跃，使经济实现全过程、全要素的突破性创造，使资源得到优化配置。在此阶段，技术创新是核心驱动力，能够催生新产品、新产业、新模式、新业态。技术创新与金融、产业创新相融合，将激发持续的创新驱动力，因此，这一阶段，技术创新是区域竞争的重要手段。

3. 区域政府管理创新

在创新驱动阶段，区域政府管理创新是区域竞争的关键。当经济发展从要素驱动阶段过渡到投资驱动阶段，区域竞争的主要手段是扩大投资规模，刺激经济增长。而在创新驱动阶段，区域政府的组织管理创新能力成为关键，政府应加强管理的规范性，强化快速反应能力，贴近市场、服务企业，发展网络结构和矩阵结构，减少管理层次，以更高的效率和灵活性有效提高管理水平，促进经济稳定、有序发展，助力区域竞争。

4. 区域政府制度创新

在创新驱动阶段，区域政府制度创新是区域竞争的必然选择。制度创新是理念、技术和管理创新的根本保障，能够促进三者的融合发展。如果世界各国的区域经济发展都沿着要素驱动、投资驱动、创新驱动和共享驱动的轨迹前行，那么在三大产业发展日新月异、民众环境意识越来越强、新的经济发展模式和个人成长模式推陈出新的创新驱动阶段，区域政府就不仅需要理念创新、技术和管理创新，更需要制度创新来确保区域的竞争优势。因为在创新驱动阶段，经济发展呈现灵活、迅捷、多样的特点，政府只有使制度、政策与之相匹配，才能紧随创新驱动时代的脉搏，引领经济发展方向，保持经济的持久活力。全方位、全过程、全要素的理念、技术、管理和制度创新，将是这一阶段区域竞争的必然选择。

综上，在由创新经济竞争主导的经济增长阶段，区域政府既要以技术创新引领经济发展，又要全面地、创造性地处置经济发展给区域社会带来的危害因素。在这一阶段，区域政府需要根据经济的实际运行状况，科学地开展理念、技术、管理和制度创新，这将促进区域经济科学、可持续发展，在创新驱动阶段取得可喜的成效，即实现基于提高"全要素生产率"的增长。

四、由共享经济竞争与合作主导的增长阶段

对于区域政府来说，区域经济增长经过由产业经济竞争、城市经济竞争和创新经济竞争主导的不同发展阶段后，就将进入由共享经济竞争与合作主导的增长阶段。这是区域经济增长的第四个阶段，即共享驱动的增长阶段。

1. 由共享经济竞争与合作主导的增长阶段的特点

在此阶段，区域经济将经历更为深刻的转化过程：从依赖本区域资源转向探索域外、开发各类国际经济资源（如太空资源、深海资源、极地资源等），切换经济发展模式；从单纯通过企业竞争配置产业资源，到区域政府相互竞争，参与配置城市资源和其他新生成性资源；从单一市场机制发挥作用，到"有为政府"与"有效市场"相结合，构建区域经济增长的投资新引擎和创新新引擎。在这一转化过程中，区域间的竞争必然涉及如何维护经济治理体系的公平、公正原则的问题。一方面，需要保护各区域的经济利益和区域间的经济秩序，也需要维持和扩大开放型经济体系；另一方面，各区域在开拓经济新领域的过程中，为应对新问题，需要制定新规范，会不断产生跨区域的新挑战，这客观上会导致区域间竞争与合作共存的格局。因此，在区域经济增长的第四阶段，即共享驱动阶段，竞争与合作经济将占据主导地位。

在此阶段，区域产业体系已升级为具有区域竞争力的现代产业体系。一是传统产业完成改造提升，互联网、大数据、人工智能和实体经济深度融合，制造业从加工生产环节向研发、设计、品牌、营销、再制造等环节延伸、智能化发展；二是战略性新兴产业不断壮大，新一代信息技术和生物技术、新能源、新材料、高端装备、节能环保设备、3D打印、智能机

器人等产业蓬勃发展,逐渐形成具有区域竞争力的新兴产业集群和产业集群带;三是现代服务业加快发展,金融、物流、航运、旅游、文化等生产性、生活性服务业正向专业化、高品质化转型。区域的产业经济竞争推动着区域间产业的优势互补、紧密协作和联动发展。

在此阶段,区域基础设施已形成区内互联互通、区外通道顺畅的功能完善的网络。一是已形成现代化的综合交通运输体系,以沿海主要港口为重点的港口、航道、疏港铁路、公路等基础设施服务能力强,以航空枢纽为重点的空域资源利用效率高,以高速公路、高速铁路和快速铁路等为骨干的综合运输通道畅通;二是以物联网、云计算、大数据等信息技术集成应用为重点的智能交通系统日趋完善;三是智能城市基础设施、城市软件基础设施、城乡一体化中的能源基础设施和水利基础设施等逐渐完善。区域的城市经济竞争推动着区域间基础设施的互联互通、布局合理和衔接顺畅。

在此阶段,区域通过技术创新,已形成集聚创新资源的开放型区域协同创新共同体。一方面,区域技术创新高地和新兴产业重要策源地已逐渐形成,技术创新走廊的建设,人才、资本、信息、技术等创新要素的区域流动,大数据中心和创新平台的建设,高校、科研团体、企业等技术创新活动的开展,以及创新基础能力的提升和产学研创新联盟的发展等,都在不断拓展和深化;另一方面,致力于提升科技成果转化能力的各类制度和政策环境正在优化,区域创新体制机制改革,科技、学术、人才、项目等的区域合作便利化,科技成果转化、技术转让、科技服务业合作、知识产权保护和运用,以及科技、金融、产业融合创新政策,科技、管理、制度、理念融合创新举措等都在不断深化。区域的创新经济竞争推动着区域间的创新合作、创新协同和融合发展。

2. 四种共享产品与区域政府间应遵循的基本原则

区域经济的竞争驱动或者说区域的竞争型经济增长,在客观上形成了人类社会的四种共享产品或公共物品。一是思想性公共物品。比如对市场机制运作体系的重新认识,即市场竞争不仅存在于产业经济的企业竞争中,而且存在于城市经济的区域政府竞争中,成熟市场经济应该是"有为政府"与"有效市场"相融合的经济体系等。二是物质性公共物品。比如,信息化与工业化、城市化、农业现代化、国际化的结合,相关的软硬件基础设施建设推动了区域公共交通、城市管理、教育、医疗、文化、商务、能源、环保等物质条件的改善与提升。三是组织性公共物品。比如，传统的城市建设如"摊大饼"，现代化的城市发展则要求"组团式"布局，因此，区域经济秩序的架构在从"摊大饼"模式走向"组团式"布局时，就实现了组织管理的改革创新。四是制度性公共物品。比如，"让区域带来更多发展机遇""让经济增长成果普惠共享"等原则指导下的制度安排，使区域的劳动、就业、保障和社会政策等进一步完善，其成果具有共享性。由此可见，在区域由共享经济竞争与合作主导的增长阶段，即共享驱动阶段，区域政府间应遵循的基本原则是：第一，改革引领，创新发展；第二，统筹兼顾，协调发展；第三，保护生态，绿色发展；第四，合作共赢，开放发展；第五，惠及民生，共享发展。总之，构建竞争与合作相融合的创新型、开放型、联动性、包容型和共享型区域经济体系，将是这一阶段的可持续经济增长方式。

第二节　区域经济竞争梯度推移模型

前面提到，波特国家竞争优势理论的一个不足之处就是没有对一国如何由低发展阶段向高发展阶段升级提供充分的解释说明，而这主要是波特对政府作用认识不足所导致的。在新中观经济学中，陈云贤教授继承了波特对发展阶段的划分方法，也将一国经济增长划分为四个阶段，更进一步地，陈云贤教授构建了区域经济竞争梯度推移模型，全面阐述了区域政府推动本地经济梯度升级的方法。

一、区域经济竞争梯度推移模型介绍

在世界各国区域经济发展的历史进程中，区域经济竞争在四个阶段上呈现出梯度推移的模式。在图10-1中，A—I表示不同的区域，1—4表示区域经济发展的四个阶段，即1是由产业经济竞争主导的增长阶段，2是由城市经济竞争主导的增长阶段，3是由创新经济竞争主导的增长阶段，4是由共享经济竞争与合作主导的增长阶段。

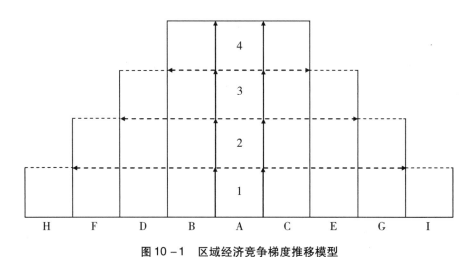

图 10-1　区域经济竞争梯度推移模型

（资料来源：陈云贤著《市场竞争双重主体论：兼谈中观经济学的创立与发展》，北京大学出版社 2020 年版，第 152 页。）

第一阶段属于区域经济发展的初始阶段，在此阶段，技术水平是较低的，资本积累较少，区域更多是依靠土地、劳动力、自然资源等生产要素在数量上的简单扩张来形成增长动力，因此呈现出要素驱动的特征，其经济增长方式具有基础性和普及性，这是区域政府竞争的第一个层次。在此阶段，区域政府推动本地经济增长的主要方式是大力招商引资，并为企业生产提供充足的土地和劳动力，使本地成为资本和劳动力的"聚点"，促进产业集聚和规模经济的形成，当本地拥有较为完整的产业链配套能力、产业集群竞争优势得以显现时，区域经济发展就开始向下一个阶段过渡。

第二阶段属于区域经济发展的扩张阶段，此阶段以城市硬件基础设施的大量投资为起点，以城市软件基础设施和城乡一体化的软硬件基础设施的大量投资为过程，以智能城市的开发和完善为终结，区域经济增长由此出现一个又一个高潮，因此呈现出投资驱动的特征，其经济增长方式中政府参与的痕迹明显，这是区域政府竞争的第二个层次。在这一阶段，产业经济的发展使本地居民收入水平不断提高，本地对于具有更高收入弹性的公共物品的需求会迅速扩大。因此，区域政府为了进一步吸引人才、留住人才，首先要大力提升基础硬件设施的供应水平，进而提高基础软件设施的供应质量，使本地不但能够吸引国内人才的流入，还能够成为国际人才的"聚点"，此时，区域经济发展就会向下一个阶段梯度升级。

第三阶段属于区域经济发展的高质量阶段，在此阶段，技术创新作为主导力量，引领着理念、组织和制度的全面创新，从而使经济增长模式不断推陈出新，经济发展的质量获得全方位提升，呈现出创新驱动的特征，推动着区域经济竞争向高端化发展，这是区域政府竞争的第三个层次。在此阶段，区域政府应大力发展高等教育事业，为本地培养高层次人才；对企业、科研院所等的研发活动提供有效激励；加大力度引入跨国公司全球研发中心；积极培育本地创新文化，推动全面创新。最终使本地成为科研人才和研发活动的"聚点"，实现区域经济增长方式向创新驱动的演变。

最终，区域政府竞争将迈向第四阶段，即竞争与合作相融合的高级阶段。此阶段，区域经济将沿着"竞争为主—竞争与合作共存—合作共赢为主"的轨迹前行，呈现出共享驱动的特征。此时，在区域经济竞争中形成的思想性、物质性、组织性和制度性公共物品，将成为区域间普惠共享的经济增长成果，推动各区域经济社会协同进步。

这里需要重点指出的是，新中观经济学对区域经济增长阶段的划分是基于竞争优势的，因此，尽管对于发展阶段的划分看似是依要素禀赋升级的，但各个阶段所要重点发展的产业绝不依赖于比较优势。实际上本书已多次指出，在要素可流动的前提下，区域在一个时点上的比较优势不是绝对的，资本在国家间的流动会导致一国要素禀赋发生动态变化，比较优势已被竞争优势所替代。因此，即使在要素驱动的产业经济竞争主导的增长阶段，资本密集型和技术密集型的产业也不是不能够发展，只要这样的产业拥有足够的市场需求量，本地能够吸引到这类产业的投资，就可以发展这类产业。而政府要做的就是实施恰当的超前引领战略，做好本地发展规划和产业政策，使本地成为各类生产要素的"聚点"。

另外，笔者认为，新中观经济学下梯度推移模型各个阶段的关系不是简单的一个阶段对另一个阶段的替代，而是在一个阶段的基础上进入更高的阶段。举例来说，从要素驱动进入投资驱动，并不是说不需要要素投入，而是所需的要素也随之升级。从投资驱动进入创新驱动，并不是说不需要基础设施投入，而是在新的阶段下经济增长主要由创新驱动，要素和基础设施的投入也随之升级。在本书第十一章，笔者将以深圳经济特区的

发展为例,说明在区域不同增长阶段政府如何实施超前引领战略及其相应的效果。

二、支持区域经济竞争梯度推移模型的四种经济学说

新中观经济学不但划分了竞争型经济增长的四个阶段,还阐明了与这四个阶段相对应的四种支持性经济学说[①]:

第一,产业效应说。在由产业经济竞争主导的增长阶段,由于区域经济发展在空间上并不同步,往往是一些具备产业发展内在因素和外在条件的区域率先发展,这些区域的产业逐渐集聚、经济不断增长,并与产业发展滞后的区域相互影响,使产业发展需要的各种生产要素不断从不发达区域向发达区域集聚,形成区域竞争优势和产业效应。因此,在这一阶段,区域政府要在竞争中脱颖而出,就应大力招商引资、引进项目、完善产业链、鼓励进出口、拓展国内外市场,加强对产业经济的规划引导、扶持调节、监督管理等配套政策。

第二,城市扩展说。在由城市经济竞争主导的增长阶段,区域经济增长的动力主要来自多层次的城市基础设施的投入和城乡一体化的扩展,具体包括核心城市软硬件基础设施的投资、城乡一体化基础设施的建设和智能城市的开发等。处于多层次城市系统中的各区域政府,应遵循"政府推动、企业参与、市场运作"的原则来配套投资建设城市基础设施的政策,惟其如此,才能推动城市功能延伸、扩展,改善并优化区域经济发展环境,建设完善的城市经济系统,确立区域竞争优势,从而促进区域经济在此阶段实现可持续增长。

第三,创新驱动说。处于创新驱动阶段的区域(一般都是经济较为发达的区域),其产业部门、产品、技术、生产方式和商业营销模式等方面会出现一系列创新活动,以此为基础还会延伸出组织管理方式、制度政策措施等一系列创新活动。随着时间的推移,这类源于经济发达区域的创新又会逐渐向经济落后区域传递。在这一阶段的区域经济竞争中,区域政府应及时、有效地推动各项有利于创新的政策措施,从而促进区域经济发展,建立区域经济优势。

---

① 陈云贤:《市场竞争双重主体论:兼谈中观经济学的创立与发展》,北京大学出版社2020年版,第153~154页。

第十章　中观经济学竞争型经济增长理论

第四，协同发展说。在由共享经济竞争与合作主导的增长阶段，竞争会使产业资源和城市资源向经济发达区域不断集中，但经济发达区域的经济增长天然地受到这一阶段区域内在因素和外在条件的制约，因此区域间会形成各类共享性的公共物品，从而保障各区域经济和社会的持续进步。因此在这一阶段，区域政府的各类经济政策和措施应沿着"竞争—竞争合作—合作共赢"的轨迹，促进各区域协同发展。

在上述分析的基础上，我们再来详述区域经济梯度推移说。图10-1所呈现的区域经济竞争梯度推移模型有以下四个特点：一是区域经济竞争最早是由率先推动产业经济、城市经济、创新经济发展的经济发达区域启动，随着时间的推移及各区域内在因素和外在条件的变化，区域经济竞争从以发达区域为主逐渐向欠发达区域横向推移，即从图10-1中的A、B、C区域向D、E、F、G、H、I区域横向推移。二是随着经济发展水平的逐渐成熟和经济增长阶段的不断升级，区域经济竞争逐渐从产业经济纵向扩展至城市经济、创新经济等领域，即从图10-1中的阶段1向阶段2、3、4纵向推移。三是在由产业经济、城市经济和创新经济竞争主导的阶段，率先推出有效政策措施的区域，其经济发展将具有领先优势，各区域政策措施的力度和效用差异，将使其在区域梯度经济结构中居于不同的位置，图10-1中A、B、C区域即优于其他区域。四是经济增长阶段的升级，即从产业经济竞争主导，到城市经济竞争主导，再到创新经济竞争主导，最后到共享经济竞争与合作主导，是个漫长的历史进程。但人类经济社会共同创造的各类公共物品，终将驱动共享经济的普及，促成区域间经济的协同发展。竞争与合作相互作用，将共同推动经济增长，尽管各区域的经济发展存在差异，但呈现横向有序推移、纵向协同发展的趋势，最终使合作共赢成为主流。

第三节　经济发展新引擎

世界各国的经济发展基本都遵循从要素驱动阶段到投资驱动阶段，再到创新驱动阶段的路径。许多国家，尤其是那些石油、天然气、矿产、农产品等自然资源丰富的经济体，以土地、劳动力等有形要素驱动经济增长，已经发展到了极致并呈现出不可持续性。

因此,要在新世纪实现经济增长,需要新的引擎。在由"有为政府"+"有效市场"构成的现代市场体系中,发动供给侧结构性改革新引擎,将在竞争中充分发挥企业对产业资源、政府对城市资源的配置作用。这类供给侧结构性新引擎包括结合了有形与无形要素的投资引擎、创新引擎和规则引擎,将对全球经济治理与发展起到重要作用。

一、构建全球投资新引擎

投资驱动型经济增长既取决于产品和产业资源的配置与竞争状况,又取决于政府调配城市资源和推动基础设施建设的竞争表现。它能给各国带来资本增长,促进技术革新和市场机制深化发展,并增加就业岗位,因而具有长期可持续性。为了构建全球投资新引擎,我们应采取如下措施。①

第一,推进供给侧结构性改革。这包括以下的个方面:①推动新型工业化。所谓新型工业化,就是坚持以信息化带动工业化,以工业化促进信息化,就是科技含量高、经济效益好、资源消耗低、环境污染少、人力资源优势得到充分发挥的工业化。它涉及以下三点。一是扶持、引导传统产业改造、提升。二是扶持、培植战略性新兴产业和高技术产业。三是各国应借助市场竞争,推动企业兼并收购、整合重组,不断淘汰旧工业,推进新型工业发展,将工业化推向更高水平,提升企业核心竞争力。②加快农业现代化。农业现代化指从传统农业向现代农业转化的过程和手段。在这一过程中,农业日益被现代化工业、现代化科学技术和现代化经济管理方法武装起来。各国应运用现代化发展理念,将农业发展与生态文明建设结合起来,使落后的传统农业转化为符合当代世界先进生产力水平的生态农业。农业现代化能为工业化和城市化创造稳定的社会环境,降低社会成本,繁荣各国经济。

第二,加大基础设施投资建设。这包括以下三个方面:①推进新型城镇化。它既是以城乡统筹、城乡一体、产业互动、节约集约、生态宜居、和谐发展为基础特征的城镇化,也是大中小城市、小城镇、新型农村社区协调发展、互促互进的城镇化。②推进基础设施现代化。包括能源、交通、环保、信息和农田水利等基础设施的现代化。比如促进城市综合交通

---

① 陈云贤:《市场竞争双重主体论:兼谈中观经济学的创立与发展》,北京大学出版社2020年版,第195～198页。

建设，构筑区域便捷交通网络；加快推进"海绵城市"建设，增强城市防灾减灾能力；构建并完善排水防涝体系，有效解决城市内涝风险；推进城市黑臭水体整治，重塑城市水资源环境品质；健全区域公园绿地体系，共享绿色城市生活；构建城市地下综合管廊，统筹管线有序高效运作；加强城市供水设施建设，健全供水安全保障体系；有序优化城市能源供给，大力促进城市节能减排；提升垃圾污水设施效能，实现资源节约循环利用；提升信息基础设施建设，推动智能城市发展等。这方面的投资回旋空间大、潜力足，能有效推动各国经济增长。③推进智能城市开发建设。智能城市是一个系统，它由人工智能、物联网和物理设备等基本要素建构，推动城市管理智能化，具体包括智能交通、智能电力、智能建筑、智能环保、智能安全等智能基础设施，智能医疗、智能教育、智能家庭等智能社会生活，以及智能企业、智能银行、智能商店等智能社会生产。智能城市系统能全面提升城市生产、生活、管理、运行的现代化水平，将进一步为各国开拓新的经济增长点。

第三，加大科技项目投入。如"美国制造业创新网络计划"，首期投入10亿美元，十年内建立45个制造业创新研究院，又如英国的"知识转移伙伴计划"，以及基于信息物理系统推动智能制造的德国"工业4.0"战略。这些举措能整合人才、企业、社会机构的创新资源，引领产业研发方向，促进产业发展升级。世界各国对大数据、云计算、物联网等的投入，以及对纳米技术、生物技术、信息技术和认知科学等的投入，将促进各国经济的可持续提升。

第四，提升金融配套能力。各国既需要配套政策，引领金融行业服务于实体经济，又需要通过政策创新，推进金融、科技、产业三者的融合。投资新引擎离不开金融体系的改革、创新和发展。

二、构建全球创新新引擎

当一区域进入经济发展模式的转换时期，经济形式从通过企业竞争配置产业资源发展到通过区域政府竞争配置城市资源，经济增长引擎从单一的市场机制发展到"有为政府"+"有效市场"机制，这些全球经济发展的新情况必然导致一系列新问题，比如如何维护全球经济治理体系的公平、公正原则，如何保护发展中国家在全球经济秩序中的利益，如何维持或提升经济体系的开放程度以抵制保护主义，如何制定规范以应对经济新领域的挑战。应对上述问题，需要创新和完善现存的协调、治理全球经济秩序的公共机制或公共物品（包括思想性公共物品、物质性公共物品、组织性公共物品和制度性公共物品）。为了构建全球创新新引擎，应采取如下措施[①]：

第一，推进思想性公共物品即理念的创新。首先，市场应是有效市场。一些国家过分强调市场要素与市场组织的竞争而忽视法治监管体系的建设、市场环境体系和市场基础设施的健全，这都将偏离公开、公平、公正的市场原则。其次，政府应是"有为政府"。各国政府不仅应对可经营性资源即产业资源的配置实施规划、引导、扶持、调节、监督和管理，而且应对非经营性资源即社会公共物品基本托底，确保公平公正、有效提升，还应对准经营性资源即城市资源的配置进行调节并参与竞争。最后，世界各国追求的城市市场经济模式应是"强式有为政府"+"强式有效市场"，即在市场经济大系统中，通过企业竞争配置产业资源，通过政府竞争配置城市资源。各国政府应在全球经济增长中发挥重要作用。

第二，推进物质性公共物品即技术的创新。当前科技发展的最典型路径是信息化与工业化、城镇化、农业现代化融合，促进基础设施现代化。政府通过建设结合了有形要素与无形要素的智能城市，向社会提供智能化的公共交通、城市管理、教育、医疗、文化、商务、政务、环保、能源和治安服务，为社会经济和民生事业提供安全、高效、便捷、绿色、和谐的发展环境。这不仅能造福民众，还将推动城市乃至国家加快工业化转轨、城市化转型和国际化提升，进而促进新型国家的崛起。

第三，推进组织性公共物品即管理的创新。就组织管理而言，小到一座城市，大到一个国家乃至世界，都有相同之处。传统的城市建设和组织框架如"摊大饼"，导致了"大城市病"的出现。现代城市的发展需要科学的"组团"式布局，"组团"式的城市发展架构能有效解决传统"摊大饼"式城市管理带来的系列问题。世界经济秩序的组织管理如城市架构一样，需要从"摊大饼"模式向"组团式"布局改革并不断创新发展，但这需要相应的新规则和必要的基础设施投资，以形成合理布局，促进世界和谐、可持续发展。

---

① 陈云贤：《市场竞争双重主体论：兼谈中观经济学的创立与发展》，北京大学出版社2020年版，第199~200页。

第十章　中观经济学竞争型经济增长理论

第四，推进制度性公共物品即规则的创新。国家的建设有概念规划、城乡规划和土地规划这三位一体的规划系统作为引领，在这一框架下形成战略规划、布局定位、标准制定、政策评估、法治保障等既体系严谨又层次细分的具体方针。面对当前的新形势，我们需要创新经济增长理念和相关制度性规则，促进各国财政、货币的结构性改革，保持经济发展、劳动、就业和社会政策的一致与相互配合。只有需求管理和供给侧改革并重，短期政策与中长期政策结合，社会经济发展与环境保护共进，构建起共商、共建、共享的全球经济治理格局，全球经济才能健康、可持续增长。

三、构建全球规则新引擎

与各国非经营性资源相对应的是国际公共物品供给体系，与各国可经营性资源相对应的是国际产业资源配置体系，与各国准经营性资源相对应的是世界城市资源配置体系，它们各自遵循客观存在的规则运行。完善的全球经济治理体系需要相应的国际规则，具体如下[①]：

第一，国际安全秩序规则——和平、稳定。这已是世界各国的共识，是国际公共物品供给体系的基本保障。世界各国应共同努力，加强国际安全合作，捍卫《联合国宪章》的宗旨和原则，维护国际关系的基本准则，营造和平、稳定、公正、合理的国际安全秩序，构建健康有序的经济发展环境。

第二，国际经济竞争规则——公平、效率。这是世界各国产业资源配置体系中企业竞争的基本准则。如"促进竞争并改善商业环境"指导原则，包括强化落实竞争法律，减少开办企业和扩大经营的行政及法律障碍，促进公平的市场竞争，实施高效的破产程序，减少妨碍竞争的限制性规定，减少额外的监管合规负担，并对监管政策进行有效监督，加强法制，提高司法效率，打击腐败等。这些都是各国在引导、规范企业竞争行为时所要遵循的公平与效率规则。

第三，国际共同治理规则——合作、共赢。这是城市资源配置体系中政府间竞争所需要遵循的基本准则。城市资源存在有形和无形两类要素，

---

① 陈云贤：《市场竞争双重主体论：兼谈中观经济学的创立与发展》，北京大学出版社2020年版，第200～201页。

其中，新型城镇化、智能城市开发，对于以能源、交通、环保、信息和水利等为主体的集成设施现代化的投资，将是世界各国经济增长的新引擎，能带来资本扩大、就业增加、技术革新、市场深化、经济可持续增长、社会受益、环境改善、国力提升等效果。由于各国城市化进程、政策举措和制度安排不一，其投资驱动增长的效果与竞争力也将不一。但政府间的竞争应该是合作竞争，应该是可持续发展的竞争，应该是共同提升全球经济治理体系的竞争和共同创新经济增长方式的竞争，其基本原则应是合作共赢。构建以合作共赢为核心的创新型、开放型、联动型和包容型世界经济体系，将促进经济增长方式的持续创新，提升全球经济治理水平，进而造福各国，造福世界。

❋ 本章小结 ❋

新中观经济学继承了竞争优势的思想，同时更加强调政府作用，认为企业与政府是区域经济增长的双重驱动力量。在对已有竞争优势理论做出重要拓展的基础上，新中观经济学将经济增长路径划分为四个阶段，即由产业经济竞争主导的增长阶段、由城市经济竞争主导的增长阶段、由创新经济竞争主导的增长阶段以及由共享经济竞争与合作主导的增长阶段。在每个增长阶段，新中观经济学都着重探讨了政府超前引领的政策着力点。同时，构建了区域经济竞争梯度推移模型，解释了区域经济升级的一般规律。本章还介绍了新中观经济学经济发展新引擎理论，可为各个发展阶段区域政府如何推动经济增长提供指导和借鉴。

思考讨论题

1. 由产业经济竞争主导的增长阶段的内涵和特点是什么？
2. 由城市经济竞争主导的增长阶段的内涵和特点是什么？
3. 由创新经济竞争主导的增长阶段的内涵和特点是什么？
4. 由共享经济竞争与合作主导的增长阶段的内涵和特点是什么？
5. 试用区域经济竞争梯度推移模型解释我国各区域在经济发展水平上的差异。
6. 构建全球经济发展新引擎包含哪些方面？各有什么举措？

第十一章　深圳竞争型经济增长实践经验

改革开放以来,深圳取得了举世瞩目的发展成就。尽管学界已对此进行了诸多解释,但仍缺少统一的理论。本章从中观经济学竞争型经济增长理论这一新视角理解深圳的发展过程,探讨深圳在"由要素驱动的产业经济竞争主导阶段""由基础设施投资驱动的城市经济竞争主导阶段""由创新驱动的创新经济竞争主导阶段"和"由共享驱动的共享经济竞争与合作主导阶段"四个增长阶段中的驱动机制,并对深圳如何在新时代再次引领我国产业升级提出相应的政策建议。

第一节　改革开放后深圳经济增长驱动力演变

一、经济增长的驱动力

中国经济的高速增长起步于20世纪70年代末的改革开放,依据竞争型经济增长的阶段划分,中国区域的经济发展开始进入由要素驱动的产业经济竞争主导阶段。在这一阶段中,土地成为区域经济增长的重要驱动要素。以我国省会、副省级城市、计划单列市和直辖市共35个代表性城市作为考察对象,可以看出,1984—2019年的35年间,35个城市建成区面积迅速扩张。但值得注意的是,随着经济发展阶段的变化和资源环境约束的不断增强,建成区面积的增长率从1989年的14%迅速提高到2004年的64%,之后又陡降到2019年的26%,形成了一个明显的倒"V"形走势(如图11-1所示)。但相对于建成区面积增长幅度的巨大变化,35个城市的GDP却保持平稳增长,由此说明,整体上看,这些城市驱动经济增长的因素在2004年前后已发生改变。

图11-2给出了35个代表性城市1984—2019年间建成区面积扩张倍

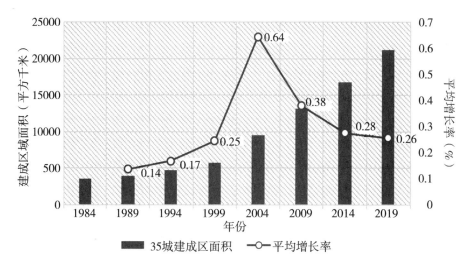

图 11-1 我国 35 个代表性城市市区建成区面积增长情况（1984—2019 年）
（数据来源：据历年《中国城市统计年鉴》整理。）

数与 2019 年人均 GDP 的散点图。其中，图 11-2（a）包含了全部 35 个城市，拟合线显示建成区面积扩张倍数与 2019 年人均 GDP 呈正相关关系。但是，我们能够明显发现在这 35 个样本中存在两个奇异样本，其建成区面积扩张倍数明显超出其他城市，这两个城市分别为深圳（建成区面积扩张了 45.4 倍）和重庆（建成区面积扩张了 19.75 倍）。与其他 33 个城市相比，这两个城市具有极强的特殊性：第一，深圳在 1978 年之前是一个渔村，并没有城市建成区基础，因此，其超高的建成区面积扩张倍数很大程度上是由于其基数小，且在国家特区政策的支持下拥有更加灵活的土地使用权限。第二，重庆在 1997 年以前为四川省辖市，1997 年以后，重庆升格为中央直辖市。在此之后，重庆建成区面积增长率迅速提高，这很大程度上是由城市定位和城市功能的变化带来的。因此，如果我们将深圳和重庆这两个奇异样本排除，绘制剩余 33 个城市的散点图，就会发现，建成区面积扩张倍数与 2019 年人均 GDP 之间呈现较强的倒"U"形曲线关系。这说明，土地要素的投入能够提升收入水平，但这种驱动作用的边际效应会随着收入水平的进一步提高而下降。从图 11-2（b）中可以看出，2019 年人均 GDP 最高的 5 个城市的建成区面积扩张倍数都是较低的，这 5 个城市分别为南京（165681 元）、北京（164220 元）、上海（157279 元）、广州（156427 元）和杭州（152465 元）。

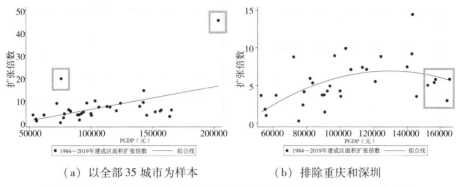

(a) 以全部35城市为样本　　　(b) 排除重庆和深圳

图 11-2　代表性城市建成区面积扩张倍数与 2019 年人均 GDP 散点图

二、经济增长驱动力的演变

将北京、上海、南京、杭州、广州和深圳放在一起，图 11-3 给出了这 6 个城市 1989—2019 年间 5 年期的建成区面积增长率，以此反映 6 个城市土地要素供给的变化情况。从图中可以看出，6 个城市显示出了非常一致的土地要素供给的增长趋势，即在 2004 年前土地供给增长率达到峰值，之后土地供给增长率迅速下降并趋于稳定。其中，上海和杭州的峰值在 1999 年出现，其他 4 个城市的峰值在 2004 年出现。这进一步说明，在区域收入水平不断增长的过程中，要素驱动能力会不断减弱，因此需要政府

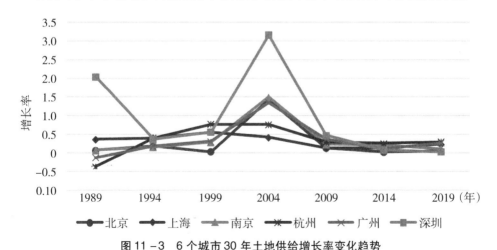

图 11-3　6 个城市 30 年土地供给增长率变化趋势

（注：增长率按 5 年期计算。数据来源：据历年《中国城市统计年鉴》整理。）

在不同增长阶段提供更有效的驱动力。

从改革开放后的发展历程上看,以上6个城市不论是经济增长率还是增长速度,都位居国内城市前列。其中深圳则显得更为特殊——以一个小渔村为起点,仅用了40多年的时间,就发展为具有全球影响力的现代化都市,其经验值得总结和借鉴。因此,本章以深圳作为案例,分析区域政府在城市经济发展的不同阶段如何运用有效的政策,推动城市增长阶段的梯度推移。

第二节　由要素驱动的产业经济竞争主导阶段

1979年1月,交通部驻港机构招商局根据对外开放的精神,在与香港只有一水之隔的深圳蛇口公社划出一块土地创办工业区。同年4月,在中央工作会议期间,当时广东省主要负责人谈到要发挥广东的优势。邓小平同志首先提出办特区的议题。根据邓小平同志的倡导,中央派谷牧同志带工作组赴广东、福建视察,具体商定办特区的事宜。1979年7月,党中央和国务院发出文件,正式批准广东、福建两省在对外经济活动中实施灵活的特殊政策,并决定在广东省的深圳、珠海两市试办经济特区,同时指出这是一项重要的决策,对加速我国四个现代化建设具有重要意义。1980年5月,中央又明确提出:"广东省先集中精力把深圳特区建设好,其次是珠海。""汕头、厦门两个特区,可先进行规划,做好准备,逐步实施。"[①]1980年8月26日,中华人民共和国第五次全国人大常委会第十五次会议批准实行了《广东省经济特区条例》,在深圳市设置经济特区,深圳经济特区由此正式成立。然而,深圳经济特区建设伊始,面临严重的要素约束,因此,如何在土地和资本等原生性资源的开发和竞争中取得优势,考验着深圳市政府对经济发展的引领能力。

一、土地与资本要素约束

深圳经济特区成立后,城市建设必然产生对资金的巨大需求,但中央却只给政策不给钱,在这种条件下,依靠中央的政策支持,深圳试图通过

---

① 王慎之:《中观经济学》,上海人民出版社1988年版,第170～171页。

对土地的经营换取城市建设资金。于是，深圳开始大胆研究和借鉴香港的土地有偿使用制度。从土地出租开始，之后发展到合作开发、委托开发等多样化的土地有偿使用形式，这在一定程度上保障了特区建设初期的资金和土地供给。① 1980年，特区政府开始征收"土地使用费"，土地资源所具备的筹资功能被更有效地释放出来。深圳的这种创新性尝试具有很强的示范意义，正是深圳的成功实践，促成了包括1980年《广东省经济特区条例》等法律文件的出台，明确了土地有偿使用②。

1980—1987年间，土地虽仍以行政划拨供应方式出让，却已与内地不同，打破了传统的无偿无限期、不能转让的僵化方式，采取收取土地使用费和以土地作为合资合作的条件的做法。这是一个重大的从根本上改变土地管理制度的起始。尽管如此，由于初期的土地使用权流转仅限于特区政府和土地使用者之间，提供方式也只有划拨一种，使用形式依然是无偿和有偿并存，故这种传统的行政划拨土地格局下的资金筹措功能愈发不适应后来急剧城市化进程对资金的巨大需求。

二、深圳市政府的破解之道

深圳顶着压力，开始了革命性的土地制度改革探索。在就"能否拍卖土地和如何推进土地使用制度改革"这一课题进行充分调研和赴港考察的基础上，于1987年3月拟订了《深圳经济特区土地管理体制改革方案》（简称《方案》），《方案》决定率先在全国进行土地使用权有偿、有期出让和转让的试点改革。③《方案》经市委常委会通过后，还就此召开了改革方案论证研讨会，该研讨会对深圳的土地制度改革起到了很大的推动作用。1987年7月，国务院决定将深圳、天津、上海、广州4个城市作为首

---

① 深圳第一宗与客商合作经营房地产的协议书是于1979年12月31日与香港妙丽集团签订的。为避免与旧观念、旧制度的冲突，协议书上用的是"补偿贸易方式"字样。项目是以合作的方式运行，中方出土地，投资方出钱建酒店或楼房，建成以后如能盈利，钱先还给投资商，还清成本后，盈利所得政府与企业五五分账。因此，深圳早期的土地有偿使用还不是以直接的土地使用权交易的形式进行的。

② 《广东省经济特区条例》第三章第十二条："特区的土地为中华人民共和国所有。客商用地，按实际需要提供，其使用年限、使用费数额和缴纳办法，根据不同行业和用途，给予优惠，具体办法另行规定。"

③ 付莹：《深圳经济特区土地有偿出让制度的历史沿革及其立法贡献》，载《鲁东大学学报（哲学社会科学版）》2014年31卷第4期，第67页。

批土地使用权有偿出让试点城市。此后,深圳在土地出让上就主要采取协议、招标、拍卖三种方式。[①] 1987年11月25日进行了招标有偿出让的试点工作,12月1日,又以拍卖形式进行了有偿出让试点工作。在当时的社会背景下,深圳首次拍卖土地使用权在全世界都引起了轰动。香港以及内地各大媒体记者都到了拍卖会现场,《经济日报》评论深圳市政府以"拍卖"形式出让土地使用权开创了土地有偿出让的先例,在深圳形成了地产市场。[②]

随着深圳等城市土地有偿使用改革的成功,1988年4月,经全国人大会议通过,对我国宪法进行修改:将原法条"任何组织或个人不得侵占、买卖、出租或者以其他形式非法转让土地"修改为"任何组织或个人不得侵占、买卖或者以其他形式非法转让土地,土地的使用权可以依照法律的规定转让"。由此,宪法的修改肯定了深圳特区土地管理体制改革的做法,这在我国经济改革中具有重大意义。

深圳对土地使用制度所进行的重大变革,不仅为深圳筹集了急缺的建设资金,而且加快了土地这种重要生产要素的供给。这不仅驱动了深圳在经济起步期的发展速度,也为全国做出了重要示范。而在这一过程中,深圳市政府大胆推动、广东省政府全力支持、中央政府给予全面保障的制度创新发挥了极其关键的作用,充分体现了"有为政府"在要素驱动的产业经济竞争阶段的超前引领作用,为深圳获取了发展先机、赢得了竞争优势。

三、特区建立初期的产业结构

特区建立之初,各种生产要素都依赖域外输入,劳动力主要来自国内其他地区,资本则主要依赖外资,从这个角度,要素禀赋和比较优势理论是不能解释深圳的经济增长的。图11-4所示1990年深圳工业部门中外商投资企业的产值占比接近70%,可见,尽管当时资本稀缺,但通过招商引资政策吸引外资,可以很大程度上弥补这一要素禀赋的不足。

[①] 陈瑞荣:《深圳特区土地出让状况综览与分析》,载《特区经济》1990年第5期,第52页。
[②] 霍敏、黄淑琼:《李传芳:土地拍卖第一槌惊天动地》,载《晶报》2009年9月8日,第A18版。

第十一章 深圳竞争型经济增长实践经验

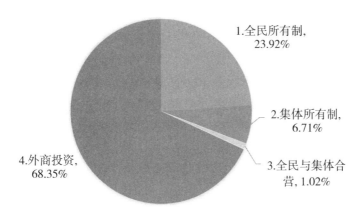

图11-4 1990年深圳市各类型所有制工业企业产值比重

（数据来源：1991年《深圳统计年鉴》。）

图11-5将工业部门中的外商投资部分进行了进一步分解。从数据中可以看出，深圳的外商投资中，港澳地区资本①占据大部分比例，这表明地理上的与港澳毗邻，赋予深圳吸引港澳投资的竞争优势。

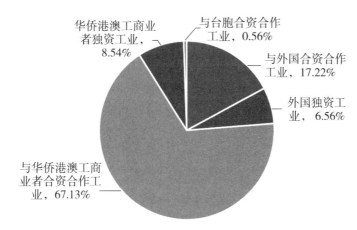

图11-5 1990年深圳工业部门中外商投资结构

（数据来源：1991年《深圳统计年鉴》。）

---

① 根据中华人民共和国商务部令2018年第6号《外商投资企业设立及变更备案管理暂行办法》第三十三条："香港特别行政区、澳门特别行政区、台湾地区投资者投资不涉及国家规定实施准入特别管理措施的，参照本办法办理。"香港、澳门、台湾地区投资企业不属于外商投资企业，但参照外商投资企业管理。因此，本书中有关外商投资的阐述例如"外商""外资"等，涉及香港、澳门、台湾地区投资的内容，是基于参照外商投资企业的角度来进行表述的。

图 11-6 展示了 1990 年深圳工业部门中产值最高的十大产业。可以看出，尽管劳动密集型的纺织和纺织服装、服饰业等产业比例较高，但占比最大的是计算机、通信和其他电子设备制造业，另外，通用设备制造业、电气机械及器材制造业、医药制造业等技术和资本密集型产业的占比也很高。可见，深圳的发展从一开始就不是比较优势驱动的结果，而是竞争优势的体现。

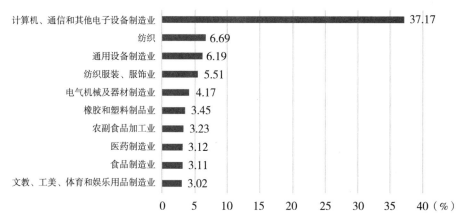

图 11-6 1990 年深圳市产值最高的十大工业行业产值比例
（数据来源：1991 年《深圳统计年鉴》。）

由此可见，一个地区的发展不是由比较优势驱动的，因为在生产要素可流动的全球化时代，一国、一地区的比较优势已经被极大地冲淡，但与此同时，一国、一地区的比较劣势能够在短时间内利用外部要素加以补足。因此，如果深圳仅专注于发展那些所谓的"比较优势"产业，那么今天的深圳就不可能拥有华为、中兴、腾讯等高科技企业，反而更有可能陷入"比较优势陷阱"。所以，区域政府应着力提升本地竞争优势，而不必囿于选择哪些产业是符合本地比较优势的。

第三节 由基础设施投资驱动的城市经济竞争主导阶段

随着制度的改革，深圳经济发展中的土地约束得到缓解，人才、资本加速集聚，经济步入高速增长阶段，随之而来的是对基础设施的紧迫需求。例如，港商投资一亿港元兴办新南新印染厂，1980年9月动工，计划1981年8月投产，但因电力不足和电信不通、公路不平，至1981年8月仅安装好主要设备，拖延了几个月才投产，造成了不好的影响。① 这就造成了一种矛盾，即深圳几乎处于空白状态的基础设施建设无法满足产业发展需求。显然，这一矛盾能否得到有效解决，关键在于是否能够筹集到基础设施建设的资金。为此，深圳市政府大胆改革，主要通过两种办法破解了基础设施建设的资金难题，一是向银行进行基础设施建设贷款，二是吸引社会资金投入基础设施建设当中。

一、基础设施建设贷款

经济特区的基础设施建设贷款，就是银行对深圳"七通一平"等基础设施建设给予贷款支持，特区政府再按贷款协议在一定期限内进行偿还。这种现在已经非常普遍的基础设施建设融资方式，在当时却面临重重困难。几种比较有代表性的反对意见包括：基础设施建设贷款会拉长基本建设战线，基础设施建设所需资金应由财政拨款解决而不应采取信贷方式，贷款对象选择和债务落实存在困难等。② 面对重重压力，深圳市政府与中国人民银行、建设银行等各级各类银行机构紧密协作，充分沟通，在基础设施建设贷款上得到银行业的大力支持，引领了深圳经济特区的经济发展。

二、鼓励社会资本参与基础设施建设

根据《广东省经济特区条例》第一章第五条："特区的土地平整工程和供水、排水、供电、道路、码头、通讯、仓储等各项公共设施，由广东省经济特区管理委员会负责兴建，必要时也可以吸收外资参与兴建"，这使社会资本参与基础设施建设有法可依。

深圳市广深公司沙角B电厂是中国首个以建设—经营—移交（BOT）方式建造的火力发电厂，实际上，BOT在当时还没有正式的法律规定，因此在项目合同中并未有文字体现出BOT，但该项目合作形式却是一个典型

---

① 丘梁：《关于深圳经济特区基础设施贷款问题的探讨》，载《广东金融研究》1983年第1期，第51页。

② 同上条。

的 BOT 项目。中方［甲方，深圳经济特区电力开发公司（深圳市能源集团有限公司前身）］与港方［乙方，香港合和电力（中国）有限公司①］共同组建"深圳沙角火力发电厂 B 厂有限公司"，该公司为合作企业法人，其唯一目的是开发 B 厂项目。双方的权利与义务的界定方式为：在合作期间，甲方负责帮助乙方办理建设工程所需的各项手续，也负责向政府相关部门申请可能的优惠政策，除此之外，甲方无须对建设工程投入任何资源，包括资金、事务、人员和技术等。乙方负责电厂工程的融资、建设和运营。在收益方面，合作期内，全部收益归乙方所有，甲方的收益仅限于提取必要的管理费。①建设阶段。1985 年，电厂正式开工建设，工期规定为 33 个月，为激励实现按期完工，约定了奖惩办法。结果，总承包商提前完成了建设任务，并因此赚取了提前竣工发电的全部利润。尽管看似产生了一定的利润损失，但广东当时电力供应异常紧张，提前发电对促进地区经济发展是有很大积极意义的。②运营阶段。1988 年 4 月，沙角 B 电厂正式开始商业运营。依据双方合作协议，乙方将在特区内负责电厂的运营管理，经营利润也归乙方所有。

三、深圳地铁建设和运营中次生性资源的开发和配置

随着城市经济的不断发展，深圳城市规模和人口数量不断扩大，居民收入不断提高，对出行的便利性要求愈加强烈。因此，深圳市城市规划委员会 2001 年 12 月通过了地铁建设方案和审议意见，提出到 2010 年，深圳将投资 508 亿元，建设 8 条线路共 238.7 公里城市轨道交通网络。② 然而，地铁建设属于十分典型的资本密集型工程，即使深圳财政收入增长迅速，但仍存在建设资金压力，因此，深圳在地铁建设上选择了建设—移交（build – transfer，BT）模式。不仅如此，深圳还在国内各城市中首创性地将地铁周边物业升值收益付与地铁公司以提高其经营收益，这也使深圳地

---

① 香港合和电力（中国）有限公司隶属香港合和实业集团，合和集团在主席胡应湘带领下积极参与粤港澳大湾区基础设施建设，除沙角 B 电厂外，还参与建设了广深高速公路、广珠高速公路、广州东南西环高速公路、顺德路桥系统工程、虎门大桥等项目。合和集团还深度参与了深圳的规划和开发，1981 年 11 月 23 日，深圳经济特区发展公司与香港合和集团签署合作开发深圳新市区的合同，合作经营福田新市区 30 平方公里土地的开发，由合和集团投资 20 亿港元，为期 20 年。

② 尤福永：《试论地铁资源的开发与利用——深圳地铁建设的启示》，载《特区经济》2002 年第 8 期，第 50～53 页。

铁公司成为国内为数不多的实现盈利的地铁公司之一。

1. 创新的 BT 模式

一般的 BT 模式是：依据法定程序，项目发起人（政府或其授权单位）选择拟建的基础设施或公用事业项目的投资人，该投资人对项目的融资、建设全权负责，项目建成后，经过验收合格后发起人对项目进行回购，也即实现了项目的移交。① 北京、南京等城市的轨道交通建设工程均应用过传统 BT 模式。②

而在深圳地铁建设中，在传统 BT 模式基础上以工程建设目标控制为导向，实施了创新的 BT 模式，其特色主要体现在：BT 项目发起人对工程建设的深度控制、承办人投融资和设计施工总承包的一体化，以及工程回购方式和回购时间点的灵活设置。③ 这种创新的 BT 模式实现了以下效果：①拓展了深圳地铁建设投融资渠道，解决了短期建设资金压力；②解决了 BT 项目发起人全寿命周期管理的难题；③有利于 BT 项目发起人对进度、投资的全过程实施控制；④BT 项目发起人承担的控制风险和控制成本适中；⑤降低了 BT 项目承办人的投资风险。

深圳地铁建设在理论和实践上实现了 BT 模式的创新，取得了满意的预期效果，对国内 BT 模式的发展具有借鉴意义。

2. "地铁经营"+"效益返还" 营利模式

从投入产出角度看，城市轨道交通建设和运营投入的产出有四大类，分别为地铁线路、附属资源、沿线未出让土地的增值，以及沿线物业、已出让土地的增值。目前，城市轨道交通企业获得的是前两类产出，后两类产出数倍于前两类产出，却被外部化了，或因未能有效利用而流失了。这对城市轨道交通企业、政府和纳税人来说都是不公平的。如果将后两类被外部化的产出效益返还给城市轨道交通企业，则有助于其构建营利模式。这种营利模式从理论上可概括为"地铁经营"+"效益返还"。④ 深圳地铁

---

① 张树森：《BT 投融资建设模式》，中央编译出版社 2006 年版。
② 范晨：《BT 投融资模式在我国城市轨道交通建设中的应用研究》，北京交通大学 2007 年硕士学位论文。
③ 林茂德：《深圳地铁"建设—移交"（BT）模式创新和适应性分析》，载《城市轨道交通》2012 年第 8 期，第 1～6 页。
④ 张泓：《城市轨道交通企业盈利模式的探索与实践——以深圳地铁集团为例》，载《城市轨道交通》2018 年第 5 期，第 90～94 页。

在经营过程中对第三类收益向地铁公司的返还做出了有益探索。

2007年8月，深圳市政府明确，地铁上盖物业的地价收入和开发所得利润专款用于轨道交通建设和运营补亏；2008年11月，市政府决定，地铁上盖物业项目开发可考虑采取打包方式由深圳地铁统筹处理，其中上盖物业项目开发收益全部用于地铁建设及运营补亏；2012年3月，市政府明确以作价出资方式取得的土地使用权，其法律效力等同于以出让方式取得的土地使用权；2013年2月，市政府要求合理界定政府责任与企业责任，相关政府部门要为深圳市轨道交通建设提供政策支持，履行监管职责，并决定根据深圳市轨道交通建设需求制订土地融资计划，动态配置土地资源。

在这些政策的支持下，从2008年开始，深圳地铁通过定向招拍挂以及市政府以土地使用权作价出资等方式取得了地铁线路附近多宗地块的开发权，开发收益留给深圳地铁，用于地铁建设贷款的还本付息和运营补亏。这种模式极大地促进了深圳地铁的建设进度，以政府超前引领在城市经济竞争主导阶段有效推动了基础设施的投资建设，促进了区域经济持续高速、高质量增长。

由此可见，深圳在基础设施建设方面多方筹措资金，创新发展、敢为人先，在政府的超前引领下，区域经济发展率先在全国突出重围，进一步获取了领先优势，沿着四阶段区域经济竞争梯度推移模型继续攀升，为全国其他区域的发展建设做出了典型示范。

第四节 由创新驱动的创新经济竞争主导阶段

2000年以后，深圳土地资源供给不断趋紧，劳动力成本逐步提高，来自国内其他地区的竞争压力不断加大。面对这种情况，深圳需要转变发展方式，推动产业升级，不断增强区域竞争力。

一、"特区不特"

随着改革开放的深入，中国的改革开放政策已经从经济特区的区域性试验向内陆复制和扩展，市场化改革、对外开放、接轨国际市场，已经成为全国各个区域发展经济建设的内在要求。尤其是在世界贸易组织规则框架下，我国的对外开放不能仅局限在几个经济特区，而是更加全面的开放。在这一背景下，经济特区在政策上的优势已经逐步丧失，深圳的经济增长速度也在进入21世纪后出现下降，一些产业出现了向长三角和其他区域外移的迹象。随之而来的是"特区不特""深圳被谁抛弃"等疑问的出现。但是，此时的深圳已经积蓄了创新驱动的力量，并即将迎来一次意义深远的产业转型升级。

依据美国学者波特的定义，产业转型升级是一个动态的过程，指随着技术、市场等发展动力的变化，生产要素从低生产率水平或者低生产率增长的部门向高生产率水平或者高生产率增长的部门流动，进而推动产业结构的高级化和合理化，并提升经济社会发展的质量和效益。①

实际上，创新驱动发展的理念在深圳特区成立之初就有所体现。1980年8月，时任国家进出口管理委员会、国家外国投资管理委员会副主任兼秘书长的江泽民同志，在第五届全国人大常委会第十五次会议上作关于在广东、福建两省设置经济特区和《广东省经济特区条例》的说明时提出："经济特区采取与内地不同的体制和更加开放的政策，充分利用国外的资金和技术，发展工业、农业、畜牧业、养殖业、旅游业、住宅建筑业、高技术研究制造业和其他行业。"这是中央有文字记载的第一次对深圳提出要发展高新技术产业。1981年，第一次经济特区会议要求经济特区对外更加开放，包括积极利用侨资、外资，引进适用、先进技术和科学管理方法，扩大对外贸易。② 1985年7月30日，深圳建立了国内第一个中国科学院与地市合办的高科技产业园区——深圳科技工业园，其建成加速了科技成果在深圳的落地转化，对孵化高新技术企业也进行了积极探索。在之后的20世纪80年代末90年代初，为顺应当时科技人员下海创业的浪潮，深圳市政府出台了一系列政策和法规，鼓励科技人员创办企业，吸引科技人员流入深圳企业从事研发工作，在全国最早形成了重视科技研发、让科研人员也能先富起来的城市文化氛围。这一系列政策法规包括：《深圳经济特区加快高新技术及其产业发展的暂行规定》（1991年）、《中共深圳市

---

① 转引自郭跃文、向晓梅《中国经济特区四十年工业化道路：从比较优势到竞争优势》，社会科学文献出版社2020年版，第168页。

② 深圳经济特区研究会编著《深圳经济特区改革开放专题史》，彭立勋、钟坚主编，转引自白积洋《"有为政府"+"有效市场"：深圳高新技术产业发展40年》，载《深圳社会科学》2019年第5期，第13页。

委、深圳市人民政府关于依靠科技进步推动经济发展的决定》（1991年）、《深圳市企业奖励技术开发人员暂行办法》（1993年）、《深圳经济特区民办科技企业管理规定》（1993年）、《深圳经济特区无形资产评估管理办法》（1994年）、《深圳经济特区企业技术秘密保护条例》（1995年）、《深圳经济特区技术成果入股管理办法》（1998年）等。[①]

二、创新型城市建设

从20世纪90年代中期开始，深圳高新技术产业进入发展的黄金时代，政府也从最初的促进科技成果转化、鼓励科技人员创业，走向系统的科技产业政策设计，以及整体的创新环境打造，最终在21世纪前10年初步构建了一个成熟的区域创新体系。一些主要的政策措施见表11-1。

表11-1　深圳支持高科技产业发展的政策体系

时间	政策措施	主要内容
1995年10月	《关于推动科学技术进步的决定》	明确"以高新技术产业为先导"的战略思想，在全国率先以文件形式，规定了科技三项经费投入比例
1997年12月	成立中科融投资顾问有限公司	在科技企业与金融投资之间提供专业中介服务，1998年指定市属国企共同出资创办深圳市创新投资公司，建立风险投资基金
1998年2月	《关于进一步扶持高新技术产业发展的若干规定》（深圳"旧22条"）	全面完善和规范了政府推动高新技术产业发展的政策措施，这是国内地方政府首个系统的科技产业政策，在全国引发了一波激烈的政策竞赛。在中国高新技术产业发展历史上，深圳"旧22条"是一个重要的节点事件
1999年9月	《关于进一步扶持高新技术产业发展的若干规定》（深圳"新22条"）	作为对全国政策竞赛的回应，从财政投入、创业投资、税收优惠、分配激励、知识产权、土地使用、人才引进、投融资体系、吸引外资和归国留学生、政府奖励等方面全方位地促进高新技术产业发展

---

① 金心异：《深圳发展高新技术的主要经验》，见长江产经智库，http://www.yidianzixun.com/article/0JUV3wyx。

第十一章 深圳竞争型经济增长实践经验

续表 11-1

时间	政策措施	主要内容
1999年10月	举办首届中国国际高新技术成果交易会	为全球高新技术成果交易提供平台,时任国务院总理朱镕基出席,并宣布这一国家级展会永久驻在深圳。2020年11月,第二十二届中国国际高新技术成果交易会在深圳成功举办
2000年10月	成立深圳国际高新技术产权交易所	全国首家以公司制形式创建的技术产权交易所
2001年3月	《深圳经济特区高新技术产业园区条例》	明确高新区发展目标、高新技术企业和项目入区资格审查等园区发展中许多根本性问题
2001年7月	《中共深圳市委关于加快发展高新技术产业的决定》	做出建设高新技术产业带的战略决策,产业带由前海、高新区、留仙洞、大学城、石岩、光明南、观澜—龙华—坂雪岗、宝龙、大工业区、葵涌—大鹏、生态农业产业片区等"9+2"片区组成,规划高新技术产业用地50.9平方千米,为高新技术产业进一步发展保障用地
2003年2月	《深圳经济特区创业投资条例》	全国首部关于创投的法规,为2006年国家发展改革委、科技部等10部委联合发布的《创业投资企业管理暂行办法》提供了蓝本
2003年4月	《深圳市鼓励科技企业孵化器发展的若干规定》	从科技三项经费中安排资金,并充分调动社会资源参与孵化器建设
2004年1月	《关于完善区域创新体系推动高新技术产业持续快速发展的决定》	深圳2004年的"1号文件",第一次系统提出了建设区域创新体系的基本要求和目标
2004年5月	深交所中小企业板块开始运作	解决了风险投资(venture capital,VC)的投资出口问题

257

续表 11-1

时间	政策措施	主要内容
2006年1月	《关于实施自主创新战略、建设国家创新型城市的决定》	正式提出建设国家创新型城市的基本框架，2006年深圳市"1号文件"。在该文出台3个月后，深圳市20个有关部门围绕该文，分别从各自的角度制定并推出了20个配套政策，总计340条，从经济、科技、教育、人才、知识产权、法律、海关、工商税务等各方面，形成围绕自主创新战略的"1+N"政策体系
2009年10月	深交所创业板开办	为初创企业提供了融资平台

三、敢为人先的"聚点"效应

从表11-1可以看出，尽管面临"特区不特"的发展趋势，但特区政府却仍敢为人先，勇于创新。在世纪之交，深圳市科技资源不论是在绝对量还是在相对量上，都无法在国内城市中居于领先地位。但是，深圳市政府却通过推出一系列有利于高科技产业发展的政策措施，率先使深圳成为全国的一个"聚点"，从而迅速带动产业、资本、人才和技术的集聚，使原来的比较劣势变为优势。

图11-7给出了2001—2019年间深圳市、广东省和全国规模以上工业企业科学研究与试验发展（research and development，R&D）人员全时当量（人年）的变动情况。数据显示，在这19年间，深圳市规模以上工业企业R&D人员全时当量（人年）增长了22.22倍，而全国则仅增长4.26倍。因此，如果以全国增长速度来估算深圳2019年的规模以上工业企业R&D人员全时当量（人年）数据，则该指标仅为43808.8人年，而实际数值比该估算值多194804.38人年，平均每年高出10252.86人年。对于这一数据，我们可以理解为每年有10252.86人年的R&D人员全时当量从全国各地流入深圳的规模以上工业企业。

图11-8给出了2001—2019年间深圳市、广东省和全国规模以上工业企业R&D经费变动情况。其与R&D人员全时当量的增长趋势相一致，这19年间，深圳R&D经费投入增长了39倍，同期广东省增长了23倍，全国增长了22倍。可见，深圳R&D经费的增长速度接近全国的2倍。

第十一章 深圳竞争型经济增长实践经验

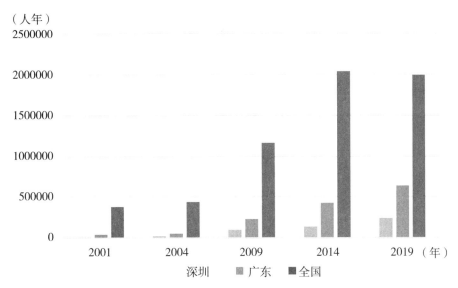

图11-7 深圳、广东和全国2001—2019年规模以上工业企业
R&D人员全时当量情况

(数据来源：根据历年《广东省统计年鉴》《中国统计年鉴》相关数据整理计算。)

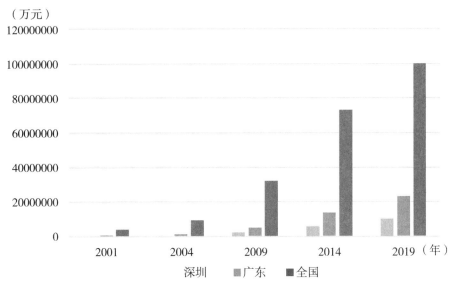

图11-8 深圳、广东和全国2001—2019年规模以上工业企业
R&D经费情况

(数据来源：根据历年《广东省统计年鉴》《中国统计年鉴》相关数据整理计算。)

图 11-9 和图 11-10 则分别给出了深圳市 R&D 人员和 R&D 经费占广东省比例和全国比例的变化情况。从图中可以看出，这两项指标占广东

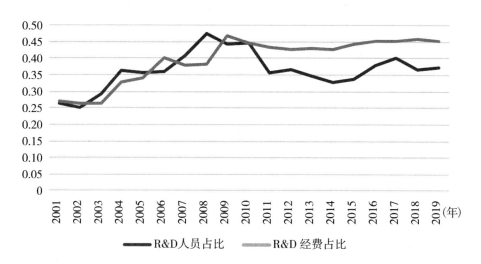

图 11-9　2001—2019 年深圳市规模以上工业企业 R&D 人员和 R&D 经费占广东省比例变动情况

（数据来源：根据历年《广东省统计年鉴》《中国统计年鉴》相关数据整理计算。）

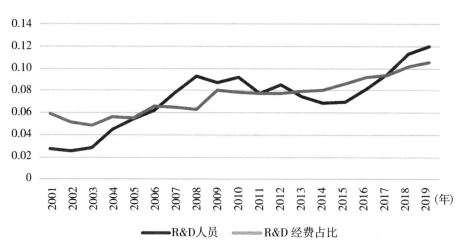

图 11-10　2001—2019 年深圳市规模以上工业企业 R&D 人员和 R&D 经费占全国比例变动情况

（数据来源：根据历年《广东省统计年鉴》《中国统计年鉴》相关数据整理计算。）

省的比例在2010年之前迅速提高，2010年之后有所回落，但保持了平稳态势。而这两项指标占全国的比例一直保持着增长态势，R&D人员的增幅尤其显著，表明深圳对科技人员和科技活动的吸引力不断增强，"聚点"效应不断显现。

四、再看深圳的产业结构

在前文我们已经看到1990年时深圳就很好地发展了计算机、通用设备制造业、医药制造业等资本和技术密集型产业，那么20年后，这些产业发展得如何？是否具有"自生能力"呢？表11-2和表11-3分别给出了深圳市2010—2018年高新技术产业产值和出口情况。数据表明，深圳这些技术和资本密集型产业不仅发展良好，而且还成为深圳的支柱产业，具有很强的竞争优势。

显然，深圳的产业升级难以用比较优势理论加以解释，罗德里克就曾质疑中国的工业化是否完全遵循了比较优势原则。他认为，中国的出口结构比较好，通常只在人均GDP较高的国家才出现这样的结构，他将这归因于中国产业政策并未完全遵循比较优势原则，并且取得了成功。对于一个30年前还是一张白纸的城市，它的产业升级无法用比较优势理论进行解释。

表11-2 2010—2018年深圳高新技术产业中各产业产值情况

单位：亿元

年份	高新技术产业总产值	电子信息产业	新能源及新材料	光机电一体化	生物技术	环保及其他
2010	10176.19	8963.26	553.88	490.78	101.16	67.11
2011	11875.61	10451.08	650.9	574.62	119.88	79.13
2012	12931.82	11360.2	722.5	625.7	134.1	89.3
2013	14159.45	12442.42	789.66	682.88	147.78	96.71
2014	15560.07	13689.76	337.59	728.5	724.88	79.34
2015	17296.87	15269.85	782.69	790.70	358.93	94.70
2016	19222.06	17096.10	804.64	844.31	367.07	109.94

续表11-2

年份	高新技术产业总产值	电子信息产业	新能源及新材料	光机电一体化	生物技术	环保及其他
2017	21378.78	19110.44	840.0	921.40	376.36	130.59
2018	23871.71	—	—	—	—	—

（数据来源：深圳市科技创新委员会网站，转引自白积洋著《"有为政府"+"有效市场"：深圳高新技术产业发展40年》，载《深圳社会科学》2019年第5期，第13～30页。）

表11-3　2010—2018年深圳高新技术产业出口情况

年份	全市进出口总额/万美元	全市出口额/万美元	高新技术产品进出口总额/万美元	高新技术产品进出口总额占比/%	高新技术产品出口额/万美元	高新技术产品出口额占比/%
2010	34674930	20418355	19770075	57.02	10872668	53.25
2011	41409312	24551760	22416000	54.13	12480000	50.83
2012	46683020	27136163	25206532	54.00	14122000	52.04
2013	53747437	30570191	30784842	57.28	16900557	55.28
2014	48774049	28436157	24762288	50.77	13674080	48.09
2015	44245863	26403895	25424844	57.46	14033773	53.15
2016	39843893	23754674	22764476	57.13	12154291	51.17
2017	42399222	25061181	22081542	52.08	11855158	47.30
2018	43609541	23670555	—	—	12006326	50.72

（数据来源：历年《深圳市统计年鉴》，转引自白积洋著《"有为政府"+"有效市场"：深圳高新技术产业发展40年》，载《深圳社会科学》2019年第5期，第13～30页。）

在特区成立后的30年时间内，深圳市的产业结构就由"三来一补"的劳动密集型产业升级到资本和技术密集的高新技术产业，如果说深圳在改革开放之初具备劳动力的比较优势，但无论如何，我们都难以证实深圳在资本和科学技术上具有比较优势。深圳之所以能够成功地发展高科技产业，实现产业升级、创新驱动发展，其根本原因在于政府通过实施一系列促进高科技产业发展的政策措施而进行的超前引领。这种超前引领使深圳成为全国高科技产业的一个"聚点",使资本、人才和技术不断涌入,加速集聚,从而创造了竞争优势,实现了经济增长阶段的梯度升级。

深圳之所以能够成功实现产业升级,如本书第四章所讲到的,其关键点在于深圳市政府的诸多政策措施都是领先于全国的,这是在这一段时间内的领先优势,加强了"聚点"效应。产业的集聚一方面形成了规模经济效应,从而形成了循环累积的内生增长动力;另一方面也带来了对制度创新的进一步需求,推动着深圳继续在营商环境、软硬件基础设施上不断探索、不断突破。因此,政府超前引领所带来的聚点效应才是深圳产业结构得以不断升级、经济增长得以长期保持高速的真正原因。

第五节 由共享驱动的共享经济竞争与合作主导阶段

2010年以后,深圳在一些产业领域已经进入全国甚至全球领先行列,要实现进一步的突破不仅需要深圳的全力投入,更需要整合全国乃至全球资源。此时,深圳已经初步进入共享经济竞争与合作主导的阶段。下面,笔者以深圳整合域内外资源发展高等教育、提升创新能力为例,来阐述深圳在这一阶段采取的政府超前引领策略。

一、自力更生与引进合作相结合的高等教育发展路径

从时间上看,深圳特区建立后不久,1983年深圳市委、市政府即向上级部门明确提出要创办一所本地高等学校的构想,并获得了教育部和广东省的重视和支持。1983年5月,经国务院批准,深圳大学成立。但是,成立深圳大学之后,深圳并没有再大刀阔斧地新建高校,直到1993年才创建了另一所高校——深圳职业技术学院,其主要是为回应制造业发展对大量经过职业教育训练的人才的需求。这一方面和当时深圳刚刚建市把发展经济作为第一要务,还未能腾出更多的精力和经费加大科教文卫领域的建设有关;另一方面和深圳特区建立后迅速发展并开始对全国人才产生虹

吸效应有关。①

随着全国各地对人才竞争的程度不断加剧，深圳也加大了高等教育的建设力度。2010年南方科技大学筹建，2017年深圳技术大学筹建，且根据2019年出台的《深圳市建设中国特色社会主义先行示范区的行动方案（2019—2025年）》，深圳市正在继续加大高等教育的发展力度，目前，包括深圳师范大学、深圳音乐学院和深圳创意设计学院等高校正分别依托深圳大学、香港中文大学（深圳）和深圳技术大学等高校组织筹建。

在高等教育事业的发展上，深圳是我国较早采取了引进高校和合作办学方式的城市。2001年，深圳创立了北京大学深圳研究生院和清华大学深圳研究生院，次年又创立了哈尔滨工业大学深圳研究生院。在深圳大学城的建设过程中，深圳市政府作为主要投资方进行了总体规划，明确提出要将深圳大学城建设成为区域产学研合作的重要基地，以符合深圳经济社会发展的需求。加上这个阶段深圳市政府陆续与华为、中兴、清华同方等几百个企事业单位合建研究机构、研究生实践基地或开展技术研发合作，高等教育和城市发展的互动得到了明显升级。

此外，引进办学的力度也在不断加大。引进办学是在合办大学城模式基础上开启的新篇章，不但合作模式更多样，既有中外合作办学，也有国内知名大学的异地合作办学，而且突破了原来小规模的研究生教育。2012年后，香港中文大学（深圳）、哈尔滨工业大学（深圳）和深圳北理莫斯科大学等多所合作办学高校及中山大学深圳校区纷纷获教育部批准正式设立并招生。根据已公布的规划，深圳未来还将在中外合作办学方面有更多大手笔的项目。②

二、整合域内外资源提升创新能力的创新生态系统建设方略

党的十八大以来，深圳积极把握全球新一轮科技创新和产业革命带来的重大机遇，着力破解区域创新体系中原始创新能力薄弱的"瓶颈"问题，逐步完善包括"基础研究＋技术攻关＋成果产业化＋科技金融"创新

---

① 陈先哲：《城市竞争阶段升级与高等教育发展战略转型：深圳案例》，载《高等教育研究》2020年第41卷第9期，第25～31页。

② 同上条。

全过程的"热带雨林"综合创新生态系统①。

从2012年起,深圳把握新一轮科技革命的重大机遇,积极建设深港科技创新合作区等重大科技创新战略平台,光明科学城等重大科技基础设施,以及5G、人工智能、第三代半导体、智能装备、生命健康、高端医学诊疗器械等领域的重大产业创新发展平台,为科技企业创新引进与集聚高端创新资源。自2012年开始,深圳创业企业数量保持在高位,到2018年已达到197万家(如图11-11所示)。其中销售额超千亿元的3家,超百亿元的17家,超十亿元的157家,超亿元的1203家,在新三板挂牌的企业有600多家,深圳本地企业在中小板和创业板上市数量连续9年都居全国各大城市首位。②

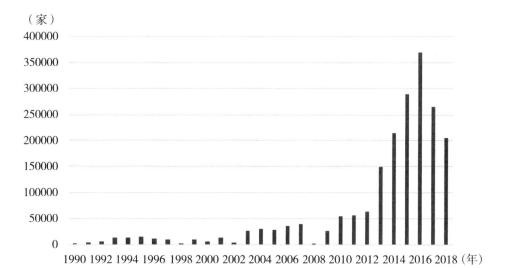

图11-11 1990—2018年深圳新增企业数量

(数据来源:2019年《深圳市统计年鉴》。)

---

① 硅谷风险投资家维克多·黄(Victor W. Hwang)和格雷格·霍洛维茨(Greg Horowitt)在合著的《硅谷生态圈:创新的雨林法则》中提出,创新需要生态,他们将这个生态圈比喻为热带雨林,雨林的特征不只有生存竞争,还有共生、互助、包容。硅谷建立起的正是这样的"雨林生态系统",从而使得创新创业者的创造力、商业智慧、科学发现、投资资金以及其他支持因素被巧妙地嵌合在一起,鼓励萌发出新想法,最终源源不断地培养出一个能够不断产出伟大创新的生态圈。

② 转引自郭跃文、向晓梅等《中国经济特区四十年工业化道路》,社会科学文献出版社2020年版,第283页。

2014年，深圳建设国家自主创新示范区获批，成为党的十八大后国家批准建设的首个国家自主创新示范区。中美贸易战的爆发使深圳更加意识到原始创新能力对产业链与经济安全的重要性。为此，深圳以建设粤港澳大湾区国际科技创新中心为中心，深化科技创新体制改革，建设重大创新平台，融入全球创新网络，集聚高端技术人才资源，培育高端研发机构，提升特区技术标准，构建了面向创新全过程的政策链，努力提高原始创新能力。

2017年，深圳与香港特别行政区签署《关于港深推进落马洲河套地区共同发展的合作备忘录》，在落马洲河套地区合作建设"港深创新及科技园"，推动其成为科技创新高端新引擎、深港合作新的战略支点与平台。在重大科技基础设施上，深圳国家基因库（二期）、未来网络试验设施、脑科学与合成生物、材料基因组等重大科技基础设施群规划建设紧张有序推进，光明科学城启动区开工建设。在重大产业创新平台上，鹏程实验室、第三代半导体研究院等重大科研机构启动建设；累计建成省级新型研发机构41家；新增国家级、省级、市级重点实验室，工程研究中心，企业技术中心等创新载体189家，累计达1877家；累计组建格拉布斯研究院、中村修二激光照明实验室等6个诺贝尔奖科学家实验室；培育了华大基因、光启研究院、深圳先进院等90家以上集科学发现、技术发明和产业于一体的"三发"新型研发机构；在深圳投资或开设分支机构的"世界500强"企业超过100家，其中不少跨国公司已在深圳设立研发中心或区域运营中心；香港高校在深圳设立科研机构72家，其中国家重点实验室分室8个，联合培养人才9211名，转化成果及技术服务269项。除"引进来"以外，深圳同时积极推动创新"走出去"，构建全球创新网络。2014—2018年的5年间，深圳在境外建立的研发机构达到255家，在美国、以色列、英国、法国等成立7家海外创新中心。①

2018年7月，深圳出台《关于深入贯彻落实习近平总书记重要讲话精神加快高新技术产业高质量发展更好发挥示范带头作用的决定》，提出实施七大工程，构建"基础研究＋技术攻关＋成果产业化＋科技金融"全过程创新生态链。通过建设重大科技基础设施群、新型研发机构等载体，

---

① 郭跃文、向晓梅等：《中国经济特区四十年工业化道路》，社会科学文献出版社2020年版，第285~286页。

以及全球高等教育机构合作办学,深圳努力从应用研究驱动向基础研究驱动转变,解决企业应用创新不断迭代后对前沿知识的需求问题。

深圳的这些举措推动了其高新技术产业迅猛发展,到 2018 年,深圳高新技术企业达到 1.4 万家,位居中国城市第二,仅次于北京,广东省内第一(如图 11-12 所示);世界 500 强企业广东共有 13 家,深圳就拥有 7 家,包括华为投资控股有限公司、正威国际集团等创新型企业;境内外上市公司累计接近 400 家,VC/PE(venture capital/private equity,风险投资/私募股权投资)机构累计超过 5 万家。到 2019 年底,深圳共拥有 7 家独角兽企业,占广东独角兽企业总数的 47%(见表 11-4)。深圳新业态企业、高新技术企业、独角兽企业大都拥有自主创新产品,在 4G 和 5G 技术、超材料、基因测序、3D 显示、石墨烯太赫兹芯片、柔性显示、新能源汽车、无人机等产业领域的创新能力位居世界前列,不但具备引领中国产业前进的能力,同样也引领着全球产业发展。①

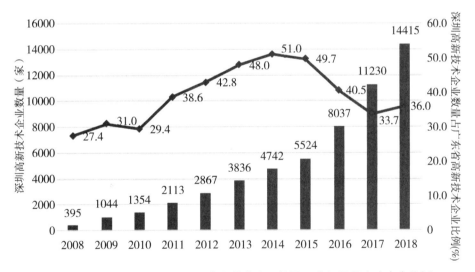

图 11-12 2008—2018 年深圳高新技术企业数量(家)及其占广东省比例
(数据来源:深圳市科技创新委员会。)

---

① 郭跃文、向晓梅等:《中国经济特区四十年工业化道路》,社会科学文献出版社 2020 年版,第 289 页。

表 11-4 全球独角兽企业数量比较（截至 2019 年底）

区域	数量/家	数量占比/%	估值/亿美元	估值占比/%
全球	433	100	13350	100
美国	236	54.5	7040	52.7
中国	101	23.3	3900	29.2
中国广东	15	3.5	495	3.7
广东深圳	7	1.6	310	2.3

（数据来源：美国 CB Insight 全球独角兽企业数据库。）

第六节　深圳走向世界前沿的产业升级路径

深圳已经进入共享经济竞争与合作主导的阶段，肩负着突破我国产业链关键核心技术环节，打破西方国家技术封锁，推动我国产业走向世界前沿的重任。在这一阶段，深圳必须具备整合全国乃至全球资源的能力，以开放合作的姿态迎接新时代赋予特区的新使命，在更高的层面上发挥超前引领职能，为各类要素提供新的"聚点"。

一、构建粤港澳大湾区协同创新网络

深圳应以产业创新为重点，以制度创新为核心，整合粤港澳大湾区科技创新制度、政策体系安排和深圳优质资源，构建开放、高效的创新网络，探索粤港澳协同开发新模式；构建区域协同创新共同体，携手打造粤港澳大湾区国际科技产业创新中心，充分发挥港澳基础科学研究、高端创新资源及国际化创新环境等优势，联合港澳高校等科研机构，构建以实验室为主的湾区基础研究平台体系，加快建设世界一流重大科技基础设施网络；持续深化深港合作，大力推进"深港创新圈"建设，实现深港两地在人才、科技和产业等方面的优势互补，规划建设深港口岸经济带；积极对接港澳自由贸易港，推动与港澳接轨的投资、贸易与金融制度。

二、整合全球资源助力产业升级

第一,推动区域产业合作,优化产业链空间布局。以产业合作共建、"飞地经济"为切入口,进一步推进"东进、西协、南联、北拓、中优"战略,构建区域合作机制,深化区域产业合作,优化产业链空间布局;完善深汕特别合作区管理体制机制,探索推广"飞地经济"模式;主动融入全省"一核一带一区"发展格局,加强与广州协同发展,实现双区联动、双核驱动;加快深莞惠和河源、汕尾"3+2"经济圈建设,顺应产业发展规律,统筹布局完整的产业层级体系;加强与珠江西岸城市互动合作,强化与珠江西岸先进装备制造业的产业联动协作,打造产业拓展走廊;加快深圳与内地合作的深入,拓展深圳产业链条向内陆腹地延伸。

第二,开展国际产能合作,服务"一带一路"倡议。围绕重点行业,与共建"一带一路"国家开展国际产能合作;组织举办共建"一带一路"国家境外展会、论坛等,拓展"一带一路"经贸合作伙伴;实施"政府铺路+大企业拉动+民企开拓+集群网络"策略,支持行业龙头企业牵头组建境外园区企业联盟,推动形成"走出去"产业联盟体系;建设企业"走出去"综合服务平台,为企业对外投资提供投资备案、金融、会计、法律、安全预警等服务;支持重点行业企业购买共建"一带一路"国家先进技术,与共建"一带一路"国家合作建设联合研究中心、技术转移中心、海外孵化器等平台;完善境外销售网络,支持企业设立海外营销网点、售后服务中心,鼓励跨境电商、供应链和服务贸易等新型贸易发展,拓展"一带一路"贸易空间。

第三,整合全球创新资源,参与全球产业链重构。大力推进开放式创新,加速融入全球创新网络,深度整合国际资源,积极参与全球产业链重构,提升深圳在国际创新链、产业链中的地位;深化国际科技交流与合作,组织实施一批国际科技合作项目,大力引进国际高端创新机构、跨国公司研发中心、国际科技组织落户深圳;积极参与全球化,全球布局创新资源,支持有条件的企业通过收购、参股并购、直接投资等方式,与境外高校、科研机构等全面对接,共建工程技术研究中心、院士工作站、博士后工作站等研发机构,开展联合研发、专利交叉许可等方面的国际合作;在全球范围内配置产业资源,支持企业在设计、生产、营销、服务等产业环节开展全球化布局，参与全球产业链重构，提高深圳产业的国际分工地位，带动全球产业链大循环。

三、进一步加大软硬件基础设施建设力度

第一，加快重大创新载体建设，着力关键核心技术攻关。围绕"综合性国家科学中心""国际科技信息中心"的建设目标，集聚整合全球创新资源，高标准建设5G、人工智能、网络空间科学与技术、生命信息与生物医药实验室等重大创新载体，打造一批国家重大科技基础设施和关键技术中试平台、公共服务平台等；加快布局一系列重大科学技术装置平台，带动一批未来产业相关企业孵化和发展；大力实施关键核心技术攻坚行动，加强基础研究和应用研究，实施重大攻关计划，"一技一策"突破一批"卡脖子"技术，夯实产业发展基础。

第二，塑造金融优势，赋能现代产业体系建设。一是发挥财政资金杠杆作用，成立产业发展引导基金。构建多元化资助体系，发挥财政资金的引导和撬动作用，带动企业和社会增加高水平基础研究和应用研究的研发投入。二是推动金融服务创新，拓宽企业融资渠道。完善创业板发行上市、再融资和并购重组制度，配合国家金融管理部门探索推进创业板注册制改革，加强与深交所、上交所、港交所等的对接，支持符合条件的企业到境内外证券交易所发行上市。积极发展知识产权质押、产业链融资、租赁融资等新型融资模式和产品。鼓励企业综合运用股权融资、上市融资、债券融资等多种方式，缓解企业资金紧张问题。三是拓宽产业融资渠道，积极发展"金融+科技创新""金融+先进制造"。支持符合条件的制造业企业申请设立财务公司、金融租赁公司等金融机构，推广大型制造设备、生产线等融资租赁服务。大力发展"金融+科技创新""金融+先进制造"，创新科技金融政策、产品和工具，发展定制化金融、供应链金融、产业金融，支持开展科技信贷融资、创业投资、信息对接、培育企业上市等"一站式"金融服务。

四、强化人才支撑，打造全球人才集聚高地

对接深圳产业发展需求，构建与国际接轨、更具全球竞争力的人才制度体系，打造全球人才集聚高地。一是实施开放的人才政策，引进高层次创新人才。抓住全球人才流动加速的机遇，通过"靶向引才""以才引

才"等方式大力引进一批创新领军人才和高层次创新团队；加快国际人才管理改革，着力在高端人才培育引进、使用评价、分配激励等方面实现更大突破。二是推动产教融合，探索多元化人才培养模式。加快西丽湖国际科教城建设，对接产业发展需求，加强知识型、技能型、创新型人才培养；大力引进国内外著名高校赴深圳开设分院或合作办学，加强本地人才供给；强化博士后"人才战略储备"功能，支持企业设立博士后工作站、创新实践基地；实施"双元制"职业教育模式，加强校企合作，推动产教深度融合。三是创新人才服务，促进人力资本流动集聚。积极创建国家级"一园多区"人力资源服务产业园，打造开放、发达的人力资源市场；探索人才绿卡前置发放等创新举措，实施更加便利的出入境管理政策，提升人力资本活跃度，打破人才流动体制界限；打造人才服务综合平台，建立行业领军人才和人力资本信息库，推进人力资本精准匹配；加快推进粤港澳大湾区境外个人所得税优惠政策。

❋ 本章小结 ❋

从深圳的发展过程可以看出，在每一个发展阶段中，政府对区域经济的超前引领都是非常明显的。在特区初创阶段，特区政府为解决土地、资金等的困难，创新了土地使用管理办法；在遭遇基础设施不足时，特区政府又运用银行贷款、吸引社会资本等方式破解难题。这里，我们要注意到，正是由于资本在地区间是可流动的——大量资金由中国香港等地区流入深圳，才使原来资本匮乏的小渔村成为资本密集型产业的集聚地。因此，比较优势理论是难以解释深圳的发展的。深圳在度过要素驱动的产业经济竞争阶段和基础设施投资驱动的城市经济竞争阶段后，来到了一个拐点，遇到"特区不特"的问题，经济如何进一步提升成为一个重大议题。如果因势利导，那政府就应该找到深圳当时的要素禀赋比较优势，但那不会是科技，因为相比于北京、上海，甚至南京、杭州，深圳的科技资源是十分匮乏的。而就在此时，深圳市政府再次超前引领，建大学、引人才，将深圳发展成为高科技产业的集聚地，成功地将深圳推向创新驱动的发展阶段。

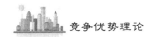

思考讨论题

1. 在深圳的发展历程中,政府的引领作用是怎样体现的?
2. 在不同的发展阶段中,深圳是如何构建其竞争优势的?
3. 深圳是怎样实现经济发展阶段的梯度升级的?
4. 深圳未来的发展方向在哪里?政府应该怎样发挥引领作用?

参 考 文 献

中文文献

[1] 白积洋."有为政府"+"有效市场":深圳高新技术产业发展40年[J].深圳社会科学,2019(5):13-30.

[2] 陈德祥.自我革命与保持党的先进性和纯洁性[J].马克思主义理论学科研究,2019(1):120-130.

[3] 陈健,郭冠清.政府与市场:对中国改革开放后工业化过程的回顾[J].经济与管理评论,2021(3):20-30.

[4] 陈立敏.波特与李嘉图的契合点:从国家竞争力角度对竞争优势理论和比较优势理论框架及核心概念的对比分析[J].南大商学评论,2006(4):70-80.

[5] 陈瑞荣.深圳特区土地出让状况综览与分析[J].特区经济,1990(5):52-53.

[6] 陈先哲.城市竞争阶段升级与高等教育发展战略转型:深圳案例[J].高等教育研究,2020,41(9):25-31.

[7] 陈新明,刘丰榕,朱玉慧兰."抢人大战"会推高城市房价吗?:基于"人才新政"的政策效应检验[J].管理现代化,2020,40(3):90-94.

[8] 陈新明,萧鸣政,张睿超.城市"抢人大战"的政策特征、效力测度及优化建议[J].中国人力资源开发,2020,37(5):59-69.

[9] 陈云贤.论政府超前引领[J].财经界,2017(9):29-33.

[10] 陈云贤.市场竞争双重主体论:兼谈中观经济学的创立与发展[M].北京:北京大学出版社,2020:21-22.

[11] 陈云贤.中国特色社会主义市场经济:有为政府+有效市场[J].经济研究,2019(1):4-19.

[12] 程霖. 中国经济学的探索：一个历史考察 [J]. 经济研究，2020 (9)：4-24.

[13] 崔之元. 西方经济理论的范式危机：与樊纲先生商榷 [J]. 中国书评，1995 (7)：68.

[14] 丁建军. 产业转移的新经济地理学解释 [J]. 中南财经政法大学学报，2011 (1)：102-107.

[15] 樊纲. 经济科学现代化与中国化的再思考 [C] //邓正来.《中国书评》选集 1994—1996. 沈阳：辽宁大学出版社，1998：793-795.

[16] 樊纲. "苏联范式"批判 [J]. 经济研究，1995 (10)：70-80，34.

[17] 费维照，胡宗兵. 有限政府：早期资产阶级的政府观念与政制设定 [J]. 政治学研究，1998 (1)：49-55.

[18] 范晨. BT 投融资模式在我国城市轨道交通建设中的应用研究 [D]. 北京：北京交通大学，2007.

[19] 付才辉. 发展战略的成本与收益：一个分析框架：对新结构经济学的目标、争议与拓展的探讨 [J]. 南方经济，2014 (1)：29-48.

[20] 付莹. 深圳经济特区土地有偿出让制度的历史沿革及其立法贡献 [J]. 鲁东大学学报（哲学社会科学版），2014，31 (4)：67-71.

[21] 耿强. 从城市定位与竞争战略看"抢人大战" [J]. 人民论坛，2018 (15)：12-14.

[22] 郭跃文，向晓梅，等. 中国经济特区四十年工业化道路：从比较优势到竞争优势 [M]. 北京：社会科学文献出版社，2020.

[23] 何炼成，丁文峰. 中国经济学向何处去 [J]. 经济学动态，1997 (7)：6-15.

[24] 何颖. 中国政府机构改革 30 年回顾与反思 [J]. 中国行政管理，2008 (12)：21-27.

[25] 何自力. 对"大市场、小政府"市场经济模式的反思：基于西方和拉美国家教训的研究 [J]. 政治经济学评论，2014，5 (1)：19-32.

[26] 洪银兴. 从比较优势到竞争优势：兼论国际贸易的比较利益理论的缺陷 [J]. 经济研究，1997 (6)：20-26.

[27] 胡晨光，程惠芳，俞斌. "有为政府"与集聚经济圈的演进：一个基于长三角集聚经济圈的分析框架 [J]. 管理世界，2011 (2)：61-69，80.

[28] 胡凤英.浅谈中苏贸易的发展[J].今日苏联东欧,1986(3):35-36,34.

[29] 胡晓鹏.论市场经济的起源、功能与模式:兼论中国特色社会主义市场经济的本质[J].社会科学,2015(7):48-59.

[30] 姜明安.建设"有限"与"有为"的政府[J].法学家,2004(1):13-15.

[31] 江小涓.理论、实践、借鉴与中国经济学的发展:以产业结构理论的研究为例[J].中国社会科学,1999(6):4-18.

[32] 蒋永甫,谢舜.有限政府、有为政府与有效政府:近代以来西方国家政府理念的演变[J].学习与探索,2008(5):73-76.

[33] 梁琦.产业集聚的均衡性和稳定性[J].世界经济,2004(6):11-17.

[34] 梁琦.空间经济学:过去、现在与未来:兼评《空间经济学:城市、区域与国际贸易》[J].经济学(季刊),2005,4(4):1067-1086.

[35] 李慷,黄辰,邓大胜.省级科技人才政策对科技人才集聚的影响分析[J].调研世界,2021(7):41-47.

[36] 林清,余熙.新结构经济学视角下经济增长与产业转型升级研究[M].北京:中国水利水电出版社,2019.

[37] 李燕萍,刘金璐,洪江鹏,等.我国改革开放40年来科技人才政策演变、趋势与展望[J].科技进步与对策,2019(5):108-117.

[38] 林茂德.深圳地铁"建设—移交"(BT)模式创新和适应性分析[J].城市轨道交通,2012(8):1-6.

[39] 林毅夫.产业政策与我国经济的发展:新结构经济学的视角[J].复旦学报(社会科学版),2017(2):148-153.

[40] 林毅夫.新结构经济学的理论基础和发展方向[J].经济评论,2017(3):4-16.

[41] 林毅夫.新结构经济学:重构发展经济学的框架[J].经济学(季刊),2010,10(1):1-32.

[42] 林毅夫.新结构经济学:反思经济发展与政策的理论框架[M].北京:北京大学出版社,2012.

[43] 林毅夫.有为政府参与的中国市场发育之路[J].广东社会科学,2020(1):5-7,254.

[44] 林毅夫,蔡昉,李周.对赶超战略的反思[J].战略与管理,1994(6):1-12.

[45] 林毅夫,付才辉,安桂武.吉林省经济结构转型升级研究报告(征求意见稿)[R].北京:北京大学新结构经济学研究中心,2017.

[46] 林毅夫,李永军.比较优势、竞争优势与发展中国家的经济发展[J].管理世界,2003(7):21-28,66.

[47] 李建标,汪敏达,刘家琦.协调博弈实验研究概览[J].首都经济贸易大学学报,2010(2):48-53.

[48] 李艳,柳士昌.全球价值链背景下外资开放与产业升级:一个基于准自然实验的经验研究[J].中国软科学,2018(8):165-174.

[49] 刘春林,田玲.人才政策"背书"能否促进企业创新[J].中国工业经济,2021(3):156-173.

[50] 刘戒骄.竞争中性的理论脉络与实践逻辑[J].中国工业经济,2019(6):5-21.

[51] 刘力群.重工倾斜政策的再认识:兼论赶超战略[J].战略与管理,1994(6):13-18.

[52] 刘尚希.流行的经济理论已不适应现实发展需要[N].北京日报,2015-04-20(17).

[53] 龙开胜,秦洁,陈利根.开发区闲置土地成因及其治理路径:以北方A市高新技术产业开发区为例[J].中国人口·资源与环境,2014,24(1):126-131.

[54] 陆善勇,叶颖.中等收入陷阱、比较优势陷阱与综合优势战略[J].经济学家,2019(7):15-55.

[55] 马草原,朱玉飞,李廷瑞.地方政府竞争下的区域产业布局[J].经济研究,2021(2):141-156.

[56] 毛丰付,郑芳,何慧竹."以房抢人"提高了城市创新能力吗?[J].财经科学,2019(7):108-121.

[57] 孟宪章.中苏贸易史资料[M].北京:中国对外经济贸易出版社,1991.

[58] 裴长洪,王万山.共和国对外贸易60年[M].北京:人民出版社,2009.

[59] 钱乘旦.欧洲国家形态的阶段性发展:从封建到现代[J].北京大学

学报（哲学社会科学版），2007，44（2）：36-44.

[60] 钱穆.中国历代政治得失［M］.3版.北京：生活·读书·新知三联书店，2012：16-17.

[61] 钱颖一.理解现代经济学［J］.经济社会体制比较，2002（2）：1-12.

[62] 丘梁.关于深圳经济特区基础设施贷款问题的探讨［J］.广东金融研究，1983（1）：51-54.

[63] 瞿商.我国计划经济体制的绩效（1957—1978）：基于投入产出效益比较的分析［J］.中国经济史研究，2008（1）：121-128.

[64] 石广生.中国对外经济贸易改革和发展史［M］.北京：人民出版社，2013.

[65] 石佑启.论有限有为政府的法治维度及其实现路径［J］.南京社会科学，2013（11）：92-99.

[66] 隋广军，郭南芸.东部发达城市产业转移的角色定位：广州证据［J］.改革，2008（10）：46-52.

[67] 孙文浩，张益丰.城市抢"人"大战有利于地区新旧动能转换吗？［J］.科学学研究，2019，37（7）：1220-1230.

[68] 孙悦.国家人才战略规划绩效评估相关问题研究［J］.中国科技论坛，2013（12）：92-96.

[69] 陶然，周巨泰.从比较优势到竞争优势：国际经济理论的新视角［J］.国际贸易问题，1996（3）：29-34.

[70] 田国强.供给侧结构性改革的重点和难点：建立有效市场和维护服务型有限政府是关键［J］.人民论坛，2016（14）：22-32.

[71] 田国强.林毅夫张维迎之争的对与错［N］.第一财经日报，2016-11-23（A9）.

[72] 王家强，陈静，赵雪情.客观看待我国对外投资净收益逆差问题［J］.中国国情国力，2016（2）：22-25.

[73] 王佃凯.比较优势陷阱与中国贸易战略选择［J］.经济评论，2002（2）：28-31.

[74] 王勇，华秀萍.详论新结构经济学中的"有为政府"的内涵：兼对田国强教授批评的回复［J］.经济评论，2017（3）：17-30.

[75] 文贯中.市场机制、政府定位和法治：对市场失灵和政府失灵的匡正

之法的回顾与展望［J］.经济社会体制比较，2002（1）：1-11.

［76］文宏，林仁镇.中国特色现代化治理体系构建的实践探索：基于新中国70年机构改革的考察［J］.社会科学战线，2020（4）：190-198.

［77］吴易风.两种"范式危机"论［J］.当代经济研究，1996（2）：31-39.

［78］许涤新，吴承明.中国资本主义发展史（第一卷）：中国资本主义的萌芽［M］.北京：人民出版社，2003：710-711.

［79］徐雷.运输成本、土地价格与生产集聚区迁移［J］.科学决策，2011（4）：47-58.

［80］杨成刚，李海滨.人口迁移、住宅供需变化与区域经济发展：对当前国内城市"抢人大战"的经济学分析［J］.理论探讨，2019（3）：93-98.

［81］姚洋，郑东雅.重工业与经济发展：计划经济时代再考察［J］.经济研究，2008（4）：26-40.

［82］尤福永.试论地铁资源的开发与利用：深圳地铁建设的启示［J］.特区经济，2002（8）：50-53.

［83］余斌.新结构经济学批判［J］.当代经济研究，2021（1）：67-75，112.

［84］于光远.中国理论经济学史（1949—1989）［M］.郑州：河南人民出版社，1996.

［85］于源，苑德宇."新常态"下补贴和人才对企业自主创新的影响［J］.技术经济与管理研究，2016（9）：39-45.

［86］袁方成.城市人才政策转向的创新路径［J］.人民论坛，2020（21）：73-75.

［87］余永定.发展经济学的重构：评林毅夫《新结构经济学》［J］.经济学（季刊），2013，12（3）：1075-1078.

［88］张泓.城市轨道交通企业盈利模式的探索与实践：以深圳地铁集团为例［J］.城市轨道交通，2018（5）：90-94.

［89］张进昌.波特的国家竞争优势理论剖析［J］.中国工业经济，2001（9）：53-58.

［90］张军."比较优势说"的拓展与局限：读林毅夫新著《新结构经济学》［J］.经济学（季刊），2013，12（3）：1087-1094.

［91］张琦.公共物品理论的分歧与融合［J］.经济学动态，2015（11）：

147-158.

[92] 张树森. BT 投融资建设模式 [M]. 北京：中央编译出版社, 2006.

[93] 张新宁. 有效市场和有为政府有机结合：破解"市场失灵"的中国方案 [J]. 上海经济研究, 2021 (1)：5-14.

[94] 张媛. 城市人才战略的提升路径 [J]. 人民论坛, 2018 (19)：60-61.

[95] 张雅林. 推进行政改革, 建立有限政府 [J]. 中国行政管理, 1999 (4)：41-44.

[96] 赵全军. "为人才而竞争"：理解地方政府行为的一个新视角 [J]. 中国行政管理, 2021 (4)：40-45.

[97] 征人. 中苏贸易的回顾与展望 [J]. 国际贸易, 1985 (8)：39-40.

[98] 钟坚. 深圳经济特区改革开放的历史进程与经验启示 [J]. 深圳大学学报（人文社会科学版）, 2008, 25 (4)：17-23.

[99] 周黎安, 李宏彬, 陈烨. 相对绩效考核：关于中国地方官员晋升的一项经验研究 [J]. 经济学报, 2005 (1)：83-96.

[100] 周黎安. 中国地方官员的晋升锦标赛模式研究 [J]. 经济研究, 2007 (7)：36-50.

[101] 朱富强. 如何认识有为政府的经济功能：理论基础和实践成效的检视 [J]. 学术研究, 2018 (7)：87-96, 177.

[102] 朱富强. 如何通过比较优势的转换来实现产业升级：评林毅夫的新结构经济学 [J]. 学术月刊, 2017, 49 (2)：64-79.

[103] 斯蒂格利茨. 公共部门经济学 [M]. 郭庆旺, 刘晓路, 张德勇, 译. 3 版. 北京：中国人民大学出版社, 2013：7.

[104] 库珀. 协调博弈：互补性与宏观经济学 [M]. 张军, 李池, 译. 北京：中国人民大学出版社, 2001：148-150.

[105] 斯蒂格利茨. 发展与发展政策 [M]. 纪沫, 仝冰, 海荣, 译. 北京：中国金融出版社, 2009：167.

[106] 波特. 国家竞争优势 [M]. 李明轩, 邱如美, 译, 北京：华夏出版社, 2002.

外文文献

[1] AKERLOF G A. The Market for "Lemons"：Quality Uncertainty and the

Market Mechanism [J]. The Quarterly Journal of Economics, 1970, 84 (3): 488 – 500.

[2] BALDWIN R E, KRUGMAN P. Agglomeration, Integration and Tax Harmonization [R]. NBER Working Paper, no. 9290, 2002.

[3] BLANCHARD O, SHLEIFER A. Federalism with and without Political Centralization: China vs. Russia [R]. IMF Staff Papers, 2001, 48: 171 – 179.

[4] BRAKMAN S, GARRETSEN H, VAN MARREWIJK C. Locational Competition and Agglomeration: The Role of Government Spending [R]. CESifo Working Paper, no. 775, 2002.

[5] CAMERER C. Behavior Games Theory: Experiments in Strategic Interactions [M]. Princeton: Princeton University Press, 2003.

[6] COATE S, LOURY G C. Will Affirmative-Action Policies Eliminate Negative Stereotypes? [J]. American Economic Review, 1983, 83 (5): 1220 – 1240.

[7] COOPER R W. DEJONG D V, FORSYTHE R, et al. Selection Criteria in Coordination Games: Some Experimental Results [J]. American Economic Review, 1990, 80 (1): 218 – 233.

[8] COWLING K, MUELLER D. The Social Costs of Monopoly Power [J]. Economic Journal, 1978, 88: 724 – 748.

[9] CRAWFORD V. Adaptive Dynamics in Coordination Games [J]. Econometrica, 1995, 63 (1): 103 – 143.

[10] CRISTELA G-D, MIZOKAMI S. Core-Periphery Relations and Urban Transport Infrastructure Investment [J]. Journal of the Eastern Asia Society for Transportation Studies, 2010, 8: 216 – 231.

[11] DIODATO D, NEFFKE F, CLERY N O. Why Do Industries Coagglomerate? How Marshallian Externalities Differ by Industry and Have Evolved Over Time [J]. Journal of Urban Economics, 2018, 106 (7): 1 – 26.

[12] DIXIT A K, STIGLITZ J E. Monopolistic Competition and Optimum Product Diversity [J]. American Economic Review, 1977, 67: 297 – 308.

[13] FANG H M, NORMAN P. Government-mandated Discriminatory Policies: Theory and Evidence [J]. International Economic Review, 2006,

47 (2): 361-389.

[14] FANG H M. Social Culture and Economic Performance [J]. American Economic Review, 2001, 91 (4): 924-937.

[15] FUJITA M. A Monopolistic Competition Model of Spatialagglomeration: A Differentiated Product Approach [J]. Regional Science and Urban Economics, 1988, 18: 87-124.

[16] FUJITA M, THISSE J-F. Economics of Agglomeration: Cities, Industrial Location, and Regional Growth [M]. Cambridge: Cambridge University Press, 2002.

[17] GILL I S, KHARAS H J. An East Asian Renaissance: Ideas for Economic Growth [R]. World Bank, no. 39986, 2007.

[18] GREENWALD B, STIGLITZ J E. Externalities in Economics with Imperfect Information and Incomplete Markets [J]. Quarterly Journal of Economics, 1986, 101: 229-264.

[19] GUPTA S D. Comparative Advantage and Competitive Advantage: An Economics Perspective and A Synthesis [R]. Toronto: 43rd Annu Conf CEA, 2009.

[20] HARBERGER A. Monopoly and Resource Allocation [J]. American Economic Review, 1954, 44 (2): 77-87.

[21] JENNY F, WEBER A. Aggregate Welfare Loss due to Monopoly Power in the French Economy: Some Tentative Estimates [J]. Journal of Industrial Economics, 1983, 32: 113-130.

[22] KRUGMAN P. Increasing Returns and Economic Geography [J]. Journal of Political Economy, 1991, 99 (3): 483-499.

[23] KUGMAN P. Increasing Returns, Monopolistic Competition and International Trade [J]. Journal of International, 1979 (9): 469-479.

[24] LANASPA L F, PUEYO F, SANZ F. The Public Sector and Core-Periphery Models [J]. Urban Studies, 2001, 38 (10): 1639-1649.

[25] LINDAHL E. Just Taxation: A Positive Solution [M] // MUSGRAVE R A, PEACOCK A T. Classics in the Theory of Public Finance. New York: St. Martin Press, 1967.

[26] LIN J. Beyond Keynesianism [J]. Harvard International Review, 2009,

31 (2): 14-17.

[27] MANKIW N G. Principles of Microeconomics [M]. 6 ed. Mason, OH: South-Western Cengage Learning, 2011.

[28] MATSUYAMA K. Increasing Returns, Industrialization, and Indeterminacy of Equilibrium [J]. The Quarterly Journal of Economics, 1991, 106 (2): 617-650.

[29] MEHTA J, STARMER C, SUGDEN R. The Nature of Salience: An Experimental Investigation of Pure Coordination Games [J]. The American Economic Review, 1994, 84 (3): 658-673.

[30] MONTINOLA G, QIAN Y Y, WEINGAST B R. Federalism, Chinese Style: The Political Basis for Economic Success in China [J]. World Politics, 1995 (48): 50-81.

[31] MUSGRAVE R A. The Theory of Public Finance: A Study in Public Economy [M]. New York: McGraw-Hill, 1959.

[32] PORTER M E. The Competitive Advantage of Nations [M]. New York: The Free Press, 1990.

[33] QIAN Y Y, ROLAND G. Federalism and the Soft Budget Constraint [J]. American Economic Review, 1999, 88 (5): 1143-1162.

[34] REGE M. Why Do People Care About Social Status? [J]. Journal of Economic Behavior & Organization, 2008, 66 (2): 233-242.

[35] SAMUELSON P A. The Pure Theory of Public Expenditure [J]. Review of Economics and Statistics, 1954, 36 (4): 387-389.

[36] SAMUELSON P A. Thunen at Two Hundred [J]. Journal of Economic Literature, 1983, 21 (4): 1468-1488.

[37] SCHELLING T C. The Strategy of Conflict [M]. Cambridge, MA: Harvard University Press, 1960.

[38] SHELEIFER A, VISHNY R W. The Grabbing Hand: Government Pathologies and Their Cures [M]. Cambridge, MA: Harvard University Press, 1998.

[39] SPENCE M A. Job Market Signaling [J]. Quarterly Journal of Economics, 1973, 87 (3): 355-374.

[40] SPENCE M A. Market Signaling: Information Transfer in Hiring and Re-

lated Screening Processes [M]. Cambridge, MA: Harvard University Press, 1974.

[41] STIGLITZ J E, WEISS A. Credit Rationing in Markets with Imperfect Information [J]. American Economics Review, 1981, 71: 393-410.

[42] STIGLITZ J E. Markets, Market Failures and Development [J]. American Economic Review, 1989, 79 (2): 197-203.

[43] STIGLITZ J E. On the Economic Role of the State [C] //HEERTJE A. The Economic Role of the State. Oxford: Blackwell, 1989.

[44] SULLIVAN A O, STRANGE W C. The Emergence of Coagglomeration [J]. Journal of Economic Geography, 2018, 18 (2): 293-317.

[45] WHITING S. Power and Wealth in Rural China: The Political Economy of Institutional Change [M]. Cambridge: Cambridge University Press, 2001.

[46] WICKSELL K. A New Principle of Just Taxation [M] //MUSGRAVE R A, PEACOCK A T. Classics in the Theory of Public Finance. New York: St. Martin Press, 1967.

[47] ZHOU L-A. Career Concerns, Incentive Contracts, and Contract Renegotiation in the Chinese Political Economy [D]. Stanford, CA: Stanford University, 2002.

后　　记

陈云贤教授创立的新中观经济学以区域政府竞争为研究对象，其政府双重属性、市场双重主体、政府超前引领、经济增长新引擎和竞争型经济增长等理论思想，从我国改革开放的伟大实践出发，结合多国发展经验，对区域竞争优势进行了重新定义，更加客观地描绘了市场与政府相互作用下的区域经济增长轨迹，极大地突破了西方经济学对政府职能的传统认知，具有鲜活的时代生命力和巨大的发展潜力。

自首次接触中观经济学，我就对其产生了浓厚的兴趣，后受到陈云贤教授邀请，到中山大学岭南学院进行为期一年的学术访问，对中观经济学进行了专门的研习。其间，恰逢陈教授组织编写"中观经济学"系列教材，我非常荣幸能够加入编写团队，并成为本书的编写负责人，深感责任重大。教材编写过程中，在陈教授的指导和带领下，我与中山大学岭南学院以及全国各地高校的诸多知名专家、学者和学生进行了交流、讨论。在思想的碰撞与交锋中，我对中观经济学的认识不断加深，这为教材的编写提供了很大助益。

中观经济学是一门新兴的理论学科，本教材力图展现中观经济学竞争优势理论并对其作出一定的发展，但受笔者才识所限，书中难免存在不足甚至谬误，敬请学界同仁批评指正。

徐　雷
2022 年 3 月 4 日